Dr. Roland Kaufhold

„Mich erfüllte ein Gefühl von Stolz. Ich hatte es geschafft“

Peter Finkelgruen:
Ein halbes Jahrhundert
Leben als Jude in Deutschland.

Wir bedanken uns bei der Bezirksvertretung Köln-Lindenthal für die freundliche Unterstützung dieser Publikation.

1. **Auflage**: 16. September 2022

ISBN: 978-3756819201

© für diese Ausgabe: Dr. Roland Kaufhold

Satz, Umschlaggestaltung: Dr. Roland Kaufhold unter Verwendung von von LATEX, KomaScript, Gimp, IrfanView und Notepad++, verwendete Schriftarten: ETbb (Text), Linux Biolinum G und Liberation Mono (Umschlag)

Herstellung und Verlag: BoD – Books on Demand, Norderstedt

Bibliographische Information der dnb: Die Deutsche Nationalbibliothek verzeichnet diese Publikation in der Deutschen Nationalbibliographie; detaillierte bibliographische Daten sind auf http://www.dnb.de/ abrufbar.

Inhaltsverzeichnis

Teil eins: Die Fallstudien

Peter Finkelgruen wird 80:
Ein Vorwort von Dr. Roland Kaufhold

»Der Gedanke, es nicht zu tun, überfällt mich immer wieder. Mich nicht darauf einzulassen. Mir zu sagen, damit hast du nichts zu tun. Mich zu verkriechen. Mein Wissen zu verbannen. Das Stück herauszuschneiden, in dem der Film – wie ein Mensch in auf einem alten Mann herumtrampelt – immer wieder abläuft. (…) Dachte er an seine Kinder? An Dora, die mit der zionistischen Jugend nach Palästina gegangen war?« [1]
Peter Finkelgruen über seinen ermordeten Großvater Martin.

Peter Finkelgruen in Shanghai 2015, Foto: David Seehaus-Finkelgruen.

Am 9. März 2022 wurde der jüdische Schriftsteller und Journalist Peter Finkelgruen 80 Jahre alt. Anlässlich dieses Jubiläums gehe ich mit einzelnen Lebens-Studien auf die Familiengeschichte Finkelgruens ein, die aufs Engste mit der jüngeren deutschen Geschichte verwoben ist. Peter Finkelgruen, geboren in Shanghai, überlebte die Nazi-Verfolgung, wuchs in Prag und Haifa auf. Dann wurde er zum »Rückkehrer«: 1959, mit 17 Jahren, kam er mit seiner Großmutter Anna nach Deutschland. Damit war Finkelgruen eine absolute Ausnahme.

---

[1] Finkelgruen 1993, S. 44–47

Deutschland war für ihn ein absolut fremdes, angsteinflößendes Naziland. Ein Land, das seine aus Bamberg stammende Familie ausgestoßen, beraubt und zum größten Teil ermordet hatte. Weil sie Juden waren. Finkelgruens Vater Hans Leo Finkelgrün, ein Jurist und hoch gebildeter Sprachkünstler, hatte auf höchst abenteuerlichen Wegen in dem einzigen Ort der Welt Zuflucht gefunden, der Juden Ende der 1930er Jahre noch offenstand: Shanghai.

Die Fluchtstationen der Familie Finkelgrün

»Jeder floh in eine andere Richtung. Jeder floh zu dem Zeitpunkt, den er für richtig hielt. Die Flucht meines Vaters hatte sehr früh begonnen.« Peter Finkelgruen in: *Haus Deutschland* (1992)

Peter Finkelgruens am 5. Mai 1876 in Berlin geborener Großvater Martin Finkelgrün betrieb bis 1935 in Bamberg das Textilwarengeschäft »S. Levy & Co.« Nach der Zwangsversteigerung seines Geschäfts zog der Kaufmann von Bamberg nach Berlin. Sein am 25. Mai 1908 in Bamberg geborener Sohn Hans Leo lebte im September 1937 in Bamberg, am 3. Oktober 1937 in Berlin, am 14. August 1938 in Piešťany (Slowakei) und ab dem 22. September 1938 in Prag. Im Juni 1938 hatte sich Hans »illegal« in Paris aufgehalten, in seinem Pass finden sich keine Einreisestempel. Er suchte verzweifelt nach Fluchtmöglichkeiten. Dabei wurde er von einem Nazi-Spitzel denunziert: Am 11. Juni 1938 wurde in der Konsularabteilung der deutschen Botschaft in Paris ein Bericht über den jüdischen Flüchtling Hans Finkelgrün verfasst: Dieser habe in Paris »Emigranten- und deutschfeindliche Zeitungen« gelesen und Deutschland bereits verlassen. Er wolle eine Arierin aus Bamberg heiraten.

Im September 1938 war Hans jüngere, am 20. August 1913 geborene Schwester Dora Fanny Finkelgrün nach Abschluss ihrer Hachschara auf der Löhnberger Hütte (Hessen) mit ihrem späteren Ehemann Gerhard Schaal nach Palästina emigriert.[2] Doras Vater Martin sah diesen Entschluss anfangs mit Skepsis.

Ab September 1938 leben Hans und Esti in Prag. Ihr gemeinsamer jüdischer Jugendfreund Herbert Ashe flüchtet im selben Jahr von Bamberg nach New York. Über ein Jahrzehnt lang war Ashe der nahezu einzige

---

[2]Über dieses Fluchtkapitel und die Löhnberger Hütte werden Markus Streb und Kaufhold demnächst eine eigenständige Einzelfallstudie veröffentlichen. Siehe auch: Markus Streb: *Ein Kibbuz im Lahntal – Die Hachschara-Stätte »Löhnberger Hütte« 1936-1938.* in: *GCJZ Limburg Rundbrief 2/2020,* S. 25-30.

Briefkontakt von Hans und Esti in die Welt, insbesondere während ihres Überlebenskampfes in Shanghai. Ashe unterstützte Hans und Esti regelmäßig moralisch durch Briefe, aber auch mit Medikamenten, Geld und Lebensmitteln. Sein Versuch, mit ihrem winzigen Laden in Shanghai von den USA aus in eine Geschäftsbeziehung zu treten, misslang.

Am 3. Oktober 1938 verkündete Hitler, dass die Tschechoslowakei nicht mehr als eigenständiger Staat existiere. Ende 1938 oder Anfang 1939 flohen Martin Finkelgrün und Anna Bartl von Karlsbad nach Prag.

Am 27. Februar 1939 heiratete der Jurist Hans Esti in Prag. Die Chancen einer gemeinsamen Ausreise wurden hierdurch erhöht. Auf der vom Berliner Standesamt beglaubigten Heiratsurkunde prangte ein mit Hakenkreuz verzierter Stempel. Nach dem »Gesetz zum Schutze des deutschen Blutes und der deutschen Ehre« war der »Arierin« Esti – Ernestine Marie Bartl (geb. 1. Juli 1913 in Karwin) –, die eine tschechoslowakische Staatsangehörigkeit besaß, eigentlich die Heirat mit einem Juden untersagt. Der Jurist Hans Finkelgrün erkannte die Gesetzeslücke: Wegen Estis Passes galt das Nazi-Ariergesetz für sie nicht.

Am 15. März 1939 marschierten die Deutschen in Prag ein.

Nach der Besetzung Prags im März 1939 suchten auch Hans und Esti verzweifelt nach Fluchtwegen aus Prag. Hans entwickelte immer neue Fluchtpläne. Als alle Fluchtpläne in Richtung Westen scheiterten, hörte er von einem Zufluchtsort im Osten: Shanghai. Die letzte Chance, der Ermordung zu entgehen. Hans beschloss, sich von Prag aus über Moskau und Tokyo nach Shanghai durchzuschlagen. Den gefährlichen Fluchtweg wollte er allein unternehmen. Nach seiner Ankunft in Shanghai wollte er Esti nachholen.

Am 18. Februar 1940 verließ Hans Prag, am 6. März war er in Moskau, am 24. April in Tokyo, am 21. Mai 1940 erreichte er Shanghai. Ein halbes Jahr später, am 27. November 1940, gelang auch Esti die Flucht nach Shanghai. Die Hoffnung auf eine Zukunft in Shanghai ist in den Briefen von Esti und Hans Finkelgrün anfangs noch deutlich zu spüren: Sie wollten, wie bereits im Prager Exil, erneut einen kleinen Laden mit Textilwaren aufbauen. Eine Hoffnung, die sich gründlich zerschlug: Der Sohn Peter wurde am 9. März 1942 geboren – im Shanghaier Ghetto. Entsprechend düster klingen Hans Finkelgrüns Briefe in seinen letzten Lebensmonaten. Es war ihm nicht mehr möglich, sich angesichts der neuen Situation nochmals zu behaupten: Hans wurde krank. Am 29. Juli 1943, verstarb Hans Leo Finkelgrün nach einer Magen-Operation in Shanghai.

Prag: Drei Jahre lang hatte die am 5. September 1891 in Rosenau bei Kronstadt geborene Nicht-Jüdin Anna Bartl ihren jüdischen Lebensgefährten Martin nach der Besetzung Prags vor den Deutschen versteckt, bis beide denunziert und im Dezember 1942 festgenommen wurden. Martin Finkelgrün wurde am 10. Dezember 1942 in der Kleinen Festung Theresienstadt von Anton Malloth totgetreten. Anna überlebte drei Konzentrationslager und einen Todesmarsch. Sie kehrte 1945 nach Prag zurück. Mit einem Brief vom 25. Mai 1946 gelang es ihr, Kontakt zu ihrer Tochter Esti in Shanghai herzustellen. Hätte dieser Brief Esti nicht erreicht, wäre die Familie nicht wieder zusammen gekommen. Esti wäre mit ihrem vierjährigen Sohn Peter zu Herbert Brahm – den sie am 21. September 1946 in Shanghai geheiratet hatte – nach Peru gereist.

1946: Prag, Israel und Deutschland

Ende 1946 kehrte die schwer kranke Esti mit dem vierjährigen Peter in das nun kommunistische Prag zurück, um wieder mit der durch die KZ-Haft schwer geschädigten Anna zusammenzuleben. Peter sprach chinesisch und deutsch, wohl auch schon etwas englisch. Bei seiner Ankunft in Prag lernte der Vierjährige sehr rasch die wichtigste Überlebensregel:

> *»Du darfst hier nicht deutsch sprechen. Nur zu Hause, bei Groß-mutter in der Wohnung, wenn wir alleine sind. Dann ja. Draußen, vor anderen Leuten, darfst du nie zeigen, daß du Deutsch kannst. Denk daran.«* (*Haus Deutschland*, S. 106)

Am 1. Juni 1950 verstarb Esti nach langer Krankheit in Prag. Peter Finkelgruen hatte seine Mutter zuletzt nur noch in Spitälern besuchen können.

1959, nach einigen schwierigen Jahren in Israel und dem Abitur in Haifa, hatte Peter Finkelgruen nur einen Wunsch: Er wollte studieren. In Israel war ihm dies finanziell nicht möglich, doch er wusste, dass er von Deutschland Anspruch auf »Wiedergutmachung« hatte. Am liebsten hätte er in England studiert, doch seine betagte Großmutter Anna war seine einzige Bezugsperson, konnte in Israel kaum Fuß fassen und sprach kein Englisch.

So landete Peter Finkelgruen, vor allem aus Rücksichtnahme auf die KZ-Überlebenden Anna, wieder an einem fremden Ort: in dem ihm völlig unbekannten Deutschland. Im Herbst 1959 stiegen die beiden am Freiburger Bahnhof aus und suchten sich ein Zimmer.

Zu den Studien dieses Finkelgruen-Schwerpunktes

Neuanfang in Freiburg (1959)

Dieses Kapitel handelt von Finkelgruens ersten zwei Jahren in Deutschland: Eine ältere Frau bot ihm und seiner Großmutter Anna in Freiburg ein Zimmer zur Untermiete an. Louise Diel stellte sich als die engste deutsche Vertraute des italienischen Faschisten Mussolini heraus. Sie hatte auf deutsch zahlreiche hymnische Schriften auf den italienischen Diktator verfasst und wurde von diesem privat empfangen. Der Beitrag wirft auch ein Licht auf die fragwürdige »Liebe« vieler Deutscher zu Juden, auf die tödliche Ambivalenz, auf Philosemitismus und Antisemitismus bei den Deutschen.

Der Fall Irmtrud Finkelgruen (1971–1974)

Peter Finkelgruen war gemeinsam mit seiner damaligen Ehefrau Irmtrud Finkelgruen 1968 in die linksliberale Kölner FDP eingetreten. Finkelgruen kandidierte 1970 sogar in Köln für den Landtag, Irmtrud Finkelgruen war Vorsitzende der Deutschen Jungdemokraten (DJD). Der Jura-Professor und Staatssekretär Dr. Ulrich Klug gehörte ebenso zu der damaligen Gruppe, wie Gerhart Baum und Michael Kleff. Die NRW-FDP war insgesamt aber eher von »ehemaligen« Nationalsozialisten wie Ernst Achenbach und Erich Mende sowie dem »Naumann-Kreis« (Werner Naumann, Werner Best, Franz Alfred Six) geprägt. 1971 trat mutmaßlich dieser Flügel gemeinsam mit der konservativen, katholischen Tageszeitung *Rheinische Post* eine Rufmordkampagne los, um die Jurastudentin Irmtrud Finkelgruen öffentlich als Unterstützerin der RAF zu diffamieren. Das eigentliche politische Angriffsziel lag jedoch woanders...

Terrorfahndung: Köln, Herbst 1977

Herbst 1977: Peter Finkelgruens Wohnung wird von der Kölner Polizei mit Maschinengewehren gestürmt. Sie sucht nach RAF-Terroristen. Der Jude Peter Finkelgruen war vermutlich von Nachbarn denunziert worden. 1977 war die »bleierne Zeit« (Margarete von Trotta): Hanns Martin Schleyer war am 5. September 1977 in Köln entführt worden, am 18. Oktober wurde er von RAF-Terroristen ermordet. Für Peter Finkelgruen war Hanns Martin Schleyer unmittelbar mit seiner Familiengeschichte verbunden: als SS-Hauptstammführer im Prag »arisierte« er im Auftrag der Deutschen jüdische Unternehmen.

Ralph Giordanos »Ochsenfrosch« (1994)

Peter Finkelgruens Freundschaft mit Ralph Giordano brachte den beiden ab Januar 1994 eine Anzeige ein. Finkelgruens Bemühen, den NS-Täter Malloth zur Verantwortung zu ziehen, scheiterte jahrelang an der Untätigkeit der zuständigen Dortmunder Justiz. Das wiederum empörte den streitbaren Publizisten Giordano, der 1993 Finkelgruens erstes, von dem Malloth-Prozess geprägtes autobiografische Buch – *Haus Deutschland* – in der Frankfurter Rundschau rezensierte. Giordano schmähte den für NS-Prozesse zuständigen Dortmunder Oberstaatsanwalt Klaus Schacht gezielt als »emotionsloser Ochsenfrosch« und kassierte eine Strafanzeige. Ergänzt wird diese Studie durch zwei Texte von Gertrud Seehaus (2013): **Neun mutig gelebte Jahrzehnte** sowie von Peter Finkelgruen: **Der Ochsenfrosch – eine ungehaltene Rede** im zweiten Teil dieses Buches. Die Texte erschienen in der PEN-Anthologie *Jubeljung begeisterungsfähig* zu Ralph Giordanos 90. Geburtstag.

Die »Schutzengel« des Anton Malloth (1988)

Wiederholt kam Peter Finkelgruen in Kontakt mit Nazi-Prominenz. Eine davon, die 1929 geborene, unverbesserliche Shoah-Leugnerin Gudrun Burwitz war die einzige Tochter Heinrich Himmlers und bis zu ihrem Tod 2018 das Aushängeschild der Nazigruppierung »Stille Hilfe«. Diese unterstützte zahlreiche von der Justiz »verfolgte« oder wegen einschlägiger Delikte verurteilte Rechtsradikale – darunter auch den SS-Wachmann Anton Malloth, der Mörder von Peter Finkelgruens Großvater. Dies wird in dem Beitrag **Himmlers Tochter und die »Stille Hilfe«** entfaltet. Darauf folgt eine umfangreiche Studie, in der Finkelgruens jahrelanges Bemühen, Anton Malloth vor Gericht zu bringen rekonstruiert wird – anhand von Pressebeiträgen sowie anhand von Finkelgruens Privatmaterialien: **»Der Mörder, der offenbar einen Schutzengel hat«**.

»Take it easy and lots of love« – Briefe 1937–1952

Abgeschlossen wird dieses Buch durch einen umfangreichen Beitrag über die Korrespondenz von Finkelgruens Familie während ihrer Exilstationen in Prag, Shanghai, Prag und Israel. Hierin eingeflochten ist der Briefwechsel der einzigen noch verbliebenen drei Bezugspartner, die Finkelgruens Eltern bei ihrer jahrelangen Flucht vor den Nationalsozialisten noch blieben.

Späte Ehrungen

Peter Finkelgruen wurde in Deutschland spät gewürdigt: 2020 erhielt er vom *Landschaftsverband Rheinland* den Rheinlandtaler, dieser wurde ihm von Jürgen Wilhelm überreicht, verbunden mit einer Laudatio von Elfi Scho-Antwerpes. Wilhelm hob in seiner Rede hervor:

> *»Sie waren der erste Journalist, der von Köln aus ab Ende der 1970er Jahre über die Biografien mehrerer Edelweißpiraten publizierte, unter anderem in der* Frankfurter Rundschau *und in der Zeitschrift* Freie jüdische Stimme, *die Sie gemeinsam mit Henryk Broder herausgaben. Sie waren einer der Ersten, der mit ehemaligen Edelweißpiraten sprach und sie zum Sprechen ermutigte. Und diese Ermutigung war nötig, denn dieser jugendliche Widerstand in der NS-Zeit wurde von Behörden und politischen Parteien noch bis in die siebziger Jahre kriminalisiert.«*
> (Jürgen Wilhelm)

In seiner Rede hob Finkelgruen, auf die Einweihung eines Gedenkbaumes und Gedenksteines unweit seiner Wohnung in Köln–Sülz Bezug nehmend, hervor:

> *»Als der Gedenkbaum für meinen Großvater gepflanzt wurde hatte ich das Bewusstsein, dass ich mich in einer Stadt befinde, in der ich sicher bin. In Sülz-Klettenberg, wo ich wohne, habe ich immer noch ein sicheres Gefühl.«* (Peter Finkelgruen)

Im Mai 2021 wurde Peter Finkelgruen von der Kölner Oberbürgermeisterin Henriette Reker mit dem Bundesverdienstkreuz ausgezeichnet – was er mit Ambivalenzen, aber dennoch mit Freude annahm. Hierdurch sollte vor allem seine Lebensleistung zur Aufklärung von Naziverbrechen gewürdigt werden. In Israel wurde er vom traditionsreichen JNF-KKL durch die Einweihung eines »Martin und Peter Finkelgruen Wanderweges« geehrt. Dieser befindet sich in Nordisrael, in der Nähe des Wohnortes, in der er seine Jugend verbrachte – die prägendsten Jahre seines Lebens.

Literatur

Finkelgruen, P. (1982): Haus Deutschland. Die Geschichte eines ungesühnten Mordes. Reinbek bei Hamburg: Rowohlt.

Finkelgruen, P. (1989): Erlkönigs Reich. Die Geschichte einer Täuschung. Reinbek bei Hamburg: Rowohlt.

Finkelgruen, P. & G. Seehaus (2007): Opa und Oma hatten kein Fahrrad. Books on Demand, Norderstedt 2007.

Finkelgruen, P. (Hg.) (2013): Jubeljung begeisterungsfähig. Zum 90. Geburtstag von Ralph Giordano, Books on Demand, Norderstedt.

Finkelgruen, P. (2020): »Soweit er Jude war…« Moritat von der Bewältigung des Widerstandes. Die Edelweißpiraten als Vierte Front in Köln. Herausgeber: Roland Kaufhold, Andrea Livnat und Nadine Englhart. Books on Demand. Norderstedt 2020.

Kaufhold, R. (2012a): Shanghai, Prag, Israel und Köln. Seit 50 Jahren lebt der deutschjüdische Journalist und Schriftsteller Peter Finkelgruen in Köln – am 9. März feiert er seinen 70. Geburtstag, haGalil.

Kaufhold, R. (2012b): Keine Heimat. Nirgends. Von Shanghai über Prag und Israel nach Köln – Peter Finkelgruen wird 70, haGalil.

Kaufhold, R. (2013a): Im KZ-Drillich vor Gericht. Ein Sammelband beschreibt, wie Serge und Beate Klarsfeld Schoa-Täter aufspürten und der Gerechtigkeit zuführten, in: Jüdische Allgemeine, 1.7.2013.

Kaufhold, R. (2013b): Unermüdlich streitbar: Filmemacher, Romancier, Essayist und Mahner: Ralph Giordano wird 90, Jüdische Allgemeine, 20.3.2013.

Kaufhold, R. (2018): Nazi-Ikone aus familiärer Tradition: Himmler-Tochter Gudrun stirbt mit 88, Belltower, 3.7.2018.

Kaufhold, R. (2019): Eine jüdische Apo. Vor 40 Jahren gründeten Henryk M. Broder und Peter Finkelgruen in Köln die »Freie Jüdische Stimme«, Jüdische Allgemeine, 4.7.2019:

Kaufhold, R. (2020a): Die »Kölner Kontroverse«? Bücher über die Edelweißpiraten. Eine Chronologie. In Finkelgruen (2020), S. 217–342.

Kaufhold, R. (2020b): Beinahe wäre er Peruaner geworden. Der Weltbürger Peter Finkelgruen und ein Hain zu seinen Ehren, JNF-KKL-Magazin Herbst 2020, Nr. 45, S. 14f.

Schubert, D. (1997): Unterwegs als sicherer Ort. Dokumentarfilm, Deutschland, 1997.

Peter Finkelgruen: Ein Vorwort

Ein Vorwort zu einem Buch zu schreiben, das sich größtenteils mit sicherlich entscheidenden Phasen der eigenen Biografie beschäftigt, ist keine leichte Sache. Für mich jedenfalls bedeutet das, in Lebensphasen zurückzukehren die bestimmt waren von äußeren Ereignissen, gegen die ich meinte, mich auflehnen zu wollen. Nein: zu müssen. Denn dem Mord an meinem Großvater nicht nachzugehen und mich nicht für die rechtsstaatliche Verfolgung dieses Verbrechens einzusetzen, hätte mir jede Legitimation der Existenz in diesem Land, in dieser Gesellschaft entzogen. Dass die Zeit, in der ich in diesem Land lebte, diesem Ziel nicht entsprach, wird rückblickend aber genauso deutlich.

Ich will zwei Anmerkungen zu den betreffenden Teilen dieses Buches hinzufügen:

Lesen Sie Dr. Roland Kaufholds Fallstudien in dem Bewusstsein, dass in der Generalstaatsanwaltschaft des Landes Nordrhein-Westfalen – also der Stelle, an der die Beschwerden gegen die Staatsanwaltschaft in Dortmund einliefen – einige Juristen saßen, die »Fälle« wie den meines Großvaters, der in der Kleinen Festung Theresienstadt erschlagen wurde, zum Teil selber aus der Zeit des Dritten Reiches kannten. Sie kannten diese Fälle ganz genau, weil sie zu dieser Zeit schon Juristen in der Staatsanwaltschaft gewesen waren.

Noch deutlicher aber lässt sich der Zustand, in dem die noch junge Bundesrepublik sich gesellschaftlich und politisch in den Jahrzehnten zwischen 1950 und 1980 befunden hat, anhand der Biographie von Frau Gudrun Burwitz illustrieren: Die Tochter des Massenmörders Heinrich Himmler, die als Vorsitzende der »Stillen Hilfe«, mit der sie nicht nur dem Mörder Anton Malloth behilflich war, lebte ab Ende 1946 zusammen mit ihrer Mutter für einige Zeit in den Bodelschwinghschen Anstalten Bethel. Ab 1957 arbeitete Ernst Gerke in Bethel – der von 1942 bis 1945 Leiter der Gestapo in Prag und somit Vorgesetzter des Anton Malloth gewesen war – erst als Justiziar und später als Verwaltungsleiter. Ab 1965 wechselte er zur Evangelisch-Lutherischen Landeskirche Hannover in Detmold.

Wenige Tage nach dem Tod der Frau Burwitz enthüllte die *Bild* in dicken Lettern auf Seite eins, dass Gudrun Burwitz zu ihren Lebzeiten viele Jahre Angestellte des Bundesnachrichtendienstes in Pullach gewesen sei. Natürlich unter einem Decknamen, während Gerke in Bethel den Decknamen ablegen konnte, den er wenige Jahre zuvor noch benutzen musste. Recht viel klarer geht es nicht: So lief die Fortsetzung der Karrieren nationalsozialistischer Eliten in den ersten Jahrzehnten der Bundesrepublik. Nicht zuletzt deshalb lässt es sich kaum vermeiden, diese Umstände immer aus der Vergangenheit hochzuholen, diese Geschichten immer wieder aufs Neue zu wiederholen und damit die Thesen von der Bedeutung und Funktion von Wiederholungen in der Literatur gewissermaßen zu bestätigen.

Ich bin dem Autor dankbar, dass er sich der Aufgabe unterzogen hat, all diesen Umständen anhand der vorliegenden Dokumente nachzugehen, sie aufzuzeigen und sie zu wiederholen.

Auch wenn mich dieser erste Teil des Buches in einem biographischen Sinne berührt und zahlreiche Erinnerungen hervorruft, so bin ich vom zweiten Teil auf einer ganz anderen Ebene berührt. Da höre ich meine Eltern aus ihren Briefen sprechen, in einer Zeit, in der sie vor den Verfolgungen der Nationalsozialisten flüchten mussten, dabei um die halbe Welt reisend. Berührt und sehr bewegt bin ich von der Sprache dieser Briefe: Sie spiegelt eine Kultur wieder, die in den vergangenen Jahrzehnten verlorengegangen ist. Im Zeitalter der elektronischen Medien schreiben sich die wenigsten Menschen noch ausführliche Briefe von Hand, um in Kontakt zu bleiben.

Der Planet ist zusammengerückt, er ist kleiner geworden. Die Distanzen, die Hans, Esti, Anna, Herbert und Dorle über Wochen, Jahre oder sogar ein ganzes Leben lang trennten, bedeuten nur noch wenige Flugstunden. Dennoch haben diese Menschen es damals geschafft, diese Distanzen zu überbrücken und – so gut es ging – füreinander da zu sein. Die Liebe, die mir geholfen hat, zu überleben und von diesen Menschen zu berichten, spricht weiterhin aus diesen Briefen.

Die Liebe dieser Menschen ist mir geblieben.

Köln, im August 2022

Neuanfang in Freiburg (1959)

Die Mussolini-Verehrerin und -Biografin Louise Diel
als Vermieterin von Peter Finkelgruen …

Der Untermietvertrag

zwischen Frau Louise Diel, Freiburg i./Br., Gärtenstraße 16, als Vermieter

und

Frau Anna Bartl u. Peter Finkelgruen als Untermieter,

vom 5 Oktober 1959 , wird auf weitere sechs Monate verlängert.

Der vereinbarte Mietzins wird weiterhin im voraus am 1 jeden Monats entrichtet,

Freiburg i./Br., den 25/3/1960

als Vermieter:

als Untermieter

Anna Bartls und Peter Finkelgruens 2. Mietvertrag mit Louise Diel, Foto: Kaufhold.

Sommer 1959: Es ist eine sowohl individuell als auch gesellschaftlich komplizierte Situation, die den 17-jährigen Peter Finkelgruen im Sommer 1959 dazu veranlasste, gemeinsam mit seiner Großmutter Anna von Israel ausgerechnet nach Deutschland zu übersiedeln.

Äußerlich war sein Studienwunsch der Auslöser: Weitgehend mittellos vermochte Peter Finkelgruen in Israel nicht zu studieren. Da seine Eltern Opfer der Naziverfolgung waren, hatte er aber Anspruch auf die deutsche »Wiedergutmachung«. Mit diesem »Blutgeld« hätte er einen Teil seines Lebensunterhaltes als Student bestreiten können. In England, wo er entschieden lieber studiert hätte, hatte er keine Aussicht, »Entschädigungsgelder« für das deutsche Morden zu erhalten.

Finkelgruen hatte bereits als Jugendlicher verstanden, dass er von »den Deutschen« nur entschädigt würde, wenn er deren Untaten belegen konnte. Deshalb hob er alle Dokumente über seine ihm über Jahrzehnte vorenthaltene Familiengeschichte sorgfältig auf.

Eine weitere Rolle spielte der Wunsch seiner Großmutter Anna, die drei Jahre Konzentrationslagerhaft in der Kleinen Festung Theresienstadt, in Ravensbrück, Auschwitz und Majdanek überlebt hatte, wieder nach Deutschland zurückzukehren. Diesen Wunsch äußerte sie Peter Finkelgruen gegenüber zwar nie direkt, dennoch spürte er ihren Wunsch.

Nach ihrer Befreiung bzw. ihrer Flucht auf einem Todesmarsch 1945 war Anna nach Prag gegangen, weil dies die einzige Stadt war, die sie noch kannte. Auch hatte sie dort einige einflussreiche Freundinnen, mit denen sie gemeinsam Ravensbrück überlebt hatte. Nach Israel war Anna 1951 gegangen, auf den ausdrücklichen Wunsch ihrer verstorbenen Tochter Esti hin: Dort lebte Dora, die Schwester von Hans Finkelgrün, dieser hatte Esti das Schicksal ihres achtjährigen Sohnes Peter in ihren letzten Briefen ausdrücklich anvertraut.

Ob USA oder England: Beide Länder wären für Finkelgruen als Studienorte günstiger und naheliegender gewesen als Deutschland: »Ich hatte ein englisches Abitur abgelegt. England oder Amerika waren mir viel näher als Deutschland«, schreibt Finkelgruen in *Erlkönigs Reich*.

Freiburg

Als der 17-jährige und seine Großmutter in Freiburg aus dem Zug steigen, betreten die beiden unbekanntes Terrain. In einer zentral gelegenen Straße finden sie eine Wohnung als Untermieter. Vermieterin ist eine Frau Diel. Diese stellt sich als Schriftstellerin vor und legt großen Wert darauf, ihnen das Vermieten als eine Großzügigkeit darzustellen. Dass die Finkelgruens aus Israel kamen, war ihr bekannt. Dass Peter Jude war, konnte sie deshalb annehmen.

In *Erlkönigs Reich* hat Finkelgruen seine Begegnungen mit Diel ausführlicher beschrieben. Diese Begegnungen mit der seinerzeit 66-Jährigen verwirren ihn. Nur schrittweise geht dem jungen Studenten auf, wo er gelandet ist, dass er nun im Land der Mörder lebt. Jedoch erst ein halbes Jahrhundert später formuliert er bewusst die biografisch-politische Brisanz dieser Begegnung und deren politisch-psychologische Tiefendimension: Die 1893 geborene Diel, die er 1959 nahezu als Erste in Deutschland kennenlernt, 14 Jahre nach der Shoah, war eine glühende Verehrerin des italienischen Duce Benito Mussolini.

»Mit Ausnahme Deutschlands...«

Ich glaube, es ist heute nicht mehr nachvollziehbar, was für ein Tabubruch Finkelgruens Übersiedlung von Israel nach Deutschland darstellte, im Jahr 1959. Einige Fakten, Rahmenbedingungen: 1959 gab es keinerlei direkte Verbindungen zwischen Israel und Deutschland. Nahezu alle Juden hatten Deutschland verlassen. Der junge jüdisch-demokratische Staat Israel existierte erst seit elf Jahren, war unmittelbar nach seiner international anerkannten Gründung von fünf feindlichen arabischen Staaten angegriffen worden. In den Passstempeln Israels findet sich der ausdrückliche Hinweis:

»Für alle Länder der Welt gültig – mit Ausnahme Deutschlands.«

Etwa 70.000 deutsche Jeckes – so wurden die aus Deutschland stammenden Juden in Israel genannt (Greif et. al. 2000) –, waren in den Jahren von 1933 bis 1939 nach Israel emigriert, darunter auch Peters Tante Dora. Dora war bereits als Jugendliche überzeugte Zionistin. Für sie war es seelisch unproblematisch, in das fremde, klimatisch heiße, ökonomisch unterentwickelte Palästina aufzubrechen. *Eretz Israel* war ihre Hoffnung. In Palästina wurden diese vor den deutschen Nazis geflohenen Deutschen jedoch keineswegs mit ausgeprägtem Enthusiasmus empfangen: »Kommst Du aus Deutschland oder aus Überzeugung« war ein geflügeltes Wort. Und nach Ende der Shoah emigrierte noch einmal eine größere Anzahl von Überlebenden in das seinerzeitige Palästina.

Den Begriff »Jeckes« verwendete man im jungen Staat Israel vermutlich wegen des vornehmen, überkorrekten Auftretens vieler deutscher mittelständischer Emigranten, die selbst bei der Feldarbeit, bei 40 Grad und mehr, ihre korrekte Kleidung anbehielten. Vor allem für osteuropäische Juden wurden sie zum Objekt des Spottes, mit dem diese sich für die »bürgerliche« Geringschätzung revanchierten, den sie um die Jahrhundertwende als Neueinwanderer durch alteingesessene »deutsche« Juden erfahren hatten.

Die Jeckes hielten als einzige Einwanderergruppe an ihrer eigenen Kultur und Identität fest und verweigerten die Anpassung. Dies nahm ihnen der Rest der jüdischen Gesellschaft übel. Ihre Bindung an ihre ehemalige Heimat, aus der man sie grausam vertrieben hatte, blieb auch Jahrzehnte nach der Shoah stark. Jeckes waren im Justizwesen maßgeblich an der Gestaltung des demokratischen Staates Israels beteiligt. Viele Jeckes – Schriftsteller, Journalisten – hatten in Israel mehrere deutschsprachige Zeitschriften gegründet; dennoch war deutsch die am stärksten verhasste Sprache im jungen jüdischen Staat. 1959 existierten keine direkten Beziehungen zwischen Israel und Deutschland, diplomatische Beziehungen wurden erst sieben Jahre später aufgenommen. Alle Anfragen und Anliegen von Deutschen wurden über die Botschaft Englands in Israel abgewickelt. Die ersten indirekten Kontakte zwischen Israel und Deutschland waren 1952 in Folge der sogenannten »Wiedergutmachungsverhandlungen« entstanden. Legendär ist der Ausspruch der späteren israelischen Ministerpräsidentin Golda Meir:[3]

> *»Wir sollten mit den Deutschen wie Gewinner mit Verlierern verhandeln.«*

Die israelische Delegation, an der kein Vertreter der seinerzeit winzigen Jüdischen Gemeinde Deutschlands beteiligt war, lehnte es auch ab, für die Gespräche deutschen Boden zu betreten oder deutsch als Verhandlungssprache zu verwenden; die ersten Verhandlungen fanden im März 1952 im Hotel *Oud Castel* in Wassenaar bei Den Haag statt (Jelinek 2004, S. 167). Nach dem Luxemburger Abkommen vom 11.9.1952, gemäß dem die Bundesrepublik Israel Waren als Aufbauhilfe leisten müsse, wurde am 4.5.53 in Köln in der Subbelrather Straße 15 die sog. »Israelmission« eröffnet. Seit Mai 2013 erinnert im Jüdischen Wohlfahrtszentrum der Synagogen-Gemeinde in Köln-Ehrenfeld eine Gedenktafel an deren Geschichte.

Natürlich kam es sehr vereinzelt, aus privaten und beruflichen Gründen, zu einer Remigration nach Deutschland. Dennoch wurde diese nur »im Geheimen« vollzogen, unter schweren Schuldgefühlen. Insbesondere für in Israel aufgewachsene Kinder wurde diese Remigranten fast immer als ein abgrundtiefer Schock erlebt, als ein Verrat, eine Entwurzelung, die sie ihr Leben lang nicht mehr loswurden. Der jüdische Psychoanalytiker Sammy Speier hat dies sehr eindrücklich beschrieben. Sammy siedelte 1958, mit 14 Jahren, mit seinen Eltern von Israel nach Frankfurt am Main über:

> *»Die Übersiedlung nach Deutschland wurde erwogen, dann in die Tat umgesetzt, musste jedoch geheim bleiben: Selbst Nachbarn und Freunde durften nichts davon erfahren. Sie war mit tiefster Scham verbunden.«* —

wohl bei seinen Eltern, vor allem jedoch bei Sammy Speier:

---

[3] Golda Meir war von 1969 bis 1974 israelische Ministerpräsidentin. Peter Finkelgruen war in den 1970er Jahren der erste deutschsprachige Journalist, dem Golda Meir ein auf Hebräisch geführtes Interview gewährte.

»Offiziell machten wir einen Ausflug nach Europa. Die Leute haben es natürlich gerochen. Für mich war es eine Zwangsemigration, darin war es eine Wiederholung. Es war mit Scham verbunden. Auswandern aus Israel! Ich war böse auf meine Eltern.«
(Kaufhold 2012, S. 162)

Eine frühe, dunkle Angst in einem fremden Land

Peter Finkelgruen ist anfangs seelisch mit der Bewältigung der alltäglichen Anforderungen in einem ihm vollständig unbekannten Land beschäftigt. Deutsch als vertraute Muttersprache hatte er bisher nahezu nur mit seiner Großmutter sprechen können. Mehrfach hatte er zuvor in Israel erleben müssen, dass seine Großmutter, selbst eine Überlebende von Auschwitz, von Überlebenden der Shoah körperlich attackiert wurde, als sie deutsch sprach.

In Freiburg verspürt er das Gefühl einer diffusen, sprachlosen, übermächtigen Bedrohung. Einer Angst, für die er keine Worte hat. Er hat abgrundtiefe Angst vor Deutschland, vor deutschen Polizisten. Überall trifft er auf das Erbe der Nationalsozialisten, denen der größte Teil seiner Familie zum Opfer gefallen war. In einer autobiografischen Skizze hat er seine Bedrohungsgefühle im Lande der Täter – die ihn nie ganz verlassen haben – im zeitlichen Abstand von über 50 Jahren beschrieben:

»Wer lange nach 1945 geboren und vielleicht in der Sowjetunion sozialisiert wurde, mag keine großen Ängste beim Anblick deutscher Uniformen gehabt haben, als er in die Bundesrepublik kam. Ich hatte Herzklopfen und Ängste, als ich im Sommer 1959 nach Deutschland kam. Ich musste Techniken entwickeln, mich gegen diese Angst zu wappnen. Dazu gehörte, dass ich erst lernen musste, in welchem Land, in welcher Gesellschaft ich mich befand: Deutschland war das Land, das mich ausgestoßen hatte, noch ehe ich überhaupt auf der Welt war. Deutschland hat mich nicht willkommen geheißen. Keine deutsche Regierung, seit Gründung der Bundesrepublik, hat je die Juden, die vertrieben und jene, die überlebt haben, für willkommen erklärt, sie gar gebeten, wenn sie es denn für möglich hielten, wieder nach Deutschland zu kommen. Im Gegenteil.« (Finkelgruen 2012)

Finkelgruen sucht nach Sicherheiten, nach Vertrauten, nach Freunden. Von sich aus hat er wirklich keinerlei Interesse daran, sein erstes Jahr in dem ihm fremden Land von beunruhigenden, verängstigenden Begegnungen beeinträchtigen zu lassen. Er sucht wirklich keine Nationalsozialisten. Deutschland ist seine Zukunft, hofft er. Hier studiert er nun, hier sieht er seine berufliche Perspektive. Er steht weitestgehend allein in der Welt. Er verfügt über zahlreiche Sprachen, mit denen er sich durchs Leben schlagen kann. Und er hat drei Pässe: Einen israelischen, einen tschechischen und einen deutschen Pass.

Vieles ist dem jungen Studenten im Deutschland der späten 1950er Jahre unvertraut. Vieles macht ihm Angst. Beim Stöbern in den Büchern seiner Vermieterin, Frau Diel, wenige Monate nach seiner Ankunft in Deutschland – sie hatte ihn zum Gespräch in ihr dunkles Wohnzimmer gebeten –, fällt ihm ein 1937 erstmals erschienenes Buch in die Hände, das seine Vermieterin über den italienischen faschistischen Führer Mussolini verfasst hatte. Der Name L. Diel war mit goldenen Lettern auf dem Buchcover eingeprägt. *Mussolini. Duce des Faschismus* lautet der Titel. Publikationsort war Leipzig, Paul List Verlag. Es war bereits die »6.–8. verbesserte und ergänzte« Ausgabe, erst ein Jahr nach der Erstausgabe. Benito Mussolini war zu diesem Zeitpunkt ein enger Verbündeter Deutschlands, über Mussolini und Italien hatte Peter bereits während seiner Zeit in Israel viel erfahren. Als er besagtes Mussolini-Buch in den Händen hält erinnert er sich:

> *»Es gab einen Grund, weshalb ich dieses Buch eine Weile festhielt. Wenige Jahre zuvor hatte ich in einem der Antiquariate in Haifa (...)«*

– die Finkelgruen seinerzeit häufig aufsuchte, auch während der Schulzeit, auf der Suche nach Ausfluchtmöglichkeiten und neuen Begegnungen –

> *»(...) ein Buch über die Erfahrungen von italienischen Antifaschisten gefunden, das mich tief beeindruckt hatte. Dieses Buch hatte vom Leben von Verbannten auf einer kleinen Insel im Mittelmeer berichtet. Es enthielt keine Berichte über entsetzliche Verfolgungen wie jene in den Konzentrationslagern, von denen Großmutter mir erzählt hatte. Ich empfand jedoch eine große Nähe zu diesen Verbannten.«* (Erlkönigs Reich, S. 53)

Daniele, einer seiner Internats- und Schulfreunde aus Jaffa, ist Sohn eines italienischen Ingenieurs, der noch rechtzeitig vor dem italienischen Faschismus nach Palästina geflohen war. Sein Vater war früh verstorben, aber Danieles aus Guatemala gebürtige Mutter hatte ihren drei Kindern trotz ihrer schwierigen Lebenssituation eine gute Erziehung geboten. Mit Daniele, dem früh vaterlos Aufgewachsenen, vermag er sich zu identifizieren; und dieser mit dem weitgehend elternlos aufgewachsenen Peter:

> *»Wir empfanden uns als Überlebende einer unnachsichtigen Verfolgung, vor der unsere Eltern geflohen waren, die unsere Väter dennoch nicht überlebt hatten. Irgendwie waren wir Teil dieser Geschichte. Unsere Existenz war noch immer abenteuerlich – wie Robinsons Überleben nach dem Schiffbruch.«* (ebd., S. 54)

Gemeinsam sind sie Verbannte, Ausgestoßene, »umgeben von Feinden«, besuchen gemeinsam eine christliche Mission, der die Juden im jungen zionistischen Staat mit wenig Interesse und Sympathie begegneten. Am Wochenende bleiben sie oft alleine im Internat zurück: »Daniele und ich blieben zurück, zwei für sich selbst verantwortliche Jugendliche.« Gemeinsam versuchen sie an einem Samstag etwas zu Essen zu finden, die Schränke sind jedoch abgeschlossen, und das Land ist arm. Ihr Hunger wächst. Sie gehen auf den Speicher, fangen im Halbdunkel, inmitten des Staubes, selbst verängstigt, eine Taube. Diese schlachten sie mit ihrem Brotmesser, mit zitternden Händen, obwohl sie über keinerlei Erfahrungen hiermit verfügen. Gemeinsam genießen sie das Gefühl, wie Robinson alleine auf der Insel überlebt zu haben »wie jene von den Faschisten Verbannten.«

Hieran erinnert sich der 18-Jährige, als er das Mussolini-Buch seiner 50 Jahre älteren Vermieterin in den Händen hält. Vom Alter her hätte sie seine Großmutter sein können. Sie war die deutsche Biografin des Hitler-Verbündeten Benito Mussolini. Im Buch findet er zu seiner Überraschung sogar ein Geleitwort Hermann Görings:

> *»Der gewaltige Aufstieg des neuen italienischen Imperialismus ist das Werk eines Mannes, der seinem Volke durch den Faschismus eine große Gegenwart und Zukunft schuf. Kampf, Sieg und Sendung der faschistischen Bewegung sind uns Nationalsozialisten wesensverwandt«,* heißt es dort.

Das Buch ist von einer bewundernden Darstellung Mussolinis geprägt, wie Finkelgruen bei nur flüchtiger Lektüre versteht. Er blättert es auf: Auf der ersten Seite findet er eine handschriftlich mit Tinte geschriebene, großformatige Widmung: *»Dem Reichskanzler Hitler. Mussolini.«* Darunter, in Fraktur: *»Eine interessante, bisher noch unveröffentlichte deutsche Schriftprobe des Duce.«* Beim Durchblättern fällt ihm ein Motto ins Auge: »Der Imperialismus ist ein ewiges und unveränderliches Gesetz des Lebens.« Auf S. 81 heißt es:

»Dies ›Erbe des Faschismus‹, wie sein Schöpfer Mussolini es auch nennt, enthält die geistigen Grundlagen der jungen Bewegung in höchster Vollkommenheit und Geschlossenheit und soll auch in zukünftigen Zeiten als Ausgangspunkt und Richtschnur dienen. Da der Faschismus sowohl als ein politisches Glaubensbekenntnis, wie als philosophische Lebensauffassung angesprochen werden darf und auch dem Mann des Volkes gerecht wird, so kann sich jeder das herausnehmen, was er sucht und braucht. Der Faschismus passt sich der Form nach den Bedingungen des Raumes und der Zeit an und erklärt ausdrücklich, kein festes Programm zu haben, das etwa bis zum Jahre 2000 zu verwirklichen wäre.«

In einem anderen Buch seiner Vermieterin findet Finkelgruen einen Stempel: »Dr. Louise Diel, Mitglied der Reichsschrifttumskammer« (1997, S. 57). Der junge Student vermag dies nicht einzuordnen, zu verstehen. Diese Reichsschrifttumskammer sagt ihm nichts. Er verspürt eine Irritation, eine Beunruhigung. 40 Jahre später sollte er hierzu anmerken:

»Es gab noch vieles, was ich lernen mußte, wenn ich verstehen wollte, wo ich mich befand. Eines war gewiss: Wir waren in Deutschland. Und zwar in der Bundesrepublik, in West-Deutschland, dort, wohin Großmutter gewollt hatte.« (Erlkönigs Reich, S. 57)

Die »Mussolini-Enthusiastin« Louise Diel

Es lohnt sich, sich näher mit der Person Louise Diel zu beschäftigen, die den Kontakt zu dem jungen Juden Finkelgruen suchte. Der Historiker Wolfgang Schieder hat 2013 ein Buch über den *Mythos Mussolini. Deutsche in Audienz beim Duce* verfasst. Louise Diel nimmt hierin eine zentrale Rolle ein. Ein 20 Seiten umfassendes Kapitel widmet Schieder alleine ihr: »Mussolinis deutsche Vertraute – Die Audienzen Louise Diels 1934–1939« (Schieder 2013, S. 86–105).

Die 1893 geborene Louise Diel war die »Enthusiastin Mussolinis« in Deutschland, die sich »bewusst in den Dienst der faschistischen Propaganda« stellte (Schieder 2013, S. 86). Ihren Enthusiasmus für Mussolini sollte sie ihr Leben lang bewahren. Ab 1934 gewährte Mussolini der Privatperson Diel regelmäßige Audienzen. Nach September 1939 brachen die Audienzen ab, einige Nazi-Bürokraten hatten wohl intrigiert. Diels rege Publikationen über Mussolini hielten jedoch weiterhin an. Sie legte zwischen 1934 und 1943 allein fünf deutschsprachige Duce-Hymnen vor: *Mussolinis neues Geschlecht* (1934), *Ich zeige Dir Italien* (1935) (ein Kinderbuch über Mussolini), *Kampf, Sieg und Sendung des Faschismus* (1937) (Die erwähnte Neuauflage trug den Titel *Mussolini. Duce des Faschismus*), *Sieh unser neues Land mit offenen Augen* (1938) sowie *Mussolini mit offenem Visier* (1943) (vgl. Schieder 2013, S. 382).
1934 hatte Diel auch das frauenbewegte Buch *Das faschistische Italien und die Aufgaben der Frau im neuen Staat* vorgelegt. Drei Jahre zuvor, 1931, hatte sie, gemeinsam mit ihrer progressiven Freundin Käthe Kollwitz (die Bilder beisteuerte), das Buch *Ich werde Mutter* publiziert, das von einem Historiker als die Schrift einer Feministin eingeordnet wird. Diel trat darin, wie ihre Freundin Käthe Kollwitz, für die Vereinbarkeit von Familie und Beruf und für die Ehescheidung ein.

Das Buch erregte Aufsehen – und erntete Spott. Kurt Tucholsky verriss es 1931 in der *Weltbühne* in der Rubrik »Auf dem Nachttisch« unter seinem Pseudonym Peter Panter; laut Schieder (2013, S. 88) wurde er dabei »ziemlich bösartig«. Der Verriss wirkt erstaunlich modern, denn Tucholsky nimmt darin das Phänomen des »Fremdschämens« vorweg:

> *»Ich habe mich bei der Lektüre immerzu geschämt. Kennen Sie das, wenn man sich schämt, weil einer auf dem Podium stecken-bleibt? Frau Diel bleibt nicht stecken.«*

Tucholsky fügt noch hinzu:

> *»Das Buch ist in der Empfindung sauber, an keiner Stelle kokett. (Die Frau ist verheiratet. Wäre sie es nicht, nie hätte sie den Mut*

*besessen, dieses Buch zu schreiben.) Die dargestellten Gefühle
sind wahr, genauso hat die Frau sicherlich gefühlt. Das Buch ist
durchaus anständig gemeint. Und es ist von einer so erschütternden
Durchschnittlichkeit…«*

Am Ende wundert sich Tucholsky über Diels Kooperationspartnerin:

*»Eines hat mir einen kleinen Schlag gegeben, das sind die Bild-
beigaben des Buches. Sie stammen von Käthe Kollwitz. Ich kann
gar nicht verstehen, dass sie da mitgetan hat. Immerhin: das Buch
wird ein beliebtes Weihnachtsgeschenk gebildeter, aber schwangerer
Mittelstandsfrauen abgeben.«*

Vier Jahre später, am 21.12.1935, nimmt sich Kurt Tucholsky, der frühe,
scharfsinnige und kämpferische Kritiker des deutschen Faschismus in
Göteborg das Leben.[4]

»Unter Mitarbeit von Benito Mussolini…«

Zurück zu Louise Diel: Im Juni 1933 unternahm sie als freie Journalistin ihre erste Italienreise, zahlreiche weitere folgten. Ihre Reiserouten
besprach sie mit Mussolini persönlich: am 5.4.1934 hatte er ihr die
erste Audienz gewährt; bis zum 7.10.1939 folgten 20 weitere (Schieder, S. 90). Sie hatte als Deutsche eine einzigartige Sonderstellung und
besprach mit dem von ihr verehrten italienischen Duce die weiteren
vier Bücher sowie die zahlreichen Zeitungsbeiträge und Vorträge. Ihr
Ende 1934 publiziertes Buch *Mussolinis neues Geschlecht* trug dank ihres
Insistierens den Untertitel *»Unter Mitarbeit von Benito Mussolini.«* In der
italienischen Ausgabe fehlt dieser Untertitel.

Das erwähnte Buch *Kampf, Sieg und Sendung des Faschismus* war im
wesentlichen eine Biografie Mussolinis und äußerst erfolgreich: 1940
wurde es in der 48.–75.tausendsten Auflage als Sonderausgabe gedruckt.
Diel muss als Publizistin eine bekanntere Persönlichkeit in Deutschland gewesen sein. Selbst Relativierungen oder winzigste kritische Anmerkungen zu Mussolini sparte sie in all ihren Publikationen aus. Sie
vermochte Mussolini sogar Ende der 30er Jahre noch regelmäßig zu
besuchen, als dieser kaum noch Gäste aus Deutschland empfing. Immer

---

[4]Bisher hatte ich es als gesichert betrachtet, dass Tucholsky Suizid begangen habe. Nun
lese ich, dass Tucholskys Biograf Michael Hepp (Hepp 1993: Kurt Tucholsky: Biogra-
fische Annäherungen, Rowohlt) bereits 1993, unter Verweis auf einen fehlenden Ab-
schiedsbrief und einen »unklaren Obduktionsbericht«, Zweifel an der Selbstmordthese
hat. Auch eine versehentliche Überdosierung oder aber eine Ermordung Tucholskys
erscheine als möglich.

wieder brach sie zu Italienreisen auf, wurde hierbei von italienischen Behörden unterstützt, »gerade so, als ob sie zum faschistischen Führungskader gehörte«, so Schieder (S. 93).

1937, offenkundig in Folge von Machtkämpfen und Intrigen innerhalb der deutschen Nazibürokratie, begann Diels Abstieg. 1938 geriet sie ins Visier des mächtigen deutschen NS-Amtes Rosenberg. Aus Rücksichtnahme auf seine deutschen Bündnispartner rückte auch Mussolini schrittweise von seiner glühenden Verehrerin ab. Ihr regelmäßiges Honorar von 2500 Lire, das sie seit wohl 1934 aus Italien bezog, floss weiterhin. 1940 und 1941 versuchte Diel noch zweimal, eine private Audienz bei Mussolini zu erhalten, was ihr jedoch verweigert wurde. 1943 erschien ihr letztes Mussolini-Buch, dieses vermochte sie Mussolini jedoch nicht mehr persönlich zu übergeben. Erreicht hat es Mussolini dennoch, über die italienische Botschaft von Berlin. Am 18.2.1944 dankte er in einem handschriftlichen Brief der »sehr geehrten Signora und Freundin«; er zeigte sich berührt, dass sie ihm »ihr Talent und ihre Bemühungen gewidmet« habe (ebd., S. 105). Acht Monate später trat Mussolini das letzte Mal öffentlich auf, im Teatro Lirico; am 28.4.45 wurde er bei seiner Flucht von Partisanen in Verhängung eines Todesurteiles erschossen.

Der mysteriöse Bankier Tuchler

Diese Geschichte von Finkelgruens ersten zwei Jahren in Deutschland führt zu Menschen, deren Bedeutung für die Geschichte des Zionismus der 1930er Jahre sowie die Frühgeschichte der Beziehungen zwischen Deutschland und Israel bis heute nicht ganz klar ist: Zum Ehepaar Kurt und Gerda Tuchler und dessen Beziehung zu Leopold von Mildenstein, einem SS-Offizier im Sicherheitsdienst. 1960 erhielt die Mussolini-Verehrerin Diel Besuch aus Israel, offenbar ein alter Bekannter:

> »Er käme aus Israel, und sie dächte, sie sollte uns bekannt machen. Der Besucher saß auf der Chaiselongue. Ein älterer Herr in einem eleganten Anzug. Seine Gesichtshaut war gebräunt. Solche Bräune kannte ich aus Israel. Mit gelangweiltem Misstrauen sah er mich an. Frau Dr. Diel stellte ihn mir als Herrn Bankier Tuchler aus Israel vor, einem alten Bekannten, der jetzt häufiger in Deutschland sei. Wegen der Wiedergutmachung, raunte sie verschwörerisch, als handele es sich um ein unanständiges Geheimnis.« (Erlkönigs Reich, S. 50)

Finkelgruen stellte sie ihrem israelischen Gast als angehenden Diploma-
ten vor, der mit ihrem Sohn Helmut befreundet sei:

> *»Ich reichte Herrn Tuchler die Hand, sprach auch ein, zwei Sätze*
> *Hebräisch, er aber wechselte sofort wieder ins Deutsche, fragte, ob*
> *wir, meine Großmutter und ich, unsere Wiedergutmachungsange-*
> *legenheiten schon geregelt hätten. Ich antwortete ausweichend, und*
> *er wandte seine Aufmerksamkeit wieder ganz seiner Gastgeberin*
> *zu.«* (ebd., S. 50f.)

2011 wurde die Beziehung des Ehepaars Tuchler mit den Mildensteins
durch den vielfach ausgezeichneten Dokumentarfilm *Die Wohnung* des
israelischen Filmemachers Arnon Goldfinger ins kollektive Gedächtnis
gerufen – mit weiterhin mehr offenen Fragen als Antworten. 2007 war
Gerda Tuchler im Alter von 98 Jahren in Tel Aviv verstorben. Zahlreiche Verwandte, Kinder und Enkel Gerdas – »eine Tochter, 12 Enkel, 29
Urenkel«[5] –, darunter auch ihr Enkel Arnon Goldfinger, begannen mit
der Entrümpelung der zentral in der Tel Aviver Gordon Street gelegenen
Wohnung, in der Gerda 70 Jahre gelebt hatte. Die Wohnung war überfüllt mit Erinnerungen aus der Berliner Lebensphase Gerda Tuchlers
– »84 Handtaschen, 104 Schals, 92 Paar Handschuhe« (Goldfinger) –,
darunter eine riesige Bibliothek deutschsprachiger Bücher. Deutsch
blieb die einzige Gerda Tuchlers, hebräisch lernte sie nicht.

Ihre in Israel geborenen und aufgewachsenen Kinder und Enkel wussten nichts mit diesem Erbe, diesen Berliner Erinnerungen anzufangen.
Vielleicht wollten sie seelisch auch nichts damit zu tun haben; sie hatten
im bedrohten jüdischen Staat andere Sorgen und Wertschätzungen. Sie
waren Sabres. Die tödliche Illusion einer deutsch-jüdischen Gemeinschaft war nicht mehr ihre Sache. Arnon Goldfinger wurde bei den
im Film dokumentierten Aufräumarbeiten neugierig. Er befragte auch
seine Mutter Hannah darüber, was sie über das Wirken ihrer eigenen
Mutter Gerda und deren Beziehung zu dem Nationalsozialisten Mildenstein wusste. In seinem Artikel im *Zeit Magazin* gibt Arnon Goldfinger
die Eindrücke seiner Treffen mit Oma Gerda als Kind und Jugendlicher
wieder:

> *»Großmutter, immer elegant gekleidet, geleitete mich erhabenen*
> *Schrittes ins Wohnzimmer. Wir setzten uns, ich aufs Sofa, sie*
> *in den Sessel, links und rechts an der Wand zwei imposante,*
> *von einem Künstler gemalte Porträtbilder: eine hübsche Frau mit*

---

[5] aus: Arnon Goldfinger, »Ihr Freund, der Feind«, *Zeit Magazin* 21/2012

Als sein Großvater Kurt, der deutsche Zionist, 1978 im Alter von 83
Jahren in Tel Aviv verstarb, war Arnon 15 Jahre alt. Bei der Beerdigung wurde fast nur deutsch gesprochen. Der 1894 in Stolp geborene Kurt Tuchler war bereits als junger Mann überzeugter Zionist –
und zugleich deutscher Patriot. Er war in der *Jüdischen Jugendbewegung*
engagiert, gehörte zu den Mitbegründern von *Blau Weiß*. Mit Walter
Benjamin war Tuchler befreundet, seit sie sich bei einer Sommerfrische
im Küstenort Stolpmünde kennengelernt hatten. Sie fuhren gemeinsam
nach Paris und pflegten einen regen, leidenschaftlichen Briefwechsel.
Tuchler vertrat hierin wohl die zionistische Utopie, Walter Benjamin
den utopischen, antinationalen Marxismus.

Nach dem Studium (Jura und Volkswirtschaft) arbeitete der im Ersten Weltkrieg mit zwei Eisernen Kreuzen (erster und zweiter Klasse)
ausgezeichnete Tuchler als Amtsrichter in Berlin. Kurt Tuchler saß
im Vorstand der *Zionistischen Vereinigung für Deutschland* (ZVfD) und
nahm als Delegierter an Zionistenkongressen teil. Unmittelbar nach
seiner Rückkehr von seiner Palästinareise mit von Mildenstein erhielt
der deutsche Jude und Richter Tuchler die amtliche Mitteilung seiner Enthebung aus dem Staatsdienst. Die Tuchlers erkannten die Notwendigkeit zur Flucht rasch: 1936 reisten sie nach Palästina aus – wo
1963 auch ihr Enkel Arnon Goldberg geboren wurde… Bei seinen
Filmarbeiten durchbrach Goldberg die familiär erworbenen »jeckischen
Anstaltsregeln«: Er öffnete alle Briefe seiner verstorbenen Großmutter,
findet zahlreiche Fotos. Darunter befindet sich auch ein Foto

Beim Aufarbeiten des familiären Erbes findet Arnon Goldfinger weitere
Überraschungen, so einen Brief aus der berühmten Wiener Berggasse
19, von Sigmund Freuds Sohn Ernst:

»Ich forsche weiter und finde einen Brief mit einer Adresse, die mir bekannt vorkommt: ›Berggasse 19, Wien‹. Als ich sie entziffere, kann ich meine Aufregung kaum verbergen – das Haus von Sigmund Freud. Der Name des Absenders ist Ernst, Freuds jüngster Sohn, Vater des Malers Lucian Freud. Im September 1914 stellten Ernst und mein Großvater, zwei jüdische Studenten an der Münchner Universität, Überlegungen an, ob sie sich als Freiwillige zur kaiserlichen Armee melden und am Krieg teilnehmen sollten. Ernst berichtet, sein Vater sei dagegen, aber sein ältester Bruder habe beschlossen, zur Artillerie zu gehen. Einen Monat später schreibt Ernst, er werde sich die Haare abrasieren und an die Front gehen. Auch mein Großvater meldet sich als Freiwilliger bei der Artillerie und wird an die Ostfront geschickt.« (Goldfinger 2012a)

Der Angriff: »Ein Nazi fährt nach Palästina«

Dann macht Arnon einen weiteren Fund, der ihn erst einmal zusammenzucken lässt. Es kostet ihn Überwindung, ihn sich näher anzuschauen: Zwölf zerbröselnde Exemplare der Goebbelschen Nazizeitung *Angriff*, überfüllt mit Symbolen der Nazis. Darunter findet er auch Exemplare der mit fetten Lettern hervorgehobenen Artikelserie »Ein Nazi fährt nach Palästina«, verfasst von einem LIM – die Initialien des SS-Mannes Leopold Edler von Mildenstein.

Vor der Ausreise der Tuchlers nach Palästina, vermutlich auch zu deren Vorbereitung, kam es 1933 zu ihrer mythenumwobenen Reise mit dem 1902 in Prag geborenen SS-Mann und früheren Korrespondenten der Berliner Börsenzeitung Leopold von Mildenstein nach Palästina. Mildenstein war im multinationalen Österreich-Ungarn aufgewachsen, woraus wohl eine Aufgeschlossenheit für die Rechte und nationalen Selbstbestimmungen von Minderheiten erwachsen war.

Der Nationalsozialist Mildenstein hatte regelmäßig an Zionistenkongressen teilgenommen, wo er wohl Tuchler kennenlernte (Meier 2002). Irgend etwas muss die beiden verbunden haben, nicht nur von ihren jeweiligen politischen Interessen her sondern vor allem auch seelisch. Ihre Freundschaft blieb auch nach dem Ende der Nazizeit für Jahrzehnte bestehen. Tuchler schlug Mildenstein eine gemeinsame, längere Reise nach Palästina vor, wohl in der Hoffnung, in ihm einen Mitstreiter für die zionistische Sache zu finden.

Wohlgemerkt, Anfang des 20. Jahrhunderts war der Zionismus – also die Utopie der Übersiedlung einer großen Zahl insbesondere junger Juden in das ferne, ökonomisch unterentwickelte und klimatisch schwer erträgliche Palästina – insbesondere für bürgerliche, assimilierte deutsche Juden ein Unding. Bestrebungen ihrer Kinder, in das ferne, unterentwickelte Land überzusiedeln und dort mittels handwerklicher und bäuerlicher Tätigkeit das fantasierte Land ihrer Erzählungen, ihrer Gebete, *Eretz Israel*, aufzubauen, empfanden viele als Bedrohung. Uri Avnery, der querköpfige, extrem linke israelische Publizist (und äußerst beliebte Kronzeuge ausgewiesener deutscher Antisemiten, die es vorziehen, sich als »Antizionisten« zu bezeichnen), hat dies bezogen auf seine eigene Familiengeschichte eindrücklich beschrieben.

Mit der »Machtergreifung« am 30.1.1933 erhielt die zionistische Bewegung in Deutschland einen überraschenden Aufschwung. Die ZVfD wurde zu einer der einflussreichsten jüdischen Strömungen. Die deutliche Bedrohung durch den Nationalsozialismus und die lange vor 1933 täglich erlebte rassistische Diskriminierung ließen die zionistische Idee, die Übersiedlung nach Palästina, in das Heilige Land, als realistische Perspektive erscheinen. Unmittelbar nach der »Machtergreifung« bemühte sich der ZVfD deshalb intensiv um eine »Verständigung mit dem neuen Regime über die zionistische »Lösung der Juden Frage« (Meier 2002, S. 76). Allerdings gab es innerhalb des ZVfD hierzu sehr unterschiedliche Positionen, die von der strikten Ablehnung solcher Gespräche, bis hin zum Versuch einer Anerkennung der deutschen Juden nach internationalem Recht durch die Nationalsozialisten reichten (vgl. Meier ebd.).

Die ungleichen »Freunde« Tuchler und Mildenstein fuhren also im Frühjahr 1933, begleitet von ihren Ehefrauen, mit dem Zug von Prag nach Triest, wo sie das Schiff *Martha Washington* nach Haifa bestiegen. Mildenstein, der in der NSDAP bereits als »Nahostexperte« galt, wollte sich ein eigenes Bild vom zionistischen Leben in Palästina machen. Die Fotos, die hierbei entstanden, machen den Eindruck einer Vergnügungsfahrt. Der Berliner Zionist Tuchler wollte dem »Nationalsozialisten von Mildenstein den Aufbau der »nationalen Heimstätte« des jüdischen Volkes in Palästina zu zeigen. Er wollte ihn überzeugen,

> *»(...) [dass die] Lösung der Judenfrage« in der Auswanderung der deutschen Juden nach Palästina liegt«* (Meier 2014)

Er wollte die »Edelnazis« – im Gegensatz zum »Pöbelantisemitismus«, wie er sich in Zeitschriften wie *Der Stürmer* oder der SA zeigte – von einer »rationalen« Lösung« der »Judenfrage« überzeugen: Die Juden sollten in möglichst großer Zahl Deutschland »freiwillig« verlassen und nach Palästina emigrieren.[6]

Ein Jahr später, in der Zeit vom 26.9.–9.10.1934, publizierte Mildenstein über diese Reise eine zwölfteilige Artikelserie in Goebbels Propagandazeitschrift *Der Angriff*; diese trug den irritierenden Titel »Ein Nazi fährt nach Palästina«. Gekennzeichnet waren diese Beiträge mit dem Kürzel LIM. Dass sie für Leopold von Mildenstein standen, also für die Anfangsbuchstaben seines Nachnamens, gemäß hebräischer Schreibweise von rechts nach links, dürfte nur eine winzige Minderheit der Leser dieses nationalsozialistischen Propagandablattes gewusst haben.

---

[6]Vor diesem historischen Kontext wirkt es besonders verstörend bzw. eindrücklich, dass sich die zentrale politische Devise der Israel-Boykott-Bewegung heute in der Losung vereint: »Juden raus aus Palästina...«

Zwölf Exemplare dieser nationalsozialistischen Zeitung sollte Gerda Tuchler, die Mitreisende, bis zu ihrem Tode in ihrem Schrank aufbewahren. Das Entdecken dieser 80 Jahre alten Zeitungsausgaben in der Wohnung seiner soeben verstorbenen Großmutter in Tel Aviv war der Impuls für Arnon Grünbergs eindrücklichen Kinofilm.

Mit Erscheinen der Reportage verbreitete *Der Angriff* zu Werbezwecken eigens eine Medaille: Auf der einen Seite prangte ein Hakenkreuz und auf der anderen – ein Davidstern. Im »offiziellen« Magazin der NSDAP, dem Hetzblatt *Völkischer Beobachter*, wurde parallel hierzu die Artikelserie beworben. Die *Jüdische Rundschau* hebt in einem Kommentar vom 28.9.34, zwei Tage nach Erscheinen des ersten Beitrages, die »ungewöhnliche Eindringlichkeit« der Vorankündigung dieser Serie hervor:

> *»Die Voranzeigen lassen erkennen, dass diese Publikation als etwas Ungewöhnliches gewertet wird, sozusagen als ein Ereignis von politischer und journalistischer Pikanterie«* (Meier 2002, S. 78)

Zu diesem Zeitpunkt existierte bereits, darauf sei hingewiesen, seit einem Jahr das zwischen dem Reichswirtschaftsministerium, der Jewish Agency und der ZVfD abgeschlossene Haavara-Abkommen (25.8.1933), das Kapitaltransfers zwischen Deutschland und Palästina regelte und in Folge dessen zu diesem Zeitpunkt bereits 15.000 eher wohlhabende Juden nach Palästina emigrieren und dabei zumindest einen Teil ihres Besitzes retten konnten, was auch mittellosen deutschen Juden die Übersiedelung nach Palästina ermöglichte. Das Abkommen war naheliegenderweise auch innerhalb jüdischer Institutionen und im Ausland sehr umstritten. Es wurde von vielen als »Verrat am jüdischen Volk« empfunden (vgl. Meier 2004). Die Nationalsozialisten erlangten hierdurch die Möglichkeit, die Vertreibung der Juden zu steuern.

In seinen Artikeln hebt Mildenstein den Fleiß, den Idealismus der nach Palästina emigrierten Zionisten und frühen Siedler hervor. Die wirtschaftliche Stärke Palästinas imponierte dem Nationalsozialisten. Erste Eindrücke von Palästina beschreibt Mildenstein seinen Lesern so:

> *»Hier liegen Schiffe aller möglichen Nationen (...) Aber auch zwei deutsche Frachter, sofort erkennbar am lustig flatternden Hakenkreuzwimpel, sind hier zu finden. Deutschland steht an zweiter Stelle unter den Importländern.«*(Meier 2002, S. 80)

Er beschreibt einen Purimumzug in Tel Aviv, in dem Karnevalswagen die Odyssee des jüdischen Volkes bis zur Wiedervereinigung in Palästina darstellen: Die »dennoch« mit Optimismus erwartete Zukunft symbolisiert eine grüne Raupe, auf deren Körper große rote Hakenkreuze aufgemalt sind. Sie besuchen auch den 1928 von 33 aus Russland und Polen stammenden Zionisten gegründeten Kibbuz Givat Brenner sowie in Ben Shemen eine Kinderkolonie. Die Araber, denen Mildenstein auf ihrer Reise begegnete, belegte dieser hingegen projektiv mit abwertenden Ressentiments, die man in Deutschland bisher den Juden, insbesondere den Juden aus den Schteteln in Osteuropa, zugewiesen hatte (vgl. Meier 2002, 2014).

Die Reise nach Palästina und seine Artikelserie im *Angriff* festigten Mildensteins Ruf als »Nahostexperte«. Seine Karriere als Nationalsozialist ging erfolgreich weiter. 1935 machte ihn Reinhard Heydrich zum Leiter des Judenreferats im SD-Hauptamt in der Abteilung II/112. Mildenstein holte seinen Nachfolger Adolf Eichmann ins Amt, der Mildensteins einschlägige Kenntnisse in Sachen Juden wenig später im »Eichmannreferat« nutzte. Als ihm in in Jerusalem der Prozess gemacht wurde, erwähnte Eichmann seinen ehemaligen Vorgesetzten mehrfach:

> *»Er war der Einzige im Hauptamt des Sicherheitsdienstes, der umfassende und objektive Antworten auf die Judenfrage geben konnte.« (...) »Er wusste mehr als seine Vorgesetzten.« (...) »Ich betrachtete ihn als meinen Meister.«* (Goldfinger 2012a)

Im Kinofilm sehen wir das umfängliche Fotoalbum, in dem die Tuchlers ihre gemeinsame Reise nach Palästina dokumentiert und das sie gleichfalls aufbewahrt haben. Und wir sehen Auszüge aus der Befragung Eichmanns in Jerusalem, in dem sich Eichmann mehrfach auf Mildenstein als Ideengeber, als »Vater des Gedankens«, die Juden aus Deutschland zu verdrängen, bezog.

1938 wechselte Mildenstein als Referent zu Goebbels, dann wurde er Abteilungsleiter der Nahostabteilung. Im gleichen Jahr erschien seine Artikelserie unter dem Titel *Rings um das brennende Land am Jordan* als Buch. In Herbert Hagens »Judenreferat« stießen seine Beobachtungen jedoch auf Misstrauen; Hagen verfasste eine überwiegend sehr negative Beurteilung der Texte. Während seiner Tätigkeit in Goebbels' Nahostabteilung schwenkte Mildenstein auf pro-arabische Propaganda um. Die zuvor so stark abgewerteten Araber erschienen nun nützlich, um gegen England sowie gegen die Juden in Palästina vorzugehen, was vielen von ihnen nicht unrecht war.

Auch als Publizist war Mildenstein weiterhin tätig. Nach dem Krieg war er wohl, so schließt sich der Kreis, Mitglied der FDP und für die Kontakte zu ägyptischen Propagandadienststellen und amerikanischen Geheimdienstkreisen zuständig. Von 1958–1960 gab er die *Orient-Informationen* heraus…

Das Erstaunliche und vielleicht Beunruhigende: Die »Freundschaft« des einflussreichen Nationalsozialisten mit dem vertriebenen, nur mit Glück überlebenden Juden hielt auch nach Ende der Nazizeit und nach Gründung des Staates Israel an – obwohl auch Gerda Tuchlers Mutter zu den Opfern der Shoah gehörte. Auch nach Kriegsende, nachdem die Shoah öffentlich bekannt geworden war, vor, während und nach dem Eichmann-Prozess, packten die Tuchlers regelmäßig ihre Koffer und verreisten mit festlicher Kleidung jährlich für zwei, drei Monate – nach Deutschland.

Bei jeder Rückkehr nach Israel, bei der sie von ihren Kindern und Enkeln feierlich empfangen wurden, brachten die Tuchlers in Israel geächtete deutsche Produkte, Köstlichkeiten mit – für Israelis im jungen jüdischen Staat ein absoluter, geradezu traumatischer Tabubruch. Und 1960 besuchten die Tuchlers die Mussolini-Verehrerin Diel – und diese stellte Kurt Tuchler dem 18-jährigen Peter Finkelgruen vor…

Edda Milz, geborene von Mildenstein

Arnon Goldfinger stößt bei seinen Recherchen auf einen Briefumschlag aus dem Jahre 1974, der Brief darin fehlt, doch der Name der Absenderin ist klar zu entziffern: Edda von Mildenstein. Der Brief stammte aus Wuppertal. Nach mehreren schlaflosen Nächten nimmt Goldberger allen Mut zusammen, ruft die Telefonnummer der Wuppertaler Anschrift an: Er spricht mit Edda Milz, geborene von Mildenstein. Dann besucht er sie, sein Film *Die Wohnung* entsteht…

Die Wuppertalerin Edda Milz fungiert im Film als die bildungsbürgerliche Verkörperung der kollektiven deutschen »Unschuld« oder aber des nicht-Wissen-Wollens. Vielleicht aber auch, so scheint es mir, als Verkörperung des stolzen Trotzes, »den Juden« historisch betrachtet kein Unrecht angetan zu haben. Beim Ansehen von Goldfingers Film *Die Wohnung* hatte ich bezüglich der Persönlichkeit bzw. der Rolle von Edda Milz recht ambivalente Empfindungen, mit teils äußerst unangenehmen Gefühlanteilen. Milz sagte im Film zwar scheinbar offenherzig über ihren Vater aus, aber vieles entsprach offenkundig »nicht ganz« der Wahrheit, und man möchte kaum glauben, dass sie ihre eigenen Darstellungen selbst geglaubt hat. Dennoch: Edda Milz stellte sich für den Film zur Verfügung, durchbrach hiermit das Schweigen, was für sie gewiss auch eine Belastung dargestellt hat. In der Endphase der Filmarbeiten erkrankte sie schwer.

Arnon Goldfinger äußert in einem Interview mit dem *Tagesspiegel* selbst seine Unsicherheit, wie er Edda Milz' ihm gegenüber an den Tag gelegte Freundlichkeit, ihren Wunsch nach Begegnungen, verstehen soll. Sein Film war nicht nur in Deutschland – dem Land der Enkel und Urenkel der Mörder – eine Sensation, sondern auch in Israel: Selbst vier Monate dem Filmstart versammeln sich an einem Freitagabend in der Tel Aviver Cinematheque 280 mehrheitlich ältere Besucher, viele mit weißen »Goldlocken«, um den Film zu sehen (*Tagesspiegel*, 21.5.2014).

Als Arnon Goldfinger das Journalistenpaar Jehuda Koren und Elat Regev besucht, die in den 1980er Jahren in Israel einen Zeitschriftenbeitrag über die Artikelserie Mildensteins publiziert hatten, ist diesen noch 20 Jahre später das Gespräch in Großmutter Gerdas Wohnung, bei Kaffee, Keksen und Kuchen, noch gut in Erinnerung. Sie erinnern sich an die sehr angespannte Atmosphäre, die während des Gespräches vorherrschte. Mit irritiertem Erstaunen bemerkten sie, wie »menschlich, fast freundschaftlich« Gerda über die Mildensteins sprach. Nie bezeichnete Gerda Tuchler diese als Nazis. Für sie waren sie wirkliche Freunde. Erst spät hat Gerda begonnen, von der Ermordung ihrer Mutter durch die Deutschen gesprochen. Zwischen den Eheleuten Tuchler blieb der schmerzhafte Verlust wohl ein Tabu.

Jens Hagen: Der Nazisohn in der Kölner APO

Um weitere erstaunliche Kontinuitäten zu erwähnen, die sich auch im Leben Finkelgruens wiederspiegeln: Mildensteins Nachfolger als Leiter des »Judenreferats« war der SS-Sturmbannführer Herbert Hagen (1913–1999) – dem Gertrud Seehaus und Finkelgruen 40 Jahre später, 1978, beim Kölner Prozess gegen Lischka, Hagen und Heinrichsohn im Gerichtssaal begegneten.

Hagens Sohn wiederum, der Schriftsteller und politisch sehr »links« orientierte Jens Hagen (1944–2004), engagierte sich ab den 1960er Jahren in Köln im Umfeld der APO als Journalist und Schriftsteller. In der eher überschaubaren linken Kölner Szene traf sich Jens Hagen auch mit Henryk M. Broder und Fred Viebahn. In den 60er Jahren waren sie befreundet, publizierten u.a. in der linken, von 1968 bis 1984 bestehenden Zeitschrift *Spontan*. Ende der 60er Jahre schrieben sie für Broders Zeitschrift *Bubu* und Viebahns Spaßzeitung *eieapopeia* »jeder für seinen Teil verantwortlich, aber Rücken zu Rücken gedruckt«; Hagen hatte dort »seine kleine ›Jensimaus‹-Kolumne«.[7]

Als Hagen in der doktrinären DKP aktiv wurde – also endgültig als braver Sohn das Erbe seines Nazi-Vaters unter neuen Vorzeichen antrat – begann die Freundschaft zu bröckeln. Diese Wendung nicht weniger Linker mit NS-Familienbiografie nach der 68er-Zeit hat Peter Schütt, 1968 selbst Mitbegründer der DKP, unter Bezugnahme auf Jens Hagen und Bernhard Vesper, als einen Prozess »von der Selbstreinigung zur Selbsterhöhung« beschrieben (*Die Welt*, 2.5.1988).[8] Hagens gemeinsam mit Günter Wallraff verfasstes Buch *Was wollt ihr denn, ihr lebt ja noch* (1974) fand eine breitere Rezeption.

Erst als Erwachsener will Hagen von der nationalsozialistischen Vergangenheit seines Vaters – als Sturmbannführer der SS und als einer der Hauptverantwortlichen für die Deportation von 70.000 französischen Juden in die deutschen Vernichtungslager – erfahren haben; beim nur 29 Verhandlungstage dauernden Lischka-Prozess (1979/80) war Jens Hagen 35 Jahre alt.

---

[7] Persönliche Mitteilung von Fred Viebahn, e-mail vom 19.4.2017.

[8] Der 1939 geborene Peter Schütt hatte seine Literatur anfangs ganz in den Dienst der kommunistischen Ideologie gestellt, was ihm den zweifelhaften Ruf des »Hofdichters der DDR« eintrug. 1988 wurde der inzwischen 49-Jährige aus dem DKP-Parteivorstand ausgeschlossen. Nach seiner Heirat mit einer Iranerin konvertierte er 1990 zum schiitischen Islam und absolvierte 1996 eine Pilgerfahrt nach Mekka. Im Alter wanderte er, wie durchaus nicht wenige Vertreter der APO-Generation, ins Lager der äußeren, »wertkonservativen« Rechten und wurde 2015 Redakteur der sehr rechten Zeitschrift *Mut*.

Peter Finkelgruen erinnert sich an die Begegnungen mit Hagen während des Lischka-Prozesses, den er regelmäßig besuchte. Jens Hagen kurvte während der Prozesstage um das Kölner Gerichtsgebäude herum, war jedoch nicht in der Lage, dieses zu betreten. Nach den Prozessen ging er gemeinsam mit Finkelgruen und Broder in eine Kneipe und quetschte sich stets zwischen sie. In den Gesprächen betonte er, dass sein Vater ihn zum Demokraten erzogen habe.

Helmut Diel

Mit Luise Diels wenig älterem Sohn Helmut hatte Finkelgruen ebenfalls ambivalente Gespräche. Helmut studierte ebenfalls und schloss 1960 seine Promotion über die Geschichte der *Frankfurter Allgemeinen Zeitung* ab. Es war die Zeit, als Adolf Eichmann vom Mossad gefangen genommen und in Jerusalem vor Gericht gestellt wurde – eine Zäsur in Israels Geschichte. Finkelgruen erinnert sich so:

> *»Er [Helmut] erkundigte sich bei mir immer wieder mit großem Interesse nach der politischen Situation in Israel. Ich meinerseits versuchte Fragen über Deutschland zu stellen, in der Hoffnung, Tatsachen zu erfahren, die es mir ermöglichen konnten, mich besser zurechtzufinden. Es war Frühjahr 1960, die Zeit, als Adolf Eichmann gefangen und nach Israel gebracht worden war. Ich hatte einen Fernseher gekauft, damit Großmutter die Berichte über den Prozess sehen konnte. Auch mit Helmut, dem Sohn von Frau Dr. Diel, versuchte ich darüber ins Gespräch zu kommen. Er bemühte sich eifrig, mein wachsendes Misstrauen Deutschland gegenüber zu besänftigen. Dieses Misstrauen beruhte damals weniger auf faktischen Kenntnissen, sondern war diffus. Jedenfalls verhinderte es, dass ich mich sorglos und vertrauensvoll in Deutschland zu Hause fühlte. Ansonsten beschäftigte mich der Alltag. Das Bemühen, beispielsweise, mein englisches Abiturzeugnis anerkannt zu bekommen.«* (Erlkönigs Reich, S. 52f.)

Ein Epilog

Im Januar 2014 nahm der inzwischen pensionierte Mussolini-Experte Prof. Wolfgang Schieder – der 1935 Geborene hatte von 1991 bis 2000 als Professor für Neuere und Neueste Geschichte an der Kölner Universität gelehrt und war nach seiner Emeritierung nach Göttingen gezogen – brieflich Kontakt mit Finkelgruen auf. Anlass war seine Lektüre von Finkelgruens *Erlkönigs Reich*, in dem dieser seine Begegnungen mit Diel geschildert hatte.

Er selbst habe 1955/56 in Freiburg studiert. Finkelgruens Beschreibungen seiner Begegnungen mit Diel habe er mit »großer Verblüffung« zur Kenntnis genommen. Dieser »eigenartigen, faschismusfanatischen Frau« habe er in seinem letzten Buch *Mythos Mussolini* ein »ganzes Kapitel« gewidmet. Grundlage hierfür war ihr Nachlass, den er bei Helmut Diel frei benutzen durfte, da dieser seiner Mutter gegenüber heute »äußerst distanziert gegenübersteht.« Durch die Aufarbeitung des Archivs habe er »ein kritisches Bild dieser Propagandistin des italienischen Faschismus entwerfen« können.[9]

In seinem Antwortschreiben dankt Finkelgruen für den Brief und hebt die »elektrisierende Wirkung« hervor, die insbesondere der Film *Die Wohnung* von Goldfinger in ihm hervorgerufen habe. Die filmische Erinnerung an den »Bankier Tuchler« rief in ihm die Erinnerungen an seine Begegnung mit Tuchler in Diels Wohnung wieder wach.

In einer weiteren Mail Schieders an Finkelgruen (10.8.2014) beschreibt Schieder die komplexe Beziehung der Protagonisten; seine Einschätzung entspricht der meinen: Tuchler sei offenkundig ein enger Freund Diels gewesen. Für ihre Entnazifizierung habe er ihr 1947 »einen der üblichen Persilscheine geschrieben«, in der ihr bescheinigt wurde, »dass sie und ihr Mann bis 1936 mit jüdischen Familien umgingen.« Seit 1927 hatten die beiden Familien in Gatow an der Havel benachbarte Ferienhäuser.

Auch Schieder hebt die Besonderheit dieser familienbiografischen filmischen Dokumentation hervor, auch dass sie nicht irgendwie versöhnlich ende, sondern auch die im Film präsente Wuppertaler Tochter des Leopold von Mildenstein letzten Endes als eine problematische Person erscheinen ließe, die zumindest Schwierigkeiten mit »der Wahrheit« habe.

---

[9]Brief Schieders an Finkelgruen vom 9.1.2014; weiterhin mehrere Mails zwischen Finkelgruen und Schieder: 23.1.2014, 24.1.2014 und 10.8.2014

Mildensteins Karriereknick im Nazisystem – er wurde 1936 offenkundig auf Betreiben Heydrichs entlassen – nutzte dieser in der Nachkriegszeit dazu, um sich als ein Opfer darzustellen. Er benutzte also die Strategie der Selbstviktimisierung, die im Nachkriegsdeutschland die dominierende Form der »Vergangenheitsbewältigung« war.

Dieser Art der »Vergangenheitsbewältigung« begegnete Finkelgruen in den 1980er Jahren im Schicksal der Edelweißpiraten wieder: Sie, die wenigen Widerständigen, die Unangepassten, galten auch 40 Jahre nach Kriegsende in Köln als die »Schuldigen«, die Übeltäter, die Kriminellen. Sie galt es zu bekämpfen, im Interesse der Fortschreibung der weiterhin nationalsozialistisch geprägten Geschichtsverklärung. Nichts hatte sich geändert. Eben deshalb verfasste Finkelgruen 1981 seine 2020 als Buch erschienene Edelweißpiraten-Studie *»Soweit er Jude war...«*

Literatur

Diel, L. (1938): Mussolini. Duce des Faschismus, Leipzig: Paul List Verlag

Finkelgruen, P. (1997): Erlkönigs Reich. Hamburg: Rowohlt

Finkelgruen, P. (2012): Israel – freiwillige Geisel?. In: Kaufhold, R. & B. Nitzschke (Hg.) (2012): Jüdische Identitäten nach dem Holocaust in Deutschland. Themenschwerpunktheft der Zeitschrift Psychoanalyse – Texte zur Sozialforschung, Heft 1/2012.

Finkelgruen, P. (2020): »Soweit er Jude war...« Morität von der Bewältigung des Widerstandes. Die Edelweißpiraten als Vierte Front in Köln«. Herausgeber: Roland Kaufhold, Andrea Livnat und Nadine Englhart. Books on Demand, Norderstedt 2020.

Goldfinger, A. (2012a): Film »Die Wohnung«: Ihr Freund, der Feind, Die Zeit.

Goldfinger, A. (2012b): The Flat, documentarian Arnon Goldfinger, DP/30: The Oral History of Hollywood

Greif, G., C. McPershin & L. Weinbaum (Hg., 2000): Die Jeckes: Deutsche Juden aus Israel erzählen. Köln: Böhlau Verlag.

Jelinek, Y. A. (2004): Deutschland und Israel 1945-1965: ein neurotisches Verhältnis. In: Studien zur Zeitgeschichte, Band 66, Oldenbourg Verlag.

Kaufhold, R. (2003): Uri Avnery: Ein Porträt. In: Uri Avnery (2003): Ein Leben für den Frieden. Heidelberg (Palmyra), S. 258 – 287; sowie in psychosozial Nr. 93, H. 3/2003, S. 107–122.

Kaufhold, R. (2012): Der Psychoanalytiker Sammy Speier (2.5.1944–19.6.2003): ein Leben mit dem Verlust. Oder: »Kehrt erst einmal vor der eigenen Tür!«. In: Kaufhold, R. & B. Nitzschke (Hg.) (2012): Jüdische Identitäten nach dem Holocaust in Deutschland, in: Psychoanalyse – Texte zur Sozialforschung H. 1/2012, S. 96-112.

Kaufhold, R. (2013a): Im KZ-Drillich vor Gericht: Ein Sammelband beschreibt, wie Serge und Beate Klarsfeld Schoa-Täter aufspürten und der Gerechtigkeit zuführten, Jüdische Allgemeine, 6.7.2013.

Kaufhold, R. (2013b): »Ich erinnere mich an diesen Deutschen ganz genau« – Erinnerungen an den Lischka-Prozess, haGalil, 29.5.2013.

Kaufhold, R. (2019): Die Unangepassten Vor 40 Jahren verfasste Peter Finkelgruen ein Buch über die Kölner Edelweißpiraten. Nun wird es im Internet erstmals veröffentlicht, Jüdische Allgemeine, 6.10.2019.

Kaufhold, R. (2020): Die »Kölner Kontroverse«? Bücher über Edelweißpiraten (1980–2019), in: Finkelgruen (2020), S. 217-342.

Klein, A. (Hg., 2013) unter Mitarbeit von Judith Weißhaar: Der Lischka-Prozess. Eine jüdisch-französisch-deutsche Erinnerungsgeschichte, Berlin: Metropol Verlag.

Meier, A, (2002): »Ein Nazi fährt nach Palästina« Der Bericht eines SS-Offiziers als Beitrag zur »Lösung der Judenfrage«, Jahrbuch für Antisemitismusforschung 11, Berlin: Metropol Verlag.

Meier, A, (2004): Das Haavara-Abkommen. In: Zukunft braucht Erinnerung.

Meier, A. (2014): Die Artikelserie »Ein Nazi fährt nach Palästina«, Bundeszentrale für politische Bildung, 18.11.2014.

Schieder, W. (2013): Die Audienzen Louise Diels 1934-1939. In: Schieder, W. (2013): Mythos Mussolini. Deutsche in Audienz beim Duce. München: Oldenburg Verlag, S. 86-105.

Tucholsky, K. (1931): Auf dem Nachttisch, in: Die Weltbühne 27,2 (1931, S. 857f.), in: Gesammelte Schriften (1907-1935).

»Versuchte Gefangenenbefreiung und Unterstützung einer kriminellen Vereinigung«

Irmtrud und Peter Finkelgruen, die RAF, Prof. Ulrich Klug
und FDP-Partei*freunde* (1971–1974)

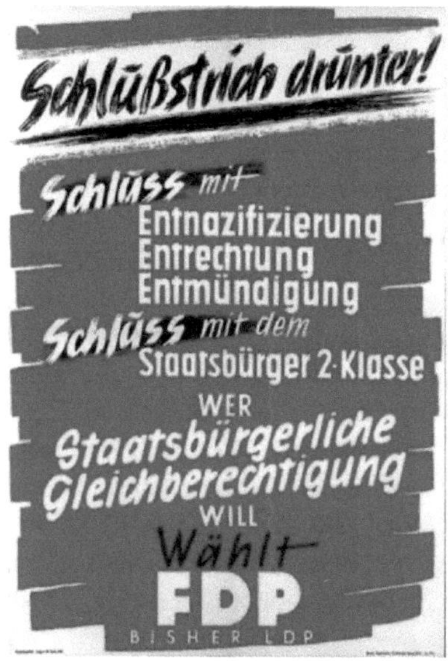

Plakat der Hessen-FDP zur Bundestagswahl 1949.

Dieser Beitrag handelt von der Zeit, als die RAF entstand. Und er handelt von der, inzwischen untergegangenen, linksliberalen Szene innerhalb der Kölner FDP; diese versammelte sich Jahre später vor allem im *Liberalen Zentrum* Kölns. Er handelt von den Auseinandersetzungen zwischen dem noch vom Nationalsozialismus geprägten rechten Flügel der FDP einerseits und Linksliberalen wie Irmtrud und Peter Finkelgruen sowie Prof. Ulrich Klug andererseits, die 1968 bewusst in die FDP eintraten, um gegen das nationalsozialistische Fortwirken zu kämpfen.

Die Jahre 1971 bis 1974, daran sei erinnert, waren noch vor der Jahrzehnte langen Kontroverse um die Edelweißpiraten, also dem Versuch, das gesellschaftliche Schweigen über die Nazizeit, symbolisiert über die wenigen Kölner Jugendlichen, die sich dem Nationalsozialismus bewusst entzogen, die »nicht mitgemacht« hatten. Es war ein Zeitalter, so erinnert sich Finkelgruen in zahlreichen Gesprächen, in denen ein antisemitisches Vokabular, antisemitische »Witze« noch völlig ungeniert im Alltag verwendet wurden.

Ab 1967, im Kontext des Sechstagekrieges, war der anfängliche verbale »Philosemitismus« der APO – also die »Solidarität mit Israel« – binnen weniger Monate in einen militanten, vulgären Antisemitismus großer Teile der studentischen Linken umgeschlagen. Es kam zu der vielfach beschriebenen »antizionistischen Wende des SDS«. Am 9.6.1969 wurde in Frankfurt am Main ausgerechnet der erste israelische Botschafter Israels in Deutschland, Asher Ben-Nathan (1921–2014), Kind Wiener Überlebender, im überfüllten Hörsaal der Frankfurter Universität von wütenden Studenten immer wieder unterbrochen. Ihre »antizionistischen«, propalästinensischen und »israelkritischen« Parolen waren der von Wolfgang Kraushaar beschriebene Anfang einer radikal antizionistischen Atmosphäre und Grundhaltung großer Teile der Linken.

Der selbsternannte »Politrebell« Dieter Kunzelmann mit seinem selbstentlastenden Diktum des »Judenknaxes« kann als Symbol dieser sprachlichen und emotionalen Enthemmung gelten. Ben-Nathan, der 1938 aus Deutschland nach Palästina geflohen war, erinnerten diese »linken« deutschen Studenten an die Nazis; sie handelten »wie die Nazis«, wie er sich in seiner Autobiografie *Stationen meines Lebens* schrieb. Dieser scheinbar isolierte »Tabubruch« innerhalb der SDS-Szene ab 1969 einerseits und der harte Kampf innerhalb der FDP-NRW Anfang der 1070er Jahre andererseits, das ist der Spannungsbogen, der dieser Studie zugrunde liegt…

»Politik und christliche Kultur«

Ein schwarzer Klappkarton, auf einer Seite klebt immer noch ein handschriftlich beschriebener kleiner Zettel, auf dem steht: *Rheinische Post*. Eine Ecke ist abgeblättert, dort spürt man immer noch den gut 40 Jahre alten Kleber. Peter Finkelgruen und *Rheinische Post* (RP)? Irgendwie will dies nicht zusammen passen: Die im März 1946 gegründete Tageszeitung *Rheinische Post* ist eine konservative Regionalzeitung mit dem Untertitel: »Zeitung für Politik und christliche Kultur«. »Sie steht in der christlichen Tradition ihrer Gründer« heißt es in einer Selbstbezeichnung. Ich habe nie jemanden gekannt, der sie abonniert hatte. Aber sie hat ihre Leser: 289.000 Exemplare werden laut Selbstauskunft heute noch von ihr verkauft.

»Hier hast Du es, das ist wichtig«, meint Peter Finkelgruen bei einem Treffen. Es gehe um seine ehemalige Ehefrau Irmtrud, fügt er bei einem anschließenden Gespräch nur knapp hinzu. Um die »Affäre Irmtrud« bzw. die »Affäre Ulrich Klug«. Das sei eine ganz schlimme, ganz bösartige Geschichte. Man spürt, dass der Inhalt des Kartons ihm bis heute bedeutsam ist. Und dass er ihn immer noch belastet. Seine ehemalige Ehefrau lebt nicht mehr. Die Juristin Irmtrud Finkelgruen verstarb Ende 2014.

Der Inhalt des Kartons geht bis in das Jahr 1971 zurück. Seinerzeit war Finkelgruen 29 Jahre alt und ein junger Journalist bei der Deutschen Welle; seine seinerzeitige Ehefrau Irmtrud – ihr friedliches Scheidungsverfahren stand vor seinem auch formellen Abschluss – war 31. Beide waren seit einigen Jahren in der FDP engagiert, Finkelgruen war dieser 1968 beigetreten. Irmtrud Finkelgruen war zusätzlich zeitweise Kreisvorsitzende der Kölner Jungdemokraten (DJD), der damaligen Jugendorganisation der FDP).

Im Karton liegen weit über 200 Seiten Originaldokumente, juristischen Schreiben und Zeitungskopien, denen man ihr Alter ansieht: 45 Jahre, die Materialien stammen aus den Jahren 1971 bis 1974, einige Kopien sind nur noch schwer zu entziffern. Die Materialien haben schon viele Umzüge, viele Kellerräume hinter sich. Ein leicht modriger Geruch hat sich eingenistet. Und doch hat Peter Finkelgruen sie all die Jahre aufbewahrt. Ihr Inhalt ist, man vermag es nicht anders zu formulieren, zutiefst verstörend.

Herbst 1971: Vorboten der Deutschen Herbstes

Die Jahre 1971 und 1972: Ich bin gerade in die 5. Klasse eines nordrhein-westfälischen Gymnasiums einer Industriestadt gewechselt. Es sind die Zeiten des beginnenden RAF-Terrorismus, von dem wir 10-, 11-Jährigen nahezu nichts verstehen können, von dem wir aber dennoch via Fernsehen – seinerzeit vermutlich noch in schwarz-weiß – etwas mitbekommen haben. Mein Klassenlehrer, Hans Joachim Berlin, der für mich in seiner scheinbar eher direkten, aber dennoch feinfühligen Art ein Glücksfall war, spricht im Unterricht über den RAF-Terrorismus. Ihn, der nach meiner Erinnerung eher burschikos auftrat und ein überzeugter Liberaler war, dürften unsere Antworten zum deutschen Terrorismus etwas erschreckt haben.

Ich erinnere mein Unverständnis über »ewig lange« Strafprozesse und die Diskussion über eine mehrfach lebenslängliche Todesstrafe. Solche juristischen Feinheiten waren mir und uns wohl nicht nachvollziehbar.

Was machte es für einen Unterschied, ob jemand einfach oder mehrfach zu einer lebenslangen Haftstrafe verurteilt wird?, fragte sich der 11-Jährige. Ich spüre noch heute sein innerliches Erschrecken darüber, dass wir den brutalen, barbarischen Charakter des Terrorismus aus seiner Sicht nicht angemessen zu erfassen vermochten.

Der neue Klingelpütz

Am 19. Oktober 1971 tritt Irmtrud Finkelgruen ihren ersten Arbeitstag in der Kölner Justizvollzugsanstalt Ossendorf an.[10] Die erst zwei Jahre zuvor errichtete JVA liegt sieben Kilometer nordwestlich des Kölner Doms. Sie ersetzte das in Köln im Volksmund als »Klingelpütz« bekannte Gefängnis von 1830. Das alte Gefängnis wurde nach der Fertigstellung der JVA Ossendorf abgerissen, der Spitzname ging auf die neue Einrichtung über. Heute befindet sich an der Stelle des alten »Klingelpütz« ein Park.

Die JVA Ossendorf verfügt über einen »toten Trakt«, ein nahezu leerstehender Gefängnisflügel, der anfangs für die Isolation von RAF-Gefangenen vorgesehen ist und in denen später auch Angehörige islamistischer, kurdischer und irischer Terrorgruppen inhaftiert werden. In der Hochphase des deutschen Terrorismus wird die Isolationshaft als inhuman und die Persönlichkeit des Gefangenen zerstörend kritisiert. Aufgrund dieser Kritik schaukeln sich »Soligruppen« für inhaftierte »politische Gefangene« und den noch in Freiheit befindlichen RAF-Terroristen einerseits und das durch die RAF-Attentate aufgeschreckte Justizwesen andererseits gegenseitig hoch. Diese wechselseitige Verhärtung treibt immer wieder junge Menschen ins Lager der RAF.

Gerhart Rudolf Baum, Kölner Kreisvorsitzender der FDP (1968–79) und späterer Bundesinnenminister (1978–82), gilt als der erste und wohl prominenteste liberale Politiker, der diese Spirale durch Dialoge mit RAF-Angehörigen zu durchbrechen versucht. Später gehört Baum, mit Prof. Ulrich Klug und Peter Finkelgruen, zu den federführenden Unterstützern der Rehabilitierung der Kölner Edelweißpiraten. Der 1947 geborene Klaus Jünschke, Angehöriger der 1. Generation der RAF, kann als ein Beleg für Gerhart Baums und Antje Vollmers erfolgreiche Bemühungen gelten, linke Ex-Terroristen wieder in den demokratischen Diskurs zurück zu führen. Jünschke wendet sich Mitte der 1980er

---

[10] Wie ich erst nach Abschluss dieser Studie entdeckt habe sind einige wenige der von mir nachfolgend dokumentierten und analysierten Materialien auch dem Beitrag von P. von Schwind & Irmtrud Finkelgruen (2014) in einem Buch über die linke Bewegungen Kölns der 1970er und 1980er Jahre zitiert worden.

Jahre öffentlichkeitswirksam vom Terrorismus ab. 1988, nach 16 Jahren Haft im Ossendorfer »Klingelpütz«, begnadigt ihn Ministerpräsident Bernhard Vogel als ersten RAF-Terroristen. Heute verbindet Jünschke und Baum eine lose Freundschaft; Jünschke trat seinerzeit mehrfach mit Baum öffentlich auf, der damals Bundesinnenminister war, so am 16.11.1987 – Jünschke war da noch Häftling – bei einer Diskussion des Liberalen Zentrums Köln. Seit 1997 gehört Jünschke dem Beirat der Justizvollzugsanstalt Ossendorf an, in der er früher selbst einsaß.

»Aufregend wie ein Krimi...«

Von dem »toten Trakt« im »neuen Klingelpütz« ahnt niemand, als die am 2. März 1940 geborene Jurastudentin Irmtrud Finkelgruen sich bei einem Treffen unter (Partei-)Freunden im Garten ihres ehemaligen Hochschullehrers Ulrich Klug nach einem Praktikum im Bereich Justiz erkundigt. Sie steht Anfang September 1971 kurz vor ihrem Abschluss und hat sich vor einiger Zeit von Peter Finkelgruen getrennt. Beide sind noch freundschaftlich verbunden und engagieren sich nach wie vor im linken Flügel der Kölner FDP, Irmtrud obendrein noch bei den Jungdemokraten und im Republikanischen Club.

Irmtrud Finkelgruen hat bereits einiges ausprobiert: Zahlreiche Jobs, ein abgebrochenes Studium der Theaterwissenschaften und der Soziologie, nebenberuflich journalistische Arbeiten, unter anderem für den WDR. Während eines Bürojobs bei einer Organisation für Naziopfer hat sie ihr Interesse an der Juristerei entdeckt. Das trockene Zivilrecht erschien ihr auf einmal – wie es in einem Portrait über sie heißt (Lintz 2005) – »aufregend wie ein Krimi«.

Klug empfiehlt seiner ehemaligen Studentin, sich um eine zeitlich befristete Stelle im Justizsystem zu bewerben. Er macht ihr einige Vorschläge. Einige Tage später kommt ihm die Idee, sie solle es beim Strafvollzug in der JVA Ossendorf versuchen. Er habe gehört, dass dort zwei Stellen als Aushilfskraft frei seien. Er rät ihr, sich schriftlich zu bewerben. Über mögliche Implikationen seiner Empfehlung denkt der Urliberale nicht weiter nach. Es gibt in seinen Augen keinen Grund dafür. Dass in der JVA Ossendorf seit einigen Monaten auch Terroristen inhaftiert sind, ahnt Klug nicht.

»Er genoss vollstes Misstrauen«: Ulrich Klug gegen die rechte FDP

Seit März 1971 ist der renommierte, stets akkurat gekleidete Linksliberale Klug, der schon 1962 bei der »Spiegel-Affäre« zu den Spiegel-

Anwälten gehört und sich 1968 auf Bitten von Finkelgruen der FDP angeschlossen hatte, Staatssekretär im nordrhein-westfälischen Justizministerium. Der überzeugte radikale Demokrat und Kölner Jura-Hochschullehrer hat sich bereits zu Anfang der 1970er Jahre einen Namen als vehementer Gegner des Radikalenerlasses und des Abtreibungsparagraphen 218 gemacht. Resozialisierung propagiert er als einzig angemessenen Strafgrund, lebenslange Freiheitsstrafen lehnt er als »verfassungswidrig« ab (*Der Spiegel*, 1977). Vielen damaligen Konservativen muss er als die Verkörperung eines linksradikalen Verfassungsfeindes und Terroristenunterstützers erscheinen, in einer Atmosphäre, in der Heinrich Böll zum »Ziehvater des Terrorismus« erklärt wird und FDP-Innenminister Baum als Terroristenunterstützer denunziert wurde – von keinem Geringeren als dem bayerischen CSU-Ministerpräsidenten Franz-Josef Strauß.

Doch auch in der FDP gärt es: Der »nationalliberale« Flügel um Achenbach, den einige Publizisten und Historikern als die stärkste institutionelle parlamentarische Nachfolgeorganisation ehemaliger Nationalsozialisten betrachten, fühlt sich von dem Zustrom junger Studenten aus dem Umfeld der APO und deren Hochschullehrern bedroht. Im Kölner Kreisverband halten »die Linken« 1971 die Mehrheit, auf Landesebene hingegen regieren weiterhin »die Rechten«. Und diese schienen die aufkommende RAF als als Mittel zu betrachten, ihre Mehrheit auch in Köln wieder herzustellen...

Ernst Achenbach war ab 1936 Attaché in der Deutschen Botschaft in Paris. Während der deutschen Besatzung war er als Leiter der politischen Abteilung der Botschaft unmittelbar an der Verfolgung, Deportation und Ermordung von rund 73.000 französischen Juden beteiligt. Im Gegensatz zu Lischka, Hagen und Heinrichsohn, die 1980 in Köln als einzige deutsche Verantwortliche überhaupt zu acht, zehn und zwölf Jahren Haft wegen der Ermordung von 73.000 französischen Juden verurteilt wurden – von denen sie nur einen Teil »absitzen« mussten –, hatte der FDP-Bundestagsabgeordnete Achenbach auch nach dem Krieg höchste Funktionen inne, die er über Jahrzehnte nachdrücklich und durchsetzungsfähig zum Schutz von NS-Tätern einsetzte.

Serge und Beate Klarsfeld haben Dokumente veröffentlicht, die Achenbachs Verstrickung in den mehr als 70.000fachen Judenmord in Frankreich eindeutig belegen (Klarsfeld 1977).[11]

---

[11] Siehe hierzu u.a.: *Der Spiegel*, 15.1.1973: Nazi-Verschwörung in der FDP: Geheimhaltung der Gauleiter; *Der Spiegel* 15.7.1974: »Ach, ach, der Achenbach...«; *Der Spiegel* 20.7.1974: »Abgeordnete: Der Welt Lohn«; *Der Spiegel* 29.11.2010: »FDP: Freudige Mitarbeit«.

Am 22.11.71 titelt der *Der Spiegel* in einem wohlinformierten Hintergrundbeitrag: »Affären: Etwas bleibt hängen«. Er eröffnet seinen Beitrag mit dem Hinweis »Hilfe für die Baader-Meinhof-Gruppe wurde dem Düsseldorfer Justiz-Staatssekretär Klug (FDP) angelastet.« Und fügt, die Eigendynamik solcher Politikprozesse beleuchtend, hinzu: »Doch statt Klug geriet dessen Dienstherr Neuberger (SPD)[12] ins Zwielicht.« Über die Intrigen, die Klugs Tätigkeit als Staatssekretär im März 1971 voraus gingen, bemerkt *Der Spiegel* lakonisch: »Er genoss vollstes Misstrauen.« Klugs Minister setzte überdies viel darein, dem Wissenschaftler politisch »das Rückgrat etwas zu erweichen«. Davor hatte bereits ein 1906 geborene Staatssekretär versucht, ausgerechnet dem während der Nazizeit mit einer Jüdin verheirateten Ulrich Klug eine geistige Nähe zu den Nationalsozialisten anzudichten.

Praxiserfahrung einer angehenden Richterin: Der »Vorgang«

Am 19. Oktober beginnt Irmtrud Finkelgruen ihre befristete Tätigkeit in Ossendorf: 21 Wochenstunden, 540 Euro brutto. Sie versteht sich als überzeugte Linke, woraus sie kein Geheimnis macht. Auch in ihrem Auftreten verkörpert sie mit Jeans, Turnschuhen und Pullover nicht zwingend den Typus einer Gefängniswärterin Anfang der 1970er Jahre. Auf einen psychologischen Test wird seitens der Gefängnisverwaltung verzichtet. Finkelgruen wird vom 19. Oktober bis zum 1. November in ihre Tätigkeit eingewiesen. Drei Wochen nach ihrem Eintritt, am 8.11., wird sie vom Gefängnisleiter Brücker zu einem Gespräch zitiert: er wirft ihr Unterstützung der in Köln-Ossendorf einsitzenden RAF-Terroristin Astrid Proll vor, unterstellt ihr eine linksradikale Gesinnung, feuert sie fristlos. Irmtrud Finkelgruen hat über ihre Tätigkeit eine »Chronologie« angefertigt, die eine Rekonstruktion der Ereignisse erleichtert.

Vom 2. bis 5.11. ist Irmtrud Finkelgrün für drei Nachtschichten eingeteilt; während der dritten Nachtwache am 4.11. betritt sie Astrid Prolls Zelle. Proll, Jahrgang 1947, war in Frankfurt an der »Heimkampagne« beteiligt, hatte sich später mit ihrem Bruder Thorwald der RAF angeschlossen. Mit einer 20-köpfigen linken Gruppe reiste sie nach Jordanien in ein militärisches Ausbildungslager der palästinensischen

---

[12] Der 1902 geborene jüdische Jurist Neuberger wurde 1933 aus der Anwaltskammer ausgeschlossen und emigrierte nach Palästina. Dort schloss er sich der linken zionistisch-sozialistischen Partei *Poale Zion* an. Er gehörte zu den wenigen Emigranten, die sich bereits 1950 zur Rückkehr nach NRW entschlossen (vgl. Lissner 2005). 1966 war er unter Heinz Kühn (SPD) Justizminister in NRW geworden.

Terrororganisation al-Fatah.[13] Am 14.5.1970 beteiligt sich Proll in Berlin, gemeinsam mit Ulrike Meinhof, Gudrun Ensslin, Irene Goergens, Ingrid Schubert und einer weiteren, unbekannten Person an der Gefangenenbefreiung von Andreas Baader, die Geburtsstunde der RAF. Proll wird im Mai 1971 inhaftiert und sitzt seither in der JVA Ossendorf. (vgl. Goettle in *taz*, 23.11.2008).

Gegen 22 Uhr löscht Irmtrud Finkelgruen das Licht in Prolls Gefängniszelle. Die Gefangene beschwert sich: »Was soll das?« Sie kommen ins Gespräch. Proll erkundigt sich, ob Finkelgruen einen Anwalt kenne, der nicht in der DKP sei. Finkelgruen nennt einen ihr bekannten Anwalt – das Gespräch ist beendet. Um sich abzusichern und um den Vorgang »öffentlich« zu machen, spricht Finkelgruen mit einer erfahrenen Kollegin über die Szene. Diese bestätigt ihr ausdrücklich, dass sie sich völlig korrekt verhalten habe.

Am 5.11. – wenige Stunden nach ihrer Nachtschicht –, erhält Irmtrud Finkelgruen nachmittags per Bote die Nachricht von einer Dienstplanänderung. Später wird sich herausstellen, dass der Kölner Polizeipräsident Hosse bei Staatssekretär Staakemaier und dieser bei Ministerpräsident Kühn eine diesbezügliche Nachricht über Irmtrud Finkelgruen hinterlassen hat. Staatssekretär Klug wird hierüber nicht informiert.

Am 7.11. ist während einer Innenministerkonferenz in Frankfurt am Main schon von einer »Affäre Irmtrud Finkelgruen« die Rede.

Am 8.11. wird Irmtrud Finkelgruen um 7:30 Uhr vom Anstaltsleiter Georg Bücker zum Gespräch einbestellt, der ihr wörtlich eine »scharf linke Einstellung« sowie eine Verteilung »roter Flugblätter« vorwirft. Sie sei aufgrund ihres Gespräche mit Frau Proll ein »Sicherheitsrisiko«. Dann feuert Bücker seine frisch eingestellte Aufseherin fristlos. Ungefähr zur selben Zeit wird eine Journalistin der *Rheinischen Post* bis ins Detail über die dienstinternen Vorgänge und die Beschuldigungen in Kenntnis gesetzt.

Am 13.11.1971, erscheint der Aufmacher in der *Rheinischen Post*, der die angehende Richterin Irmtrud Finkelgruen in direkten Zusammenhang mit einer versuchten Gefangenenbefreiung einer RAF-Terroristin bringt. Es liest sich wie eine Anklage.

---

[13]Die Trainingslager markieren die Geburtsstunde des militanten, deutschen »linken Antisemitismus«, dessen dichtestes Symbol die Entführung von Entebbe im Jahr 1976 ist: Deutsche Linke praktizierten mit palästinensischen Terrorgruppen eine »Judenselektion«. Dieter Kunzelmanns berüchtigter antisemitischer Schlachtruf vom »Judenknax«, das versuchte Bombenattentat in der Berliner Jüdischen Gemeinde (1969) und die Ermordung von sechs jüdischen Shoahüberlebenden im Münchner jüdischen Altersheim (1970) korrespondieren mit dieser deutschen antisemitischen Tradition.

Besuch von »Daphne Neumann«

Parallel zu ihrer dreiwöchigen Tätigkeit im Gefängnis bekommt Irmtrud Finkelgruen dreimal ungebetenen Besuch: Eine Unbekannte, die sich als Pädagogikstudentin ausgibt und sich als »Daphne Neumann« vorstellt, sucht sie in ihrer Privatwohnung auf. Finkelgruen verhält sich absolut distanziert, spürt jedoch eine diffuse Bedrohung.

In dem Abschlussgespräch mit dem Gefängnisleiter Bücker erwähnt sie die Besuche, wundert sich über das Desinteresse Bückers, der sie eben noch als ein Sicherheitsrisiko und als gefährliche Linksradikale bezeichnet hat. Irmtrud Finkelgruen vermutet in dieser Frau eine Mitarbeiterin des Verfassungsschutzes.[14] Diesen Verdacht äußert sie mehrfach. Ihr Misstrauen wächst. Anfangs erklärt sich Irmtrud Finkelgruen mit der Vertragsauflösung einverstanden. Nachdem sie sich juristisch hat beraten lassen, widerruft sie aus juristischen Gründen dieser Vertragsauflösung. Die Kündigung blieb dennoch bestehen.

Am 9.11. erreicht der Vorgang Staatssekretär Ulrich Klug: Er wird von Ministerpräsident Heinz Kühn (SPD) direkt auf den Vorgang angesprochen (vgl. *Der Spiegel*, 1971). Die Gerüchte um Irmtrud Finkelgruen und Klug kursieren bereits seit Tagen und haben bereits zahlreiche einflussreiche Politiker, den Kölner Polizeipräsidenten sowie die *Rheinische Post* erreicht. In diesem Gespräch gab es wohl auch Andeutungen über eine »Affäre Irmtrud Finkelgruen«.

Am 12.11. wird auf einer Geburtstagsfeier eines Erkelenz Richters in Anwesenheit mehrerer CDU- und SPD-Abgeordneter detailliert über den »Fall Klug-Finkelgruen« gesprochen.

Am 13.11. macht die *Rheinische Post* auf der Titelseite und der zweiten Seite mit einem dreispaltigen, reißerischen Beitrag auf, in dem alle dienstinternen Vorgänge dargeboten werden, ohne hierbei mit Klug und Irmtrud Finkelgruen auch nur Rücksprache genommen zu haben. Ein klarer Bruch mit journalistischen Grundsätzen. Der Beitrag wird von zahlreichen weiteren Medien aufgegriffen, in teils zustimmender (*Frankfurter Allgemeine Zeitung*), teils kritischer Weise (u.a. *Der Spiegel*, *Zeit* und *Neue Rhein Zeitung*).

---

[14] Später stellte sich heraus, dass es sich Rosemarie Keser handelte, eine ehemalige Freundin Prolls, die per Haftbefehl gesucht wurde und 1973 auf einem der seinerzeit sehr bekannten, mit »Anarchistische Gewalttäter« sowie »Mit Haftbefehl gesuchte anarchistische Gewalttäter verschiedener Gruppen« überschriebenen Fahndungsfotos abgebildet war. Diese Fahndungsfotos hingen in unzähligen Amtsgebäuden. Über Kesers weiteres Schicksal ist nichts bekannt; ihre letzte Erwähnung im *Spiegel* und in der *Zeit* datieren aus dem Jahr 1972. Es ist anzunehmen, dass sie danach ihr Leben unter einer neuen Identität fortgesetzt hat.

Bereits am selben Tag versendet Irmtrud Finkelgruen eine Gegendarstellung sowie diverse anwaltliche Schreiben (Privatarchiv Peter Finkelgruen). Sowohl die *Rheinische Post* als auch die *Frankfurter Allgemeine Zeitung* müssen die Gegendarstellungen veröffentlichen, die *Rheinische Post* unterzeichnet eine Unterlassungserklärung. Erst Jahre später soll Irmtrud Finkelgruen von der *Rheinischen Post* eine gerichtlich erstrittene Entschädigung für die Rufschädigung erhalten.

Am 14.11. erfolgen Irmtrud Finkelgruens Presseerklärung – sie muss als Lokalpolitikerin öffentlich reagieren –, Gegendarstellungen von Ulrich Klug und eine scharfe Erklärung des Kölner Kreisverbandes der FDP. In der FDP-Erklärung wird die innerparteiliche Instrumentalisierung der Thematik deutlich kritisiert. Später folgen Auseinandersetzungen zwischen dem Kölner Kreisverband und dem NRW-Landesvorstand der FDP. Es wird auch versucht, den damaligen Kölner FDP-Kreisvorsitzenden Gerhart Baum in die Auseinandersetzungen hineinzuziehen. [15]

Am 15.11. schreibt Irmtrud Finkelgruen in ihrer knappen, die sich überschlagenden Ereignisse rekonstruierenden »Chronologie«:

> *»Pressekonferenz Kühn – Es liefen Ermittlungen gegen die ‹möglicherweise unzuverlässige Dame›. Express teilt mit, Irmtrud Finkelgruens Papiere[16] seien am Mittag nach einem Hinweis eines Anrufers auf dem Friedhof Melaten gefunden worden.«*

Dann folgt ein handschriftlicher Zusatz:

> *»13.00 Unterwerfungserklärung der Rheinischen Post.«*

Und auf einem kleineren, lose beigelegten Zettel findet sich noch ein weiterer, handschriftlich verfasster Zusatz:

> *»Wegen Gespräch mit Sch…[17], 23.12.71: RP-Artikel beinahe identisch mit der dienstlichen Meldung die ans Ministerium ging.«*

Am 16.11. eröffnet der Generalstaatsanwalt in Köln ein Ermittlungsverfahren gegen Irmtrud Finkelgruen.

Am 18. und 19.11. haben bei vereinbarten Terminen weder das Kölner K 14 (Kommissariat, RK) noch der bearbeitende Staatsanwalt Zeit für eine erwünschte Vernehmung.

---

[15] Baum, daran sei erinnert, ist ein Jahr später, 1972, parlamentarischer Staatssekretär unter den Innenministern Genscher und Maihofer (bis 1978); von 1978 bis 1982 ist Baum Bundesinnenminister unter Helmut Schmidt.

[16] ihr als verloren gemeldeter Personalausweis, RK.

[17] Name von mir anonymisiert, RK.

Das Presseecho: »Staatssekretär Klug unter schwerem Verdacht«

Das Presseecho der folgenden Wochen zu dokumentieren, würde den Rahmen dieses Beitrages sprengen. Deshalb nur einige Auszüge, soweit politisch relevant.

Am 13.11.1971, fünf Tage nach ihrer Kündigung, finden sich Irmtrud Finkelgruen und Staatssekretär Ulrich Klug auf den Titelseiten der konservativen Regionalzeitung *Rheinische Post* wieder: Der dreispaltig aufgemachte, reißerische Beitrag trägt den Titel: »Staatssekretär Klug unter schwerem Verdacht«. Die zeitlich befristete Hilfstätigkeit einer Jurastudentin reicht offenbar für eine Staatsaffäre.

Die Autorin der *Rheinischen Post* kennt erstaunlich viele dienstliche Interna, die sie noch mit sehr umfassenden Verdächtigungen und Unterstellungen garniert. Damit ist klar: Dienstinterne, alltägliche und dennoch der Geheimhaltung unterliegende Vorgänge – eine Studentin macht ein Praktikum in einer Justizvollzugsanstalt, in der auch zwei Beschuldigte aus dem Umfeld der RAF inhaftiert sind – sind, unter Bruch des Dienstgeheimnisses, an die *RP* durchgestochen worden. Diese verarbeitete die Informationen zu einer reißerischen Story, ohne Klug oder Finkelgruen auch nur die Gelegenheit zur Stellungnahme zu bieten.

Am 15.11.1971 – eine Unterlassungserklärung hat die *RP* kurz zuvor unterzeichnet – legt die *Rheinische Post* nochmal nach:

> *»Erklärungen, Beschuldigungen, Gegendarstellungen: Im Fall Klug laufen die Ermittlungen. CDU: Der Staatssekretär muß aus dem Amt«* (RP, 15.11.71)

Am Anfang des Beitrages steht es fett:

> *»NRW-Ministerpräsident Kühn bestätigte, dass in der Angelegenheit der 31jährigen Kölner Jurastudentin Irmtrud Finkelgruen polizeiliche Ermittlungen im Gange sind.«* (ebd.)

Irmtrud Finkelgruen wird im Beitrag mehrfach in den Kontext einer RAF-Unterstützung gebracht:

> *»(...) sie habe sich für die Sicherheitsmaßnahmen, speziell die Bewaffnung der Beamten und die Stärke der Zellentür interessiert«.* (ebd.)

Nachfolgend werden von der *Rheinischen Post* die Gegendarstellungen von Klug und Finkelgruen veröffentlicht. Klug konstatiert hierin:

»*Es ist unrichtig, dass ich eine junge Juristin in fahrlässiger Weise unterstützt habe, die sich als Anhängerin der Baader-Meinhof-Gruppe in das Kölner Untersuchungsgefängnis eingeschlichen hat. Richtig ist vielmehr, dass ich einer meiner Studentinnen, die als Werkstudentin ihr Studium bei gleichzeitiger Betreuung ihres achtjährigen Kindes selbst finanzieren muß, und die deshalb auf eine Nebentätigkeit als Journalistin und studentische Hilfskraft angewiesen ist, empfohlen habe, sich bei der Justizvollzugsanstalt Köln-Ossendorf um eine Anstellung zu bewerben.*« (Ulrich Klug)

Am 16.11.71 legt die *Rheinische Post* nochmal eine Schippe drauf, in Form eines Kommentars, Titel: »Der Verdacht«. Der Kommentar konstruiert aus dem banalen, belegten Sachverhalt des gemeinsamen Kuchenessens und einer Empfehlung angebliche Begünstigungen, raunt in selbstgerechter Manier über angebliche Interessen des Staatssekretärs:

»*Es muss auch gefragt werden, ob wirklich nicht von Protektion zu sprechen ist, wenn Klug dem zuständigen Ministerialdirigenten zu verstehen gibt, er möchte eine junge Frau im Strafvollzug unterbringen, und wenn dieses Interesse des Staatssekretärs an die in Frage kommende Dienststelle weitersignalisiert wird. Der Ministerpräsident meinte, das sei keine ›besondere Begünstigung‹ gewesen. Darüber werden die Meinungen wohl auseinandergehen.*« (RP, 16.11.71)

Es folgt noch ein persönlich gehaltener Tiefschlag gegen Ulrich Klug, der vom »linken« Flügel der FDP (…) als Heros gefeiert« werde, um dann einen FDP-Vertreter des rechten Flügels zu zitieren: »›Es gibt Staatssekretäre, die weniger Schlagzeilen gemacht haben.‹ In der Tat.« Klug habe »meist auf besondere Weise auf sich aufmerksam gemacht« und er habe die Regierung »in Verlegenheit gebracht.«

Weiter wird Klug – der sich stets durch seine Überkorrektheit auszeichnet –, eine Beurlaubung wegen »des gegen ihn entstandenen Verdachts« angeraten. Klug sei »ja nicht durch die Veröffentlichung der Rheinischen Post« in Verdacht geraten: »Der Verdacht bestand vorher.«

Die Namen der (wahrscheinlich FDP-internen) Denunzianten wird die *Rheinische Post* für sich behalten.

Die von der *Rheinischen Post* gezielt in die Welt gesetzte Denunziation wird von lokalen und überregionalen Medien aufgegriffen, unter Verweis auf die *Rheinische Post* als Quelle. Die politische Wertung hängt hierbei vom politischen Standpunkt der Zeitung ab.

Die christdemokratischen *Ruhr Nachrichten* schreibt von »Harte(n) Vorwürfen«. Die *Westdeutsche Allgemeine* bringt am 15.11.71 zwar einen relativ nüchternen Beitrag, titelt jedoch mit »An der Dicke der Zellentür interessiert. Irmtrud Finkelgruen wurde nach drei Wochen aus dem Klingelpütz entlassen«. Diese Formulierung bedeutet für eine Jurastudentin mit dem Berufsziel Richterin eine schwere Rufschädigung.

Am 15.11.1971 titelt die *Frankfurter Allgemeine Zeitung*: »Schwere Vorwürfe gegen Professor Klug. Versuchte Befreiung von Astrid Proll begünstigt? Kühn lässt prüfen« und beschuldigt Irmtrud Finkelgruen, unter Verweis auf die *Rheinische Post*,

> *»(...) sich als Anhängerin der Baader-Meinhof-Gruppe in das Gefängnis Köln Ossendorf (...) einzuschleichen. Dort habe die Studentin die Sicherheitsmaßnahmen ausspionieren und möglicherweise die beiden hier einsitzenden Mitglieder der Gruppe, Astrid Poll [18] und Dorothea Ritter, befreien wollen. Die 31-jährige Studentin (zehn Semester Rechtsstudium) habe sich als Journalistin ausgegeben.«* (FAZ, 15.11.71)

Die Politische Abteilung der Kölner Kriminalpolizei soll später, so fügt die *Frankfurter Allgemeine Zeitung* hinzu, »die Studentin als Kontaktperson der Gruppe erkannt haben«. Und setzt eine scheinbar nüchterne Feststellung hinzu:

> *»Frau Finkelgruen wurde tatsächlich danach von der Anstaltsleitung entlassen.«* (ebd.)

Ergänzt wird diese einer Vorverurteilung mehr als nahekommende Darstellung durch einen mit »Der Fall Ulrich Klug« überschriebenen Kurzkommentar, in dem es heißt, der Kölner Strafrechtler Klug habe »die schweren gegen ihn erhobenen Vorwürfe nicht gänzlich ausräumen können.« Natürlich werde niemand Klug »in die Nähe krimineller Anarchisten wie der Baader-Meinhof-Gruppe« rücken:

> *»Aber es bleibt, dass Klug eine Studentin für den Strafvollzug empfohlen hat, die von der Polizei als linksradikal eingestuft wird.«* (ebd.)

Der »Verdacht einer geplanten Gefangenenbefreiung« sei dann »schnell zur Hand.« Voller herabsetzender, scheinbarer Ironie wird vom »progressiven Wissenschaftler« gesprochen, dem man »etwas mehr distanzierende Rationalität im Umgang mit seinen Schülern und Studenten

---

[18]Schreibweise im Original, d. Verf.

zumuten« könne, um den NRW-Staatssekretär abschließend als nicht
seriös gegenüber seinen juristischen Kollegen und Institutionen zu des-
avouieren:

> *»Die Frage bleibt, wieviel Vertrauen die Staatsanwaltschaften und
> der Strafvollzug künftig in ihn setzen. Nicht jeder angesehene
> Rechtsprofessor ist auch zum Staatssekretär der Justiz geboren.«*
> (ebd.)

Es gibt auch anderslautende Reaktionen: Die *Neue Rhein Zeitung* bringt,
ebenfalls am 15.11.1971, einen mit »FDP: Rufmord an Professor Klug.
Staatssekretär nennt Vorwürfe ›totale Verdrehung‹« überschriebenen
Beitrag sowie einen deutlich gehaltenen Kommentar.

Die *Kölnische Rundschau* bringt am 16. und 17.11. gleichfalls zwei
an Deutlichkeit nicht zu überbietende Beiträge: »Kühn stellt sich vor
Professor Klug« sowie »Professor Klug kämpft stets mit offenem Visier.
Gegner schossen bisher meist aus versteckten Gräben«. Hierin portrai-
tierte die Zeitung Ulrich Klug aus einer aus jahrelangen Begegnungen
erwachsenen Perspektive:

> *»(. . .) schmächtig, sensibel, ein Mann mit pointierten Meinungen
> und verbindlichen Formen. (. . .) Er wollte vom Elfenbeinturm
> nichts wissen. Die Abende, an denen er im Zigarettendunst mit
> aggressiven Zuhörern diskutierte, seine Gedanken erläuterte, sind
> nicht zu zählen.«* (Kölnische Rundschau,16./17.11.71)

Zwei Wochen später, am 30.11.1971, folgt in der *Frankfurter Allgemeinen
Zeitung* ein dreispaltiger, von der Redakteurin Vilma Sturm verfasster
Hintergrundbeitrag. Vorangegangen ist ein als sehr angenehm erinner-
ter, gemeinsamer Besuch Irmtrud und Peter Finkelgruens bei der Redakteurin. Die Zielsetzung des Beitrags deutet eine behutsame Wende
an. Dennoch prangt erneut der Name Finkelgruen auf den Zeitungs-
seiten: »Irmtrud Finkelgruen denkt nach. Wie wird ihre Rehabilitation
aussehen? Viele Fragen sind noch offen« lautet die Überschrift.

Nun spricht die *Frankfurter Allgemeine Zeitung* auf einmal von den
»ebenso ungeheuerlichen wie haltlosen Vorwürfen« gegen Staatssekretär Klug. Seine »politischen Gegner« hätten ihm »möglicherweise diese Suppe eingebrockt.« Sowohl Ministerpräsident Kühn als auch der
Justizminister stellten sich hinter Klug. Bemerkenswert ist jedoch, dass
erstmals auch Irmtrud Finkelgruen direkt und wortwörtlich als Opfer
einer bösartigen Intrige benannt wird, die gegen sie gesponnen wurde:

> *»Nicht nur angefochten, sondern in ihrer Existenz getroffen ist
> hingegen die Jurastudentin Irmtrud Finkelgruen.«* (FAZ, 30.11.71)

Mit spürbarer Verwunderung werden Details und Beschuldigungen benannt, welche die *Rheinische Post* bereits in ihrem ersten großen Beitrag ausgebreitet hatte: Es waren dienstliche Vorgänge sowie auch sehr private Unterstellungen, die ausschließlich von einem »Insider« stammen konnten, der Frau Finkelgruen nicht nur aus dem Strafvollzug »kannte«.

Irmtrud Finkelgruen wird einfühlsam portraitiert: »...stilles, ernstes Gesicht, schwarz gekleidet.« Ihr soeben geschiedener Ehemann stehe ihr »solidarisch und kameradschaftlich« zur Seite. Es folgt ein sehr differenzierter Hintergrundbeitrag, in dem mögliche Hintergründe des Rufmordes und der hieraus entstandene immense Schaden herausgearbeitet wird:

> *»Beiden ist eine gewisse Ratlosigkeit ins Gesicht geschrieben, desgleichen Bekümmerung darüber, dass es so lange Zeit braucht, bis die über sie hereingebrochene Diffamierung und Diskriminierung von ihnen genommen wird – und dass sie selbst daran so gut wie nichts tun können.«* (ebd.)

Und es wird der »Makel« benannt, der an ihr, selbst bei einer vollständigen und restlosen Rehabilitierung, hängen bleiben dürfte. Angesichts ihrer angestrebten Beamtenlaufplan als Richterin stellen die monatelangen Presseberichte für Irmtrud Finkelgruen eine existentielle Gefahr dar.

»Affären: Etwas bleibt hängen«

Noch deutlicher, aber dabei die parteipolitischen Hintergründe und Intrigen benennend, fällt der zwei Tage später (22.11.71) erschienene *Spiegel*-Beitrag aus: »Affären: Etwas bleibt hängen«. Dort wird vom »bislang letzte(n) Tiefschlag gegen einen progressiven Freidemokraten« gesprochen, den Heinz Kühns eigener Ressortchef, SPD-Minister Josef Neuberger, »als erster suspekt gemacht hatte.« Anschaulich rekonstruiert *Der Spiegel* die Stationen der Intrige, die vom im NRW-Justizministerium angesiedelten, sehr rechten FDP-Flügel gezielt verbreitet und sowohl der *Rheinischen Post* als auch der oppositionellen CDU zugespielt wurde, um »den Linken« Ulrich Klug zu stürzen:

> *»Das Kölner Polizeipräsidium war offenbar zuerst im Bilde und informierte bereits am Tage nach dem nächtlichen Proll-Plausch das Düsseldorfer Innenministerium. Von dort aus unterrichtete Staatssekretär Heinrich Starkemeier noch am Abend Ministerpräsident Kühn. Und von Kühn erst erfuhr Neuberger telephonisch gegen elf Uhr abends, was vorgefallen war. Die Gründe für*

Bald darauf landet der »Fall Finkelgruen« sogar im Fernsehen: Das politische Fernsehmagazin *Monitor* unter der Leitung von Claus-Hinrich Casdorff bringt einen sorgfältig recherchierten Beitrag zum – wörtlich – »Fall der Düsseldorfer Studentin Irmtrud Finkelgruen«. Hierin wird sogar über die Verdächtigung berichtet, dass Finkelgruen ein Duplikat des Gefängnisschlüssels habe herstellen lassen, offenkundig um diesen der Terroristen Proll zukommen zu lassen; und sie habe einen – zuvor als verloren gemeldeten – Personalausweis auf einem Kölner Friedhof deponiert, um dieser die Flucht zu erleichtern.

Neun Wochen später, am 27.1.1972, berichtet die *Frankfurter Allgemeine Zeitung* erneut. Sie wiederholt die Vorwürfe einer Unterstützung der RAF, wenn auch zurückhaltender, und beschreibt die internen Auseinandersetzungen, die nun offen zwischen dem »linken« Kölner Stadtverband und dem »rechten« NRW-Landesverband der FDP ausgebrochen sind. Die Kölner FDP hatte in einer Presseerklärung von einer gezielten, innerparteilich initiierten Verleumdung von Finkelgruen und Klug gesprochen, indem man Finkelgruen »in die Nähe krimineller Handlungen« bringe. Hierdurch sollten die »progressiven Kräfte in der Landespartei geschwächt« werden. Die Kölner FDP benannte ihren früheren Kreisvorsitzenden, den Rechtsanwalt und Stadtratsabgeordneten Fritz Feller, als »Initiator der Verdächtigungen« (Privatarchiv Peter Finkelgruen).

Es folgten parteiinterne Briefe von Peter Finkelgruen an den Landesvorsitzenden, Strafanzeigen von Feller gegen Finkelgruen wegen übler Nachrede (28.1.72) und die Einstellung dieses Verfahrens durch die Staatsanwaltschaft Köln (10.1.73).

September 1972: »Der Fall Finkelgruen ist abgeschlossen«

Am 11. September 1972 ist der Fall abgeschlossen. Der Kölner Staatsanwalt Klempt vermeldete Klempt das Resultat seiner Ermittlungen unter dem Aktenzeichen 24 Js 440/72 an den leitenden Oberstaatsanwalt Schwellenbach:

> *»Betr.: Ermittlungsverfahren gegen Frau Irmtrud Finkelgruen. Ich habe das Verfahren gemäß § 170, Abs. 2 Strafprozessordnung eingestellt.«* (Privatarchiv Peter Finkelgruen)

Der offenkundige Zusammenhang mit den FDP-internen Auseinandersetzungen wird erwähnt und hinzu gefügt:

> *»Aber getroffen wurde sie, daran kann kein Zweifel sein. Spaltenlange Sensationsberichte in der Presse (...) und für die Einstellung des Verfahrens eine Nachricht.«* (ebd.)

Zur politischen Intrige aus den Reihen der FDP heißt es abschließend:

> *»In den »mit der Sache befassten Landesbehörden« konnte die Person, die die Rheinische Post informierte, nicht festgestellt werden (...) Der Verlagsdirektor der Zeitung gibt, wozu er auch nicht gezwungen werden kann, den Namen des Informanten nicht preis.«* (ebd.)

Allmählich geht die Einstellung des Verfahrens auch durch die Presse: Am 22.9.72 betitelt *Die Zeit* mit »Kein Fall. Ermittlungsverfahren gegen Irmtrud Finkelgruen eingestellt« einen dichten Rückblick wie auch eine überzeugende Rehabilitation zur – so lautete die Anklage – »versuchten Gefangenenbefreiung und der Unterstützung einer kriminellen Vereinigung«:

> *»Landeschef Heinz Kühn nannte sie eine ›möglicherweise unzuverlässige Dame‹. Regierungsdirektor Georg Bücker, Leiter der Justizvollzugsanstalt Köln-Ossendorf (›neuer Klingelpütz‹), schenkte ihr redlich den Wein seiner Erkenntnis ein: ›Ich halte Sie für ein Sicherheitsrisiko.‹«* (Die Zeit, 22.9.72)

Am 30.9.1972 titelt die *Frankfurter Allgemeine Zeitung* auf Seite 6, in Korrektur ihrer früheren Beiträge, in einem langen, zweispaltigen Text: »Der Fall Finkelgruen ist abgeschlossen. Jura-Studentin erwägt Schadensersatzklage«. Sie spricht nun von einem »sensationell aufgemachten Bericht in der *Rheinischen Post*«:

> *»Damit war der Fall Irmtrud Finkelgruen in die Welt gesetzt, der nun kein Fall mehr ist. Für die Staatsanwaltschaft ist er abgeschlossen, das Aktenstück von etwa 600 Seiten wird abgelegt werden.«* (FAZ, 30.9.72)

Das *Handelsblatt* berichtet:

> *»Die Anschuldigungen gegen Klug waren damals sofort entkräftet worden; das Ermittlungsverfahren gegen Irmtrud Finkelgruen wurde vor einigen Tagen wegen mangelnder Verdachtsmomente eingestellt.«* (Handelsblatt, 2.10.72)

In den Medien gilt der »Fall Finkelgruen« damit als erledigt. Die juristischen Prozesse, die alle zugunsten der Finkelgruens entschieden werden, dauern noch bis zum Oktober 1974 an. In einem Brief vom 31.1.1974 an »Herrn Chefredakteur Gross«[19] zeigte sich Peter Finkelgruen erleichtert,

> *»... dass die publicityträchtige Affäre von vor zwei Jahren in Zusammenhang mit Vorwürfen betr. angeblicher Unterstützung der Bader-Meinhof-Gruppe nunmehr abgeschlossen ist. Das Amtsgericht verurteilte die Rheinische Post wegen Verletzung der journalistischen Sorgfaltspflicht zu einer beträchtlichen Schmerzensgeldzahlung an meine geschiedene Frau, welche damals das Hauptangriffsobjekt war. Ich glaube, dass dieser Ausgang der Angelegenheit mein damaliges Engagement nachhaltig in mehrfacher Hinsicht verständlich macht.«*

Ein Epilog

Für Irmtrud Finkelgruen ging die politische Intrige ihrer »Parteifreunde« scheinbar glimpflich aus. Sie gewann die Verfahren, ihre Unterlassungserklärungen mussten abgedruckt werden. Selbst das Presseecho war, im Rückblick, zumindest in den liberalen und eher linken Medien, nicht nachteilig für sie.

Doch der Name Finkelgruen war in der Öffentlichkeit erst mal »verbrannt«. Für sie und auch für Peter Finkelgruen hagelte es Absagen bei der Wohnungssuche. Eine im selben Köln-Zollstocker Hochhaus lebende Nachbarin machte sich die Mühe, zwei Stockwerke zu ihrer Wohnung hinauf zu steigen, bei ihr zu klingeln und sie auszufragen, was es mit »ihren Kontakten zur RAF« auf sich habe. Ein »Parteifreund«

---

[19] Johannes Groß (1932–1999), war damals noch Chefredakteur der Deutschen Welle, bei der auch Peter Finkelgruen arbeitete.

schickte ihr, wie mir Peter Finkelgruen im Rückblick beschrieben hat, »die Polizei ins Haus«, weil er der Auffassung war, das rekonstruierte Fahndungsphoto einer unbekannten Bombenlegerin »entspreche der Finkelgruen-Physiognomie«. (*Die Zeit*, 22.11.72)

Als Peter Finkelgruen zehn Jahre später mit seiner Ehefrau Gertrud Seehaus nach Israel ging, besuchte Irmtrud die beiden regelmäßig. Ihr Interesse am jüdisch-demokratischen Staat war ausgeprägt. Dennoch hinterließen die Ereignisse Spuren bei ihr: Auch zehn, sogar zwanzig Jahre später blockte sie alle Versuche Peter Finkelgruens ab, sich noch einmal gemeinsam an diese Zeit zu erinnern.

Späte Jahre

Nach dem Studium zog Irmtrud Finkelgruen nach Trier um und wurde dort Richterin. Später wurde sie hoch angesehene Vorsitzende eines Trierer Schwurgerichts. Ein bereits erwähntes, anlässlich ihrer Pensionierung verfasste, lesenswerte Portrait über sie (»Der Charme des Gesetzes«: Lintz, 2005) beginnt so:

»Dass Richter gemeinhin von Berufs wegen nicht mit der angenehmsten Klientel zu tun haben, liegt auf der Hand. Aber wer jahrelang einer Schwurgerichtskammer vorgestanden hat, watet mehr als jeder andere durch die Untiefen menschlicher Existenz. Mafiöse Auftragskiller, zerstückelte Leichen, Psychopathen, Eifersuchtsmörder: Die Abgründe, mit denen sich Irmtrud Finkelgruen in den letzten Berufsjahren vor der Pensionierung auseinander zu setzen hatte, wären geeignet, den stärksten Mann in Depressionen verfallen zu lassen. Aber sie ist kein Mann. Und depressiv schon gar nicht. Im Gegenteil. Von der »faszinierenden Materie« spricht sie, vom Sich-Vortasten in den »Grenzbereichen des Menschlichen. (…)

Als vor Jahren ein Trierer Staatsanwalt mit Freunden in der Kneipe Nazi-Lieder sang, war es Irmtrud Finkelgruen, die nicht tatenlos zusah. Kein Fall für ein Helden-Epos, aber doch ein mutiger Schritt in einem Umfeld, wo Justitia gemeinhin in eigener Sache die Reihen und die Binde vor den Augen fest geschlossen hält. Aber auch das hat mit der Lebensgeschichte zu tun. Mit der Sozialisation in der 68er-Studienzeit und dem Engagement für die FDP, als sie noch die wellige Partei eines Karl-Hermann Flach war und nicht die flache Partei eines Guido Westerwelle. Und vor allem mit der jüdischen Familie ihres früheren Ehemanns,

Die Sache mit dem »offenkundig rechtsradikalen Staatsanwalt« (*Der Spiegel*, 14.12.1987) wurde in der selben *Spiegel*-Ausgabe in einem Kurzbeitrag folgendermaßen beschrieben:

»Obwohl er bei diversen Feiern in Anwesenheit von Richtern und Verteidigern mehrfach verbotene Nazi-Lieder sang und auch schon mal die Hand zum Hitlergruß hob, blieb der für politischer Straftaten Zuständige von der Justiz bislang unbehelligt. Dies könnte sich bald ändern. Irmtrud Finkelgruen, Richterin am Landgericht Trier und eines der Opfer von Leisens Attacken, hat jetzt als erste das ›Kartell des Schweigens‹ (ein Gerichtsinsider) durchbrochen. Leisen machte sich nicht nur über ihren jüdischen Namen lustig. Irmtrud Finkelgruen zum SPIEGEL: ›Er sang in meiner Anwesenheit mehrfach das Horst-Wessel-Lied.‹«
(*Der Spiegel*, 14.12.1987)

Nach einem bundesweit Aufsehen erregenden Strafprozess gegen den Montenegriner Muhamed Agovic wegen Mordes und zahlreicher Drogengeschäfte im Jahr 2000[20] stand Irmtrud Finkelgruen für ein knappes halbes Jahr aufgrund von Morddrohungen unter Personenschutz. Der Verurteilte war dreieinhalb Monate nach ihrem Urteilsspruch, am 30.12.2000, gemeinsam mit einem Landsmann aus dem Trierer Gefängnis geflohen – mit Hilfe einer Gefängnisaufseherin.

Bei Irmtrud Finkelgruens Pensionierung wenige Jahre später kamen ihre seinerzeitigen Personenschützer samt Familien nahezu geschlossen zur Verabschiedung. Das Projekt eines Kriminalromanes, den Irmtrud Finkelgruen nach ihrer Pensionierung noch verfassen wollte, vermochte sie nicht mehr zu realisieren.

Irmtrud Finkelgruen verstarb am 31. Dezember 2014.

---

[20] Gisela Friedrichsen: »Du bist mein Schicksal«, *Der Spiegel*, 30.7.2001.

Literatur

200 S. Unterlagen zum Fall Irmtrud Finkelgruen & Ulrich Klug, im Rheinisch-Westfälischen Wirtschaftsarchiv zu Köln, Vorlass P. Finkelgruen, RWWA 570-16-1.

Baum, G. (2019): Die Erinnerung an die Edelweißpiraten lebt! Neues Vorwort zu: Peter Finkelgruen (1981): Soweit er Jude war, haGalil 2019.

Der Spiegel (1971): Affären. Etwas bleibt hängen, 22.11.1971.

Finkelgruen, I. (1971): »Chronologie«: getipptes Protokoll, zwei Seiten: Privatbesitz Peter Finkelgruen.

Finkelgruen, P. (2019): Sie waren Widerstand genug! Neues Vorwort zu: Peter Finkelgruen (1981): Soweit er Jude war… In: Finkelgruen (2020), S. 209–216.

Finkelgruen, P. (2020): »Soweit er Jude war…« Moritat von der Bewältigung des Widerstandes. Die Edelweißpiraten als Vierte Front in Köln 1944, Hrsg. v. Roland Kaufhold, Andrea Livnat und Nadine Englhart, Hardcover, 352 S., ISBN-13: 9783752812367.

Goettle, G. (2008): Im toten Trakt. Astrid Proll erzählt von Dorothea Ridder, taz, 23.11.2008.

Kaufhold, R. (2012): Keine Heimat. Nirgends. Von Shanghai über Prag und Israel nach Köln – Peter Finkelgruen wird 70, haGalil März 2012.

Kaufhold, R. (2013a): Im KZ-Drillich vor Gericht, Jüdische Allgemeine, 4.7.2013.

Kaufhold, R. (2013b): »Ich erinnere mich an diesen Deutschen ganz genau« – Erinnerungen an den Lischka-Prozess, haGalil, 29.5.2013.

Kaufhold, R. (2017): 40 Jahre nach Entebbe. Deutsche Linke, Erinnerungen an den Holocaust und Antizionismus, haGalil, 2.2.2017.

Kaufhold, R. (2018): Dieter Kunzelmann ist tot. Der Protagonist des »Judenknaxes« und des linken Antisemitismus ist tot, haGalil, 21.5.2018.

Kaufhold, R. (2019a): Die Unangepassten. Vor 40 Jahren verfasste Peter Finkelgruen ein Buch über die Kölner Edelweißpiraten, Jüdische Allgemeine, 6.10.2019.

Kaufhold, R. (2019b): Die »Kölner Kontroverse«. Bücher über die Edelweißpiraten (1980–2019), haGalil.

Kaufhold, R. (2019c): Eine jüdische APO. Vor 40 Jahren gründeten Henryk M. Broder und Peter Finkelgruen in Köln die »Freie Jüdische Stimme«, Jüdische Allgemeine, 4.7.2019.

Kaufhold, R. (2019d): Eine »jüdische Apo«. Die Freie jüdische Stimme (1979–1980), haGalil, 7.7.2019.

Klarsfeld, S. (Hg., 1977): Die Endlösung der Judenfrage in Frankreich. Deutsche Dokumente 1941–1944, Paris: The Beate Klarsfeld Foundation.

Kraushaar, W. (2005): Die Bombe im Jüdischen Gemeindehaus. Hamburg: Hamburger Edition.

Kraushaar, W. (2013): Wann endlich beginnt bei Euch der Kampf gegen die heilige Kuh Israel?« München 1970: über die antisemitischen Wurzeln des deutschen Terrorismus. Reinbek: Rowohlt Verlag.

Lintz, D. (2005): Der Charme des Gesetzes. Portrait über Irmtrud Finkelgruen, Trierischer Volksfreund – Nachrichten aus der Region Trier.

Lissner, C. (2006): Den Fluchtweg zurückgehen. Remigration nach Nordrhein und Westfalen 1945–1955, Klartext-Verlag.

von Schwind, P. & Irmtrud Finkelgruen (2014): Franz Kafka lässt grüßen. Ein alltägliches Beispiel für staatliche Repression in den 70ern, in: Schmidt, R./ A. Schulz/ P. von Schwind (Hg.): Die Stadt, das Land, die Welt verändern!: Die 70er/80er Jahre in Köln – alternativ, links, radikal, autonom. Köln: KIWI, S. 394–398.

Wüllenweber, H. (1972): Kein Fall. Ermittlungsverfahren gegen Irmtrud Finkelgruen eingestellt, Die Zeit, 22.9.1972.

Terrorfahndung: Köln, Herbst 1977

Der verdächtige Jude und die junge blonde Frau.

Sechs Jahre nach der Affäre um seine Ex-Frau Irmtrud wird Peter Finkelgruen mitsamt seinem engsten Umfeld erneut von deutschen Polizeibehörden in den Kontext terroristischer Pläne gesetzt.

Herbst 1977: Es sind Jahre des Wohlstandes und der Stabilität in Deutschland, in Bonn regiert seit vier Jahren die sozialliberale Koalition unter Bundeskanzler Helmut Schmidt. Doch die scheinbar stabile Demokratie weist Brüche auf. Die zweite Generation der RAF verübt Anschläge, liefert sich Schießereien mit der Polizei, sie entführt Flugzeuge und Arbeitgeberpräsidenten.

Der 36-jährige Peter Finkelgruen, seine Ehefrau Gertrud Seehaus und die 15 Jahre alte Tochter Anne sind gerade aus Paris zurück, haben Handwerker in ihrer Wohnung in der Siebengebirgsallee 77. Die Siebengebirgsallee liegt in einer bürgerlichen, idyllischen Umgebung zwischen der stark frequentierten Luxemburger und der kleinstädtisch anmutenden Rhöndorfer Straße: Kaum Lärm, viel Grün, kleine Nebenstraßen, aufwendig restaurierte Mehrfamilienhäuser. Der Stadtteil ist bürgerlich geprägt, Armut gibt ist hier kaum zu sehen. Nichts in diesen Straßenzügen erinnert mehr an das zerbombte, durch schreckliche Bausünden geprägte wiederaufgebaute Köln der Nachkriegszeit. Am Freitagabend, dem 22. September 1977 gegen 19.50 Uhr zerbricht dieses Idyll. Im Kapitel »Prager Nachspiel: Köln, Oktober 1977« in *Haus Deutschland* erinnert sich Finkelgruen:

> *»Ich musste durch das Treppenhaus. Als ich die Wohnungstür öffnete, sah ich in die Mündung einer Maschinenpistole. Ein älterer Polizist hielt sie im Anschlag. Er war nicht allein. Die Treppe hinauf und hinunter standen Polizisten, die mit Maschinenpistolen auf unsere Tür zielten.«* (*Haus Deutschland*, S. 110)

Finkelgruen bleibt erstaunlich gelassen. Er spürt, dass jede unbedachte Reaktion gefährlich ist. »Ich sage nur den Frauen in der Küche Bescheid. Damit sie nicht erschrecken«, sagt er zu einem mit einem Maschinengewehr ausgerüsteten Beamten. Dann öffnet er die Tür. Sogleich ist seine Wohnung mit Polizisten und Maschinenpistolen gefüllt. Die Ausweise werden penibel kontrolliert, auch bei der Tochter. Peter Finkelgruen öffnet die Balkontür: Große Scheinwerfer und zahlreiche Polizisten blicken auf sein Fenster, Maschinengewehre im Anschlag. Es herrscht eine gespenstische Stille.

Sein hell erleuchtetes Haus ist zum Zentrum einer Anklage geworden, Symbol einer kollektiven Verdächtigung. Sie gilt dem wohl einzigen in dieser Straße lebenden Juden. Die Maßnahmen dienten der Bundesrepublik, es werde eine Terroristin gesucht. Das ist das Einzige, was ihm ein älterer Polizist zuraunt. Die anderen schweigen und richten weiterhin ihre schweren Waffen auf ihn. Der Beamte verweist noch auf die fehlenden Vorhänge: Dies solle er besser ändern. Er könne sich ja bei der Polizei beschweren und Anzeige erstatten, raunt er ihm abschließend zu.

Ergänzende Erinnerungen

Diese gewaltsam-bedrohliche Szene hat sich nicht nur in Peter, Gertrud und Anne Finkelgruens Erinnerung tief eingewoben, sondern auch in die seiner damaligen Mitbewohner – hierunter ein Regisseur, eine Lehrerin und der seinerzeit 23-jährigen Studentin Petra Seeger. Die langhaarige blonde, im damaligen Zeitstil gekleidete Petra Seeger wollte einen ehemaligen Mitbewohner besuchen; sechs Monate zuvor hatte sie noch mit ihm im Haus gewohnt. Heute arbeitet Petra Seeger als Filmregisseurin und Produzentin in Köln. Einer ihrer Filme – *Auf der Suche nach dem Gedächtnis* – porträtiert den Lebensweg des jüdischen Hirnforschers und Nobelpreisträgers Eric Kandel.

Der Herbst 1977, von vielen der jüngeren Generation als der »Deutsche Herbst« erinnert (vgl. Fassbinder et. al., 1978) war die Zeit der Entführung und Ermordung von Hanns Martin Schleyers. An das Datum erinnere ich mich gut: Der 18. Oktober ist mein Geburtstag.

Auch nach der an der Entführung beteiligten Terroristin Angelika Speitel wird intensiv gesucht. Speitel wird rund ein Jahr nach Schleyers Ermordung bei einer Auseinandersetzung mit Schusswaffengebrauch in einem Dortmunder Wäldchen festgenommen. Drei Terroristen, darunter Speitel, hatten im Wald Schießübungen durchgeführt, Nachbarn hatten die Polizei hierauf aufmerksam gemacht. Die drei Terroristen eröffnen das Feuer, als sie die Polizisten, nur sechs Meter entfernt, sehen. Speitel selbst wird schwer verletzt, ein weiterer Terrorist getötet, ein Dritter entkommt unverletzt. Ein Polizist wird getötet, ein weiterer schwer verletzt (vgl. *Der Spiegel*, 10.9.1979). Speitel, die wie einige andere über ihre Tätigkeit in der Stuttgarter Kanzlei Klaus Croissant

zur RAF kam, wird 1979 zu einer lebenslangen Haftstrafe verurteilt. Sie
distanziert sich später vom Terrorismus und wird im März 1989 von
Bundespräsident von Weizsäcker begnadigt.[21]

Ich frage am 11.10.2016 per Mail bei der Kölner Filmregisseurin Petra
Seeger – Sie ist die »verdächtige« Besucherin in Finkelgruens Prozessunterlagen – nach. Sie antwortet sogleich, unkompliziert: Sie arbeite
soeben an einem autobiografischen Spielfilm, der ausgerechnet kurz vor
diesem Zeitraum ende. Ja, die Szene sei ihr bis heute sehr bewusst, sie
habe sie eindrücklich geprägt, politisiert. Weiterhin schreibt sie mir:

*»Bis heute ist diese Begebenheit für mich einschneidend! Manch-
mal dachte ich schon ich habe mir sie eingebildet. Insofern bin
ich nun erst einmal ›beruhigt‹, dass sie, so wie von mir erinnert,
auch stattgefunden hat. Es scheint dass ich Angelika Speitel auf
dem berühmten Fahndungsplakat, das damals überall aushing,
›ähnlich‹ sah oder es in der damaligen Hysterie so wahrgenommen
wurde.*

*An dem Tag ging ich zu einer Art Versöhnungsbesuch zu X. in
die Siebengebirgsallee 77. Wir waren ein Paar und hatten uns
ungefähr ein Jahr zuvor getrennt. Ich kaufte an der Ecke in der
Bäckerei, in der ich früher immer eingekauft hatte, Kuchen und
brachte ihn mit. Als wir beim Kaffee im Wohnzimmer saßen klin-
gelte es stürmisch. X. ging zu Tür und ich blieb im Wohnzimmer,
es lief auch Musik. Bevor er zur Tür kam, donnerte es gegen die
Tür. Ich hörte laute Rufe, Stimmen und dann X. der laut rief:
›Petra, komm in den Flur!!‹*

*Es war ziemlich dramatisch weil ich nicht wusste, was los war,
ich dachte an einem Überfall. Ich hatte Angst. X. rief immer
dringlicher. Ich ging dann langsam aus dem Zimmer in den Flur.
Jemand schrie ›Hände hoch!‹ Ich sah X. geschockt an der Tür und
ein schwarzes Überfallkommando in voller Montur, ihre Gewehre
auf mich gerichtet, Helme, Stiefel, martialisch. Irgendwann schrien
sie ›Ausweis!‹ X. gab mir den Rat langsam zu meiner Tasche im
Wohnzimmer zu gehen mit erhobenen Armen und den Ausweis zu
holen. Ich weiß noch, dass es lange dauerte bis sie den überprüft
hatten. In der Zwischenzeit durchsuchten sie die Wohnung. Ich
hatte die ganze Zeit Angst. Nach langer Zeit kam Entwarnung,
was meine Person betraf.«* (Petra Seeger, Mail an RK)

---

[21] vgl. *Der Spiegel* 13.3.1989: »Sie hat ihre Tat aufrichtig bereut«

Die beiden versuchen – wie kurz danach auch Finkelgruen – herauszubekommen, wer die Anzeige erstattet hat. Keine Antwort. Die Stimmung blieb die ganze Zeit sehr bedrohlich, niemand sagte etwas:

> *»Sie sagten die Anzeige sei anonym und, dass das ganze Viertel umzingelt sei. Ich weiß noch, als sie gingen, rieten sie uns ›Gardinen vor die Fenster zu machen‹.«* (ebd.)

Den gleichen Tipp gaben sie Finkelgruen.

Deutscher Herbst – Terrorismus – Schleyer – heimkehrende Juden – Auschwitz – die RAF als »Selbstanmaßung einer ganzen Generation«, wie es Astrid Proll 1989 im Vorwort zu einem Fotoband formulierte – heimkehrende Juden – Gardinen – Auschwitz. Die Chronologie, diese seelisch-gesellschaftlichen Verbindungslinien sind naheliegend, geradezu zwingend.

Von diesem massiven Auftreten der schwer bewaffneten Polizisten waren auch die weiteren Hausbewohner betroffen. Seeger erinnert sich:

> *»In der Wohnung über uns wohnte eine Freundin mit ihrem kleinen Sohn. Als wir aus der Schockstarre erwacht waren gingen wir zu ihr hoch. Bei ihr hatten sie auch die ganze Wohnung durchsucht, in jedem Zimmer nach mir gesucht. Sie hatten den schlafenden Sohn mit vorgehaltenem Gewehr im Kinderzimmer geweckt.«* (ebd.)

Wir tauschen uns per Mail über diese traumatische, 38 Jahre zurückliegende Szene aus. Alles ist wieder da. Ihre Erinnerungen sind mit denen Finkelgruens deckungsgleich, auch was die Details betrifft – obwohl sie sich nur gelegentlich begegneten, und in den 38 Jahren danach nie über den Vorfall gesprochen haben. Seeger fügt in einer weiteren Mail hinzu:

> *»Mir fällt jetzt noch ein, dass der Junge hinterher Ängste hatte durch diesen Überfall im Schlaf. Ich erinnere auch noch das Detail, dass die Mutter erzählte dass die Polizei auch im Backofen nachgeschaut hatte und ihn mit ›Manndeckung‹ geöffnet hatte.«*
> (ebd.)

Petra Seeger fühlte sich damals als die »Auslöserin« dieses Polizeieinsatzes schuldig, ihre Freundin im Haus hatte nun Ängste, wie auch der Junge. Im gleichen Jahr erlebte Petra Seeger noch zweimal vergleichbare Szenen: Sie als Verdächtige, ihre Freunde wurden festgenommen und einzeln über sie verhört. Offenkundig waren diese Verdächtigungen ihrer optischen Ähnlichkeit geschuldet. Petra Seeger nahm sich daraufhin einen Anwalt mit dem sie – ergebnislos – die Sonderkommission Schleyer aufsuchte. Ziel war es, eine Art Ausweis mit Fingerabdrücken zu bekommen – was damals in einigen Fällen gemacht wurde –, der ihre Identität im Ernstfall schneller aufklären und eine Gefährdung ihrer Person oder anderer Beteiligter schneller ausschließen sollte. Dem wurde mit dem Hinweis, dass damit Missbrauch getrieben werden könne, in ihrem Fall nicht stattgegeben.

Der Jurist und radikale Demokrat Ulrich Klug

Peter Finkelgruen, dem Deutschland viele Jahre lang sehr fremd war, der jedoch immer wieder, gegen seinen Willen, mit weiterhin aktiven Nationalsozialisten konfrontiert wurde, verfügte über die Gabe, sich ein kleines Netz von Freunden, meist Publizisten und politisch aktive Menschen, zu schaffen. Sie retteten ihm vor dem Absturz in frühkindliche Ängste, vor der Überwältigung durch Traumata. Vor mir liegt ein roter, schon in die Jahre gekommener Aktenordner mit zahlreichen Schriftstücken, größtenteils verfasst vom renommierten Juristen und Hochschullehrer Prof. Ulrich Klug. Peter Finkelgruen kannte Ulrich Klug gut aus ihrer gemeinsamen Zeit im linksliberalen-radikaldemokratischen Flügel der Kölner FDP. Eine FDP, die Finkelgruen bereits zwei Jahre zuvor verlassen hatte, nach der »Traube Affäre«. Der international renommierte Atomwissenschaftler Klaus Traube war bespitzelt worden (vgl. *Die Zeit* 5/2012).

Die Freundschaften jedoch blieben. Der 1913 geborene Ulrich Klug, der während der Nazizeit eine Jüdin heiratete, war seit 1960 in Köln als Professor für Strafrecht tätig. Klug symbolisierte wie nur wenige den Geist eines radikalen, liberalen Demokraten. Bereits 1962 hatte er in der »Spiegel-Affäre« als Anwalt mitgewirkt. Von 1979 bis 1982 war Ulrich Klug Bundesvorsitzender der Bürgerrechtsbewegung *Humanistische Union*.

Klug brachte zahlreiche politische Erfahrungen mit: Seit 1968 Mitglied der FDP war er von 1970 bis 1974 Staatssekretär im Justizministerium von NRW und anschließend bis zum Februar 1977 Senator der Justizbehörde in Hamburg unter Ulrich Klose (SPD). Klug gehörte zu den wenigen – wie auch sein Parteifreund Gerhart Baum – die verurteilte Terroristen wie Ulrike Meinhof besuchten, um die Brücke zu dem jungen, radikalisierten, in den wahnhaften Terror abgedrifteten Teil dieser Generation nicht ganz abbrechen zu lassen.

Ab Mitte der 1970er Jahre gehörte Klug in Köln auch zu den wirkmächtigsten Persönlichkeiten, die sich, in enger Zusammenarbeit mit Peter Finkelgruen, für die Rehabilitation der Kölner Edelweißpiraten einsetzte. In seiner Hamburger Zeit als Justizsenator hatte Klug vor allem Rückendeckung durch die linksliberale, gradlinige und sehr mutige Bundestagsabgeordnete und FDP-Landesvorsitzende Helga Schuchardt.

Als sehr junger Mensch erlebte ich sie einige Male in meiner kurzen Zeit bei den Jungdemokraten und im in der Roonstraße gelegenen *Liberalen Zentrum* (LZ) Köln, bis zur »Wende« Ende 1982. Finkelgruen konnte ich in jenen Jahren nicht begegnen: Er war 1982 mit Gertrud Seehaus für sechs Jahre nach Israel gegangen, im Auftrag der Friedrich-Naumann Stiftung.

1972 war Schuchardt als studierte Ingenieurin der technischen Physik von Hamburg aus in den Bundestag eingezogen. Ihr damaliger Ehemann, der Jurist Wolfgang Schuchardt, war von 1975 bis 1978 Pressesprecher von Justizminister Klug.

1982, nach der »Wende«, verließen Klug und Schuchardt gemeinsam mit ca. 20.000 Linksliberalen die FDP. Im bemerkenswerten Gegensatz zu allen anderen »Prominenten« des ehemaligen linksliberalen FDP-Flügels verlor Helga Schuchardt mit ihrem Parteiaustritt zwar ihre politische Heimat, suchte sich jedoch keine neue. Ich habe nur wenige persönliche Erinnerungen an Helga Schuchardt. Ich kann nur sagen: Sie war wirklich toll. In der retrospektiven Fernsehdokumentation Helmut Schmidt – *Der Kanzlersturz – Die Wende von 1982* (2012), 30 Jahre nach der »Wende« ausgestrahlt, sieht man wie die wirklich redegewandte Helga Schuchardt immer noch um Worte ringt, wenn sie ihre 30 Jahre zurückliegende abgrundtiefe demokratische Abscheu vor dem selbstgefälligen Herrn mit der viereckigen Kassengestellbrille zum Ausdruck zu bringen versucht:

> *»Ich war 1982 völlig unfähig, diesen Mann zu wählen. Ich glaub mir wär die Hand abgefault, wenn ich Helmut Kohl hätte wählen müssen«* (Helga Schuchardt)

Von 1990 bis 1998 war Schuchardt als Parteilose dennoch Niedersächsische Ministerin für Wissenschaft und Kultur.

Der eigensinnig-freisinnige Kölner Jura-Hochschullehrer und Radikaldemokrat Ulrich Klug war in jenen Jahren das Hauptangriffsziel der Springer-Blätter. Und nicht nur von ihr. Auch von Teilen der eigenen Partei. Sie wollten ihn mit allen Mitteln stürzen. Seinen zahlreichen, teils konspirativ agierenden parteiinternen Gegnern gelang sein Sturz schließlich im Februar 1977 durch eine Parteiintrige (vgl. *Der Spiegel*

Nr. 1/1977 sowie Nr. 10/1977). Klug kehrte nach Köln zurück – und wurde nach der beängstigenden, beschriebenen »Terror-Szene« in der Siebengebirgsallee Finkelgruens Anwalt.

Für die Finkelgruens lag es nahe, Ulrich Klug um juristische Unterstützung zu bitten: In jenen Jahren, dies sei noch nachgetragen arbeiteten Ulrich Klug und Peter Finkelgruen eng bezüglich der Anerkennung der Kölner Edelweißpiraten zusammen, unterstützt auch durch ihren Parteifreund Gerhard Baum. Der angesehene Jurist trat als Sprecher der Kölner Bürgerinitiative zur Anerkennung der Edelweißpiraten immer wieder öffentlich als Redner auf. Finkelgruen dokumentierte dies auch in seinem seinerzeit unveröffentlicht gebliebenem Manuskript *»Soweit er Jude war …«.*

Die Akten

Vor mir liegen diverse juristische Schreiben von Prof. Ulrich Klug an den Kölner Polizeipräsidenten sowie an den Generalstaatsanwalt, weiterhin deren Antwortschreiben, alles aus dem Zeitraum vom 27.9.1977 bis zum 23.2.1978. Prof. Ulrich Klug schreibt, mit Absenderangabe seines Dienstortes Universität zu Köln, an den Kölner Polizeipräsidenten, unter Verweis auf eine von Finkelgruen ausgestellte Verteidigervollmacht. Klug beschreibt, dass an besagtem Abend gegen 19.50 Uhr »ein Sonderfahndungskommando« von drei bis vier Polizeibeamte in Zivil in die Wohnung des abwesenden Finkelgruen eingedrungen seien, »aufgrund eines Hinweises aus der Bevölkerung.« Es sei bestätigt worden, »dass die Ermittlungen zu keinem Ergebnis geführt hätten.« Klug bezeichnet »diesen Vorfall« als »das letzte Glied einer Kette von früheren kriminalpolizeilichen Aktivitäten« gegen seinen Mandanten. Diese Fahndung habe einen »spektakulären Charakter« gehabt:

> *»Die Beamten gingen mit Waffen im Anschlag vor. Außerdem wurden Scheinwerfer eingesetzt. Das Aufsehen, das hierbei erregt wurde, war erheblich.«* (Ulrich Klug)

Als Grund wurden »Hinweise aus der Bevölkerung« genannt. Sprich: Der Jude Finkelgruen war bereits seinerzeit Objekt gezielter anonymer Denunziationen. Diese »nicht abreißende Kette der Maßnahmen« drängten den Verdacht auf, »dass irgendein Denunziant die Kriminalpolizei getäuscht« habe. Hierdurch werde Finkelgruen und seine Familie fortgesetzt psychisch schwer belastet. Zusätzlich werde durch diese Denunziationen »die Wirksamkeit der kriminalpolizeilichen Fahndung gegen Terroristen durch falsche Verdächtigungen schwerwiegend beeinträchtigt.« Er bitte um Überprüfung der Maßnahmen auf Erforderlichkeit und Rechtmäßigkeit, und Klug fügt zehn verschiedene Detailfragen hinzu. Abschließend hebt er die »erheblichen Rufschädigungen« hervor, die Finkelgruen bisher zugefügt worden seien. Einen vergleichbaren Schriftsatz schickt Klug parallel an die Staatsanwaltschaft beim Landgericht Köln.

Die Antwortschreiben des Kölner Polizeipräsidenten weichen dem Kern von Klugs Anfrage – es geht um die gezielte, als »anonym« bezeichnete Denunziation Finkelgruens, die sich in eine Kette vergleichbarer früherer Denunziationen einreiht – aus. Weiterhin verweisen sie auf die Zuständigkeit des Generalbundesanwaltes. Am 20.12.77 verschickt Klug deshalb an den Kölner Polizeipräsidenten sowie am 22.12.77 an die Staatsanwaltschaft Köln sowie an den Generalbundesanwalt in Karlsruhe erneute Schreiben, in denen er auf die Klärung des Sachverhaltes insistiert. Immerhin trug diese Denunziation zu einer schweren Rufschädigung des Journalisten Finkelgruen bei. Dieser lief Gefahr, im Kontext der angespannten Gesamtsituation in der Bundesrepublik durch den gleichermaßen sinnlosen wie gesellschaftlich spaltenden Terrorismus gegebenenfalls seine Tätigkeit als Redakteur bei der *Deutschen Welle* zu verlieren.

Im Schreiben vom 20.12.77 an den Kölner Polizeipräsidenten werden die vorhergehenden Darstellungen des Polizeipräsidenten bzgl. verschiedener Aspekte zurück gewiesen, auch unter Verweis auf das von einem Rechtsanwalt (Wackerhagen) eingereichte Zeugnis der Bewohnerin H. der Parterrewohnung: Es hätten nicht zwei, sondern vier Polizeibeamte die Wohnung betreten, »und zwar ohne zu fragen, ob die Bewohner hiermit einverstanden seien.« Weiterhin sei die Feststellung unzutreffend, dass die Polizisten Finkelgruens Wohnung nicht betreten hätten. Dies habe die Familie Finkelgruen eindeutig versichert und dies habe der »diensttuende Beamte im Polizeipräsidium« nach telefonischer Rückfrage eindeutig bestätigt. Auch aus dem Dienstbuch ergäbe sich »das Betreten der Wohnung meines Mandanten«.

Klug führt weiterhin ein Telefongespräch von Gertrud Seehaus mit dem Polizeipräsidium an, in dem sie mitteilte, dass sie eine Reise unternehmen müsse, so dass ihre 15-jährige Tochter in dieser Zeit alleine sei. Sie wies den Polizeibeamten eindringlich darauf hin, auch aufgrund der vorhergehenden traumatischen, Angstreflexe auslösende Erfahrungen ihrer Tochter bei der Durchsuchung, dass man nicht wissen könne wie ihre Tochter auf eine erneute polizeiliche Untersuchung reagieren werde. Dies könnten wiederum die Beamten falsch verstehen. Als Mutter befürchte sie, »dass gegebenenfalls sogar Leibes- und Lebensgefahr für ihr Kind« die Konsequenz sei. Sie bitte deshalb um die Bestätigung, »dass während ihrer Abwesenheit mit einer Wiederholung der polizeilichen Maßnahmen nicht gerechnet zu werden brauche.« Klug fügt in seinem Schreiben hinzu:

»Diese Bestätigung wurde jedoch abgelehnt.« (Ulrich Klug)

Ulrich Klug verweist auf die vorhergehenden, massiven polizeilichen Maßnahmen gegen Finkelgruen: Im Oktober seien zweimal je zwei Polizeibeamte in Finkelgruens Wohnung sowie in die Wohnungen weiterer Hausbewohner gekommen, was bereits seinerzeit die Gefahr einer Rufschädigung für den Journalisten Finkelgruen dargestellt habe.

Im November 1977 wurde sodann ein Herr Y. Y. »in das Polizeipräsiduum bestellt und dort intensiv über die Familie Finkelgruen befragt«. Dieser informierte Gertrud Seehaus-Finkelgruen anschließend über die Vernehmungen, was bei ihr eine starke Schockreaktion auslöste. Sie rief im Polizeipräsidium an und erbot sich, »die gewünschten Auskünfte umfassend zu geben, sofern ihr konkrete Fragen gestellt würden. Dies Angebot wurde nicht in Anspruch genommen.«

Peter Finkelgruen befand sich seinerzeit als Korrespondent anlässlich des sensationellen Besuches des ägyptischen Präsidenten Anwar el-Sadat in der israelischen Knesset am 20. November 1977 in Jerusalem. Sadats Knesset-Rede war ein Weltereignis. Als erstes arabisches Land signalisierte Ägypten seine Bereitschaft zur Annäherung an Israel. »Friede« in Nahost erschien als möglich.

Im Schreiben vom 22.12.77 an die Kölner Staatsanwaltschaft bittet Klug im Interesse einer Klärung der Verdachtsgründe, »die zu dem kriminalpolizeilichen Einschreiten führten«, erneut um eine Beibeziehung der kriminalpolizeilichen Akten. In diesen Akten war Angelika Speitel konkret als Gesuchte genannt worden. Klug fügt hinzu:

»Ich gehe davon aus, dass es der Polizeibehörde ein Leichtes sein wird, der Staatsanwaltschaft mitzuteilen, um welche ›Hinweise aus der Bevölkerung‹ es sich handelte, die zu den in Rede stehenden kriminalpolizeilichen Aktivitäten gegen meinen Mandanten führten.« (Ulrich Klug)

In seinem Schreiben an den Generalbundesanwalt in Karlsruhe — welches notwendig war, weil die Kölner Staatsanwaltschaft sich der Beantwortung seiner Fragen weitgehend entzog, unter Hinweis darauf, dass der Generalbundesanwalt für den Einsatz im Rahmen der Suche nach

Terroristen verantwortlich zeichnete – wiederholt er seine Anfragen und fügt alle bisherigen Schreiben hinzu. Klug verweist darauf, dass Finkelgruen bisher trotz Nachfrage nichts Näheres zu den Hintergründen mitgeteilt worden sei und betont:

> *»Eine erhebliche Rufschädigung bahnt sich an und ist möglicher-*
> *weise schon eingetreten.«* (Ulrich Klug)

Bisher durfte deutlich geworden sein, dass Finkelgruen seine Rechte als betroffener Staatsbürger nur deshalb, unter sehr erheblichem persönlichem und finanziellem Aufwand, zu vertreten vermochte, weil er Unterstützung durch einen sehr renommierten Juristen erhielt.

Die folgenden juristischen Antwortschreiben des Kölner Polizeipräsidenten (6.2.78), des Generalbundesanwaltes beim Bundesgerichtshof (7.2.78) sowie der Staatsanwaltschaft Köln (23.2.78) demonstrieren aus meiner Sicht erneut Finkelgruens Ausgeliefertsein gegenüber massiven polizeilichen Maßnahmen: Der Kölner Polizeipräsident verweist darauf, dass der Generalbundesanwalt diese »strafprozessuale Maßnahmen« angeordnet habe »und die von der damaligen Sonderkommission Schleyer des Bundeskriminalamtes ausgelöst oder durchgeführt wurden.« Sollten Beamte »mit gezogenen Waffen« das Haus betreten habe, so »entsprach das der Besonderheit des Einsatzes und der Notwendigkeit der Eigensicherung bei der Suche nach Terroristen.« Die Kölner Polizei selbst habe keine schriftlichen Unterlagen zu dem Einsatz. Es folgt eine ausführliche Darstellung des Einsatzes; weiterhin wird darauf verwiesen, dass der Auslöser des Einsatzes die Ähnlichkeit von Frau Seeger mit der gesuchten Terroristin Speitel gewesen sei. Diese Ähnlichkeit sei auch nach Abschluss des Einsatzes und nach der Identitätsfeststellung von Frau Seeger von den Beamten bestätigt worden.

Anschließend weisen sie die Darstellung der Finkelgruens – die ja aus einer schockartigen, als traumatisch erlebten Begegnung mit den schwer bewaffneten Polizisten entstanden war –, zurück:

> *»Sofort nach Ausräumen des Verdachts auf Identität zogen sich*
> *die Kriminalbeamten aus dem Haus Siebengebirgsallee 77 zurück.*
> *Sie betraten weder die zum dritten Stockwerk führende Treppe*
> *geschweige denn die Wohnung Ihres Mandanten.«* (StA Köln)

Es sei nicht nachvollziehbar, dass Finkelgruen mit einem solchen Beamten gesprochen habe. Hierfür gebe es keinerlei Belege. Die Detailfragen zu einer »Täuschung der Polizei durch vorsätzliche Denunziation« könne er »weder schlüssig noch plausibel beantworten.«

Es folgt eine knapp eine Seite umfassende Darstellung der sehr schwierigen Gesamtsituation, der die Polizeibehörden durch den Terrorismus sowie insbesondere durch die Vorwürfe der Öffentlichkeit wegen Fahndungspannen seit Monaten ausgesetzt sei. Es ist eine Darstellung, die aus Sicht der Polizei leicht nachvollziehbar ist, die jedoch keine Beantwortung der aufgeworfenen Fragen darstellte.

Der Generalbundesanwalt (GBA) schickt am darauffolgenden Tag, den 7.2.1977, ein Antwortschreiben, das dem Schreiben des Kölner Polizeipräsidenten diametral widerspricht: Sie könne die gewünschten Auskünfte nicht geben, weil die Durchsuchungen

> »(...) entgegen der Ausführung des Polizeipräsidenten Köln vom 10. Oktober 1977 nicht von der Bundesanwaltschaft veranlasst wurden. Auch beim Bundeskriminalamt befinden sich keine Unterlagen darüber.« (GBA)

Der Bundesanwalt weist jedoch überraschender Weise darauf hin, dass das Haus Siebengebirgsallee 77 bereits

> »(...) zwischen dem 20. und 26. September 1977 von Beamten der aus Anlass der Schleyerentführung gebildeten Sonderkommission abgeklärt wurde.« (GBA)

Erst im November 1977, sei der inzwischen wieder eingezogene Bewohner der 2. Etage »ohne Namensnotierung befragt« worden. Abschließend wird ausgeführt:

> »Der Name Ihres Mandanten ist in keinem der beim Bundeskriminalamt eingegangenen Hinweise verzeichnet.« (GBA)

Die Kölner Staatsanwaltschaft verweist in ihrem Schreiben vom 23.2.78 auf die bisherigen Darstellungen der anderen Behörden und weist die »Ihrer Strafanzeige zugrundeliegende Mutmaßung« zurück, »Ihr Mandant sei im Sinne des §164 StGB falsch verdächtigt worden.« Der »anonyme Hinweisgeber« habe weder Finkelgruen »noch sonst jemanden einer mit Strafe bedrohten Handlung verdächtigt oder beschuldigt.« Von daher habe er das Verfahren eingestellt. Auf die naheliegende Frage nach der Identität der vorgeblich »anonymen Hinweisgeberin« wird nicht eingegangen. Dass die Identität dieser Person – die von Finkelgruen und den weiteren betroffenen als eine Denunzianten wahrgenommen werden muss – nicht feststellbar sei erscheint jedoch als eher unwahrscheinlich.

Ein Brief an die »lieben Nachbarn«…

Diese Geschichte hat noch ein Nachspiel: Die Bewohner des Hauses Siebengebirgsallee 77 schließen sich zusammen. Sie lassen die gezielte Denunziation nicht auf sich beruhen. Sie, die durch den massiven Polizeieinsatz der Gefahr der Stigmatisierung als »Terrorunterstützer« wehrlos ausgeliefert sind, lassen sich nicht einschüchtern. Sie lassen sich auch nicht gegeneinander ausspielen. Gemeinsam unterzeichnen sie ein Flugblatt, überschrieben mit »Gegen die Schnüffelpraxis in der Siebengebirgsallee.« Auch dieses, unmittelbar nach dem Erlebnis verfasste, heute nur noch schwer entzifferbare Flugblatt hat Finkelgruen aufbewahrt. Unterschrieben haben es sechs Hausbewohner sowie Petra Seeger. Es wurde in den Tagen nach dem Überfall im gesamten Wohnumfeld verteilt, die erste Zeile lautet:

> *»Zur Information über den Polizeieinsatz (…) wollen wir allen Anwohnern der Siebengebirgsallee die ›Danksagung‹ des Hauses Nr. 77 mitteilen.«*

Dann folgt, eingerahmt, die ironisch formulierte »Danksagung«, die sich vor allem an den – auch in den staatsanwaltschaftlichen Stellungnahmen anonym gebliebenen – Denunzianten wendet.

> *»Die unterzeichnenden Bewohner [bedanken sich] recht herzlich für die gestrige Entsendung eines bewaffneten Polizeitrupps.«*

Ausgelöst wurde er durch einen »freundlichen Hinweis eines Nachbarn«. Die Hausbewohner hätten sich als »ausreichend verdächtig gemacht« als Terroristen, Kommunisten und Anarchisten. Verdachtsmomente seien – und hierbei beziehen sie sich auch auf die vereinzelten Anmerkungen eines einzelnen Beamten – dass sie zwischen 25 und 35 Jahre alt seien, unverheiratet, Fahrradfahrer, ihre Fenster nicht regelmäßig putzten, keine Gardinen vor den Scheiben hätten, häufig Besucher empfingen, die Plastiktüten, Einkaufsnetze oder Kartons trügen, in denen sich selbstredend Pistolen, Maschinengewehre und umstürzlerische Schriften befänden. Leider sei trotz der anonymen nachbarschaftlichen Denunziation kein Terrorist gefasst und auch nicht geschossen worden.

> *»Aber vielleicht lohnt sich der Anruf bei der Kripo das nächste mal. Deswegen: Beobachten Sie dieses Haus genau! Jedermann ist zu Jederzeit zu jedem Spitzeldienst bereit!«*

So lautet der Schlusssatz des Schreibens an die Köln-Klettenberger Nachbarn. Es folgen die Unterschriften, hierunter auch die der Finkelgruens. In den Zeiten der Angst, der Denunziation, der Hysterie dürfte dies eine durchaus außergewöhnliche öffentliche Reaktion auf eine Denunziation gewesen sein, im »Deutschen Herbst« Ende der 70er Jahre.

Hanns Martin Schleyer in Prag

Peter Finkelgruen ist auf seiner lebenslangen Spurensuche zu seiner Familiengeschichte – die von dem verfolgungsbedingten Tod seiner Eltern im Exil, der Gefangenschaft seiner Großmutter Anna in mehreren Konzentrationslagern sowie von der Ermordung seines Großvaters in Theresienstadt markiert sind, wie auch seiner eigenen traumatischen biografischen Entwurzelung – immer wieder auf einen Namen gestoßen, der auch bei der Durchsuchung seines Hauses ausschlaggebend war: Hanns Martin Schleyer.

Der ehemalige deutsche Arbeitgeberpräsident und seit 1977 Vorsitzender des Bundesverbandes der Deutschen Industrie Schleyer wurde von Terroristen der RAF entführt und am 18.10.1977 ermordet. Seine Ermordung war sinnlos, brutal, kriminell und zynisch. Sie löste eine der schwersten Staatskrisen der Nachkriegszeit sowie massive Einschränkungen bei bürgerschaftlichen Freiheiten aus. Spätestens bei den Versuchen seiner Freilassung wurde bekannt, dass dass Schleyer »sich selbst als altgedienter Nationalsozialist und SS-Führer bezeichnete«. (*Haus Deutschland*, S. 113). Schleyer war im Protektorat an der »größte(n) Kapitalenteignung der europäischen Geschichte« maßgeblich beteiligt:

> *»Hanns-Martin Schleyer trat seinen Dienst in Prag am 9. November 1941 an.«* (ebd.)

Peter Finkelgruens Großvater Martin Finkelgrün, ein in Bamberg angesehener und relativ wohlhabender Geschäftsmann, wurde systematisch ausgeplündert, um den Wohlstand der Arier zu erhöhen. Der Nationalsozialismus war nicht nur ein unvorstellbar grausames und umfassendes Massenmordprogramm. Es war vor allem und zuerst — wie insbesondere Götz Aly (u.a. 2005, 2017) in seinen Studien belegt hat – ein gigantisches Raubprogramm zur Ausplünderung der jüdischen Bevölkerung Deutschlands. Millionen von Menschen verdienten daran. Millionen von Menschen sahen die entrechteten Juden auf den Straßen des Deutschen Reiches, als ihre Synagogen angezündet, als sie aus ihren Wohnungen vertrieben und dann mit der Deutschen Bahn in die Konzentrationslager transportiert wurden. Die Wohnungen der deutschen Juden wurden frei, alle wussten wie – und Deutsche zogen in ihre Wohnungen ein. Es war auch Martin Finkelgrüns Geld, mit dem das

Arisierungsprogramm umgesetzt wurde. Finkelgruen beendet 1992 sein Buchkapitel *Prager Nachspiel: Köln, Oktober 1977* über den Polizeieinsatz in seiner Wohnung so:

> *»Großmutter hat mir erzählt, dass nach ihrer und Martins Verhaftung Deutsche in die Wohnung gezogen seien. Kurz vor der Befreiung seien sie geflohen. Die Wohnung war verlassen, als Großmutter aus Auschwitz zurückkehrte. Die alten Möbel waren noch da. Es muss merkwürdig gewirkt haben, gleichsam konserviert.*
>
> *Nur Martin war nicht mehr da.*
>
> *Hans, sein Sohn, war auch tot.*
>
> *Die Täter aber lebten.*
>
> *Das wusste Anna nicht. Sie kam aus Auschwitz, von einem anderen Planeten. (...)*
>
> *Ich habe Hanns Martin Schleyer nicht entführt.*
>
> *Auch nicht Otto Bräutigam.*
>
> *Ich habe Anton Malloth nicht ermordet.«*
> (*Haus Deutschland*, S. 114f.)

Verwendete Materialien:

Petra Seeger (2016): Persönliche Erinnerung, Schreiben vom 10.10.2016 an RK.
  Peter Finkelgruen: Schreiben vom 10.10.1978 (6 Seiten)
  Ulrich Klug: Strafanzeige gegen Unbekannt an die StA Köln, 27.9.1978
  Ulrich Klug: Schreiben an den Kölner Polizeipräsidenten, 27.9.1978
  Kölner Polizeipräsident: Antwort an Ulrich Klug, 10.10.1978
  Ulrich Klug: Schreiben Polizeipräsident Hoss, 20.12.1978
  Ulrich Klug: Schreiben an die StA Köln, 22.12.1978
  Ulrich Klug: Schreiben an den Generalbundesanwalt, Karlsruhe, 22.12.1978
  Polizeipräsident Köln: Schreiben an Prof. Dr. Ulrich Klug, 6.2.1979
  Generalbundesanwalt: Schreiben an Prof. Dr. Ulrich Klug, 7.2.79
  Staatsanwaltschaft Köln: Schreiben an Prof. Ulrich Klug, 23.2.1979
  Flugblatt: Gegen Schnüffelpraxis in der Siebengebirgsallee.
Übrige Materialien: Vorlass P. Finkelgruen, RWWA 570-16-1.

Literatur:

Aly, G. (2005): Hitlers Volksstaat. Raub, Rassenkrieg und nationaler Sozialismus, bpb.
  Aly, G. (2017): Europa gegen die Juden. 1880–1945. S. Fischer, Frankfurt am Main.
  Brenner, M. (2013): 1981: Schmidt gegen Begin, Jüdische Allgemeine, 9.7.2013
  Deutschland im Herbst (1978): Kurzfilme und Kurzreportagen, Regie: Rainer Werner Fassbinder, Volker Schlöndorff, Alexander Kluge, Edgar Reitz et. al.
  Die ZEIT (5/2012): Uwe Wessel: Chronik einer Behörde: Spitzel, Wanzen, Bomben, Die ZEIT 5/2012.
  Finkelgruen, P. (1981/2019) (Hg.: R. Kaufhold & A. Livnat): »Soweit er Jude war…«. haGalil, 2019.
  Finkelgruen, P.: Prager Nachspiel: Köln, Oktober 1977, in: Haus Deutschland, 1992, S. 110-115.
  Finkelgruen, P., Kaufhold (Hg), Andrea Livnat (Hg), Englhart (Hg) (2020): »Soweit er Jude war…«, BOD, Norderstedt 2020.
  Kaufhold, R. (2012): Keine Heimat. Nirgends. Von Shanghai über Prag und Israel nach Köln – Peter Finkelgruen wird 70, haGalil März 2012
  Kaufhold, R. (2013): Im KZ-Drillich vor Gericht, Jüdische Allgemeine, 4.7.2013
  Kaufhold, R. (2017): 40 Jahre nach Entebbe. Deutsche Linke, Erinnerungen an den Holocaust und Antizionismus, haGalil, 2.2.2017
  Kaufhold, R. (2018a): Adresse der Linksliberalen. In Köln erinnerte eine Festveranstaltung an die Gründung des Liberalen Zentrums vor 40 Jahren, Neues Deutschland, 27.8.2018
  Kaufhold, R. (2018b): Radikaldemokraten und Liberale unter einem Dach. Vor 40 Jahren wurde in Köln das Liberale Zentrum gegründet, haGalil
  Kaufhold R. (2019a): Die »Kölner Kontroverse«? Bücher über die Edelweißpiraten (1980-2019). Zeitlich chronologisch geordnet.
  Kaufhold, R. (2019b): Die Unangepassten. Vor 40 Jahren verfasste Peter Finkelgruen ein Buch über die Kölner Edelweißpiraten, Jüdische Allgemeine, 6.10.2019.
  Kaufhold, R. (2019c): »Versuchten Gefangenenbefreiung und Unterstützung einer kriminellen Vereinigung«. Irmtrud und Peter Finkelgruen, die RAF, Prof. Ulrich Klug und FDP-Partei«freunde« (1971 – 1974), haGalil, 2019:

  Kaufhold, R. (2020a): Die »Kölner Kontroverse«? in: Finkelgruen (2020): »Soweit er Jude war…«. BOD, Norderstedt 2020. S. 217-342.

»Der emotionslose Ochsenfrosch, dem die Untat ins Gesicht geschrieben steht«

»Es heißt, der Mensch kann nur einmal sterben. Auch das ist ein Irrtum. Martin Finkelgrün, wie unzählige seiner Leidensgenossen, wurde zweimal getötet: einmal physisch, und ein anderes Mal dadurch, dass gegen Anton Malloth kein Verfahren eröffnet wurde.« Ralph Giordano in der Frankfurter Rundschau, 9.1.1993

Aktenvermerk Dortmunder Staatsanwalt, 5.8.1988: »Eine andere Möglichkeit, das Verfahren abzuschließen, ist nicht zu ersehen.«
(in: Finkelgruen 2002, S. 105)

Wenn es im Jahr 1993 bereits ein ausgebautes Internet gegeben hätte, so wäre der 9. Januar 1993 als die Geburtsstunde eines veritablen Diskurses mit juristisch-publizistischen Folgewirkungen in die Geschichte eingegangen. Da es das Internet seinerzeit jedoch noch nicht gab ist diese erinnerungswürdige politisch-publizistische Episode vergessen. Ein Zeichen wahrhaftiger Solidarität zwischen Überlebenden. Es war die Geburtsstunde des »emotionslosen Ochsenfroschs«. Der seinerzeit knapp 70-jährige Kölner Schriftsteller und Journalist Ralph Giordano hatte Peter Finkelgruens soeben erschienene familienbiografische Erzählung *Haus Deutschland* gelesen, die auch und vor allem von der Ermordung seines Großvaters und die Gleichgültigkeit der zuständigen Dortmunder Staatsanwaltschaft handelte. Diese Erlebnisse seines Kölner Freundes empörte den erfahrenen und kampferprobten Journalisten so sehr, dass er seine Empörung gezielt in seine Buchbesprechung einfließen ließ: In seiner 1993 in der *Frankfurter Rundschau* publizierten Buchbesprechung von Finkelgruens Buch *Haus Deutschland* griff er zum Stilmittel der Schmähkritik.

In Finkelgruens ein Jahr zuvor erschienenem familienbiografischem Werk war auch die Ermordung seines Großvaters Martin Finkelgrün am 10.12.1942 in der Kleinen Festung Theresienstadt eingeflossen. Dorthin, nach Theresienstadt, war der jüdische Geschäftsmann Martin Finkelgrün (1876–1942) nach seiner Denunziation von den deutschen Besatzern verbracht worden. Zuvor hatte ihn seine Lebensgefährtin Anna Bartl (1891–1968) – Peter Finkelgruens Großmutter und Begleiterin seiner Jugend in Prag, Israel und Freiburg – drei Jahre lang in Prag versteckt, nach der Besetzung Prags durch die Deutschen. Wenige Stunden nach seiner Ankunft in der »Kleinen Festung Theresienstadt« wurde Martin Finkelgrün vom SS-Mann Anton Malloth totgetreten. Von der Geburt seines Enkels im fernen Exil Shanghai dürfte er nichts erfahren haben. Im Prager Versteck vermochte er keinen Kontakt zu seinem Sohn Hans und dessen Ehefrau Esti Finkelgrün – Peters Eltern – nach deren abenteuerlichen Flucht nach Shanghai zu halten.

Seine Lebensgefährtin Anna Bartl hingegen überlebte nach ihrer Denunziation in Prag eine dreijährige grausame Odyssee durch drei Konzentrationslager; bei einem Todesmarsch im Frühjahr 1945 gelang der 54-Jährigen die Flucht und sie kehrte nach Prag zurück. Es gelang ihr 1945 auf Umwegen, brieflichen Kontakt zu ihrer Tochter in Shanghai aufzunehmen. 1946 ging Esti mit ihrem vierjährigen Sohn Peter zurück nach Prag, zu ihrer betagten Mutter. 1951 übersiedelten Anna und Peter nach Israel, 1959 gingen sie nach Freiburg, wo Finkelgruen studieren wollte. 1988, bei seiner Rückkehr von Israel nach Köln, erfuhr der 46-jährige Finkelgruen den Namen des Mörders seines Großvaters: Anton Malloth. Es begann eine verzweifelte Spurensuche nach seiner ihm weitgehend unbekannten Familiengeschichte, von der er zeitlebens nur verstreute, unzusammenhängende Details gehört hatte. Sie mündeten 1992 in seinem Buch *Haus Deutschland*.

Vorgeschichte

Eine Schlüsselfigur in Peter Finkelgruens Bemühungen ab 1989 einen Strafprozess gegen den NS-Täter Malloth anzustrengen – Malloths Verurteilung zu einer Haftstrafe erfolgte erst im Jahr 2001 in München – war ein Dortmunder Oberstaatsanwalt namens Klaus Schacht. Dieser unternahm – wenn wir Finkelgruens Darstellungen sowie den in zahlreichen Ordnern versammelten Akten folgen, die sich bei Finkelgruen im Laufe von 13 Prozessjahren angesammelt haben – über viele Jahre hinweg nichts, um den Mörder von Martin Finkelgrün anzuklagen. Diese Untätigkeit war selbst für den erfahrenen Publizisten und Überlebenden Ralph Giordano zu viel, zu unerträglich. Das Fass war übergelaufen… Der kampferprobte Giordano, dessen Lebensmotto sich in seinem Buchtitel *Ich bin angenagelt an dieses Land* (Giordano 1992) niederschlug, beschloss, die Essenz von Finkelgruens Erfahrung mit der bundesdeutschen Justiz in knappster Weise zusammenzuführen…

»Justiz-Schutz für Mörder« ist Ralph Giordanos in der seinerzeit auflagenstarken linksliberalen *Frankfurter Rundschau* publizierten Buchbesprechung von *Haus Deutschland* überschrieben. Mit dieser Besprechung des prominenten Giordano erhielt Peter Finkelgruen endlich wirkkräftige mediale Unterstützung. Der erfahrene Publizist und Aufklärer Giordano, der in einem Land blieb, gegen dessen vom NS-Erbe geprägten Fortwirkungen er lebenslang ankämpfte, unterstützt nun den 19 Jahre jüngeren Kölner Freund verbal wirkungsvoll. Sie wohnen nur einige Kilometer voneinander entfernt. Beide sind seit Jahren im PEN Zentrum deutschsprachiger Autoren im Ausland – so nannte sich der traditionsreiche ehemalige Exil-PEN nun – engagiert, beide wissen aus eigener schmerzhafter Erfahrung vom »jüdischen Schicksal«, von der Verleugnung ihrer Verfolgungsgeschichte und den damit einhergehenden seelischen Schädigungen. Bei beiden hatte dies zu zahllosen schlaflosen Nächten, zu Albträumen geführt. Und doch blieben sie in Deutschland. »Dennoch« blieb Giordano »unermüdlich streitbar«.

Mai 2016: Vor mir liegt ein akkurat geordneter, gut gefüllter Aktenordner mit Materialien allein zum Themenkomplex »emotionslose Ochsenfrosch«, darunter Giordanos Zeitungsbeitrag und zahlreiche weitere Zeitungsausschnitte. Ralph Giordano zeichnet hierin Finkelgruens mühevolle, quälende mehrjährigen Recherchen zum ungesühnten Mord an seinem Großvater nach – Recherchen, die zugleich ein biografisches Kennenlernen seines Großvaters sowie seines Vaters zur Folge hatten. Im Aufstand gegen das (Ver-)Schweigen lernt Finkelgruen seinen Vater und Großvater erstmals kennen, nach 50 Jahren. Beide waren wenige Monate nach seiner Geburt »verstorben«. Über ihr Leben, die das seine prägten, wusste er Jahrzehnte lang nahezu nichts.

Ralph Giordano hebt in seiner Buchbesprechung Finkelgruens bitteres, aus einem fünfjährigen Gerichts- und Aufarbeitungsprozess erwachsenes Resümee hervor:

> »Diese Erfahrungen mit dem Justizapparat verleiten Peter Finkelgruen zu dem qualvollen Geständnis: ›Ich werde nicht explodieren, ich werde implodieren.‹«

Er fügt konkretisierend hinzu:

> »Es sind die exkulpierenden Machenschaften des Oberstaatsanwalts Klaus Schacht, die solche Gefühlskompressionen im Enkel des ermordeten Martin Finkelgrün entstehen lassen.«

Es gebe nur »ein Interesse« der verantwortlichen Juristen:

> »Das Verfahren gegen Anton Malloth zu verhindern.«

Zu allem Überfluss soll Finkelgruen, nach wiederholten Einstellungen des Prozesses gegen den NS-Täter, nun auch noch 509 DM an die Justizkasse zahlen, was als eine Verhöhnung des Opfers erscheinen musste.

Zum zeitlichen Hintergrund dieser Kontroverse: Am 24.2.1989 zeigt Finkelgruen Malloth wegen Mordes an, am 14.3.90 stellt Schacht das Verfahren ein. Finkelgruen strengt daraufhin eine Zivilklage gegen das Land NRW wegen der entstandenen Kosten an. Diese lehnt das Landgericht Dortmund ab: Die Übernahme der Ermittlungen durch die Privatperson Finkelgruen entspräche nicht »dem mutmaßlichen Interesse des beklagten Landes«, teilt das Gericht Finkelgruen mit. Finkelgruen empfindet das als eine Verhöhnung.

Giordano verweist in seiner Buchrezension auch auf einen ARD-Fernsehbeitrag über diesen »obszönen Fall« und bezeichnet den auch im Film zu sehenden Oberstaatsanwalt bewusst und gezielt als »ein(en) emotionslose(n) Ochsenfrosch, dem die Untat ins Gesicht geschrieben« stehe. Die Folgen dieser Ehrenbezeichnung nehme er »ganz auf meine Kappe«, fügt der kampferprobte Journalist in der *Frankfurter Rundschau* hinzu.

An die Stelle des Schweigens, der Geschichtsleugnung, der juristischen Abstinenz stellt Giordano also bewusst eine »Schmähkritik«. Martin Finkelgrün sei in Deutschland gleich zweimal getötet worden: Durch Malloth, physisch, sowie durch diesen Oberstaatsanwalt, psychisch, konstatiert er in der Frankfurter Rundschau. In der Tradition seiner befreundeten Hamburger Kollegin Peggy Parnass – gleichfalls eine jüdische Überlebende – zieht Giordano ein bitteres historisches Resümee: Schacht verkörpere und personifiziere eine »schändliche Geschichte einer schändlichen Justiz.« Die erst ein, zwei Jahre zurückliegenden ausländerfeindlichen Übergriffe und Morde in Hoyerswerda, Hünxe, Rostock und Mölln seien die Saat, die durch solche Urteile gelegt worden seien.

Mit dieser Buchbesprechung, der Titulierung als »emotionslosem Ochsenfrosch«, erreicht Giordano mehr, als man gemeinhin durch Zeitungsbeiträge zu erreichen vermag: Der Prozess gegen Malloth wird binnen weniger Monate eine öffentliche, eine internationale Angelegenheit. Der »emotionslose Ochsenfrosch« durchbrach das kollektive, das historische Schweigen.

Exakt ein Jahr später, am 5.1.1994, trifft bei Giordano ein Einschreiben der von Schacht beauftragten Dortmunder Kanzlei Krekeler, Manthey & Partner ein. Giordanos Äußerungen in der Frankfurter Rundschau seien »ein schwerer Angriff auf die Ehre unseres Mandanten«, heißt es im anwaltlichen Schreiben. Weitere Schreiben der Kanzlei gehen an den Dortmunder Oberstadtdirektor, wegen eines VHS-Veranstaltung der Gesellschaft für christlich-jüdische Zusammenarbeit. Am 25.2.94 sowie am 29.3.94 folgen per »Einschreiben gegen Rückschein« weitere Schriftstücke: Eine Unterlassungserklärung, diesmal an den Enkel des Ermordeten gerichtet, an Peter Finkelgruen, in der es heißt:

> *»...Wir gehen daher davon aus, dass Sie keinerlei Argumente zu erwidern gedenken.«*

Der angekündigte Gerichtsprozess löst eine Flut von Protestschreiben sowie von Presseberichten aus, die nachfolgend skizziert seien.

Die Solidaritäts-Zeitungsanzeige prominenter Schriftsteller

Am 5.10.1993 erscheint in der *Frankfurter Rundschau*, auf Giordanos Buchbesprechung Bezug nehmend, eine großformatige, von 28 Schriftstellern sowie vom *PEN-Zentrum deutschsprachiger Autoren im Ausland* unterzeichnete Zeitungsanzeige, in der die Unterzeichner Giordanos »inkriminierte Sätzen als eigene« übernehmen – »und äußern sie hiermit öffentlich«. Nun hätte Oberstaatsanwalt Klaus Schacht nicht nur Finkelgruen und Giordano, sondern auch diese 28 prominenten Autoren verklagen müssen. Unterzeichner sind u.a. Jurek Becker, Katja Behrens, Henryk M. Broder, Uwe Friesel, Jürgen Fuchs, Dieter Hildebrandt, Manfred Krug, Günter Kunert, Peter Schneider, Mario Simmel und Günter Wallraff. Mit dieser Erklärung wird zugleich der politische Charakter dieses Kriminalisierungsversuches benannt. Hunderte weiterer Schriftsteller und Autoren schließen sich in den folgenden Monaten dieser Erklärung an.

Am 30.3.1994 richtet der Schriftstellerverband *International PEN* ein scharfes Protestschreiben an den NRW-Justizminister Krumsiek, in dem er, im Namen seiner Mitglieder, sein »Befremden über die Haltung deutscher politischer und Justizminister« äußert. Durch den Gerichtsprozess gegen die beiden Autoren – Giordano und Finkelgruen – werde »den Kräften des Rechtsradikalismus« ein »moralischer Aufschwung und eine falsche Berechtigung« gegeben, schreibt der *International PEN*.

Am 5.4.1994 schickte Michael Neumann, Geschäftsführer von Rowohlt (wo Finkelgruens Buch *Haus Deutschland* erschienen war), ein Schreiben an Oberstaatsanwalt Schacht, mit Kopie an den NRW-Justizminister Krumsiek (SPD): Schacht wolle mit seinem Schreiben

»auf höchst unangenehme Art und Weise« in eine diesbezügliche Veranstaltung zum Buch in Dortmund eingreifen. Auch in Finkelgruens Buch spielen »Sie und Ihre Dienststelle eine unrühmliche Rolle«, heißt er weiter. Damit nicht genug: Als »offenkundig geborener Satiriker« fordere er – Oberstaatsanwalt Schacht – nun den Dortmunder Stadtdirektor auf, ihm »den Namen des für diese Aktion Verantwortlichen vorab mitzuteilen.« Neumann fügt hinzu:

> *»Neu ist Ihr diesbezüglicher Eifer, den an den Tag zu legen Ihre Dienststelle sich weigerte, als sie von Amts wegen aufgefordert war, gegen den (…) Mörder von Peter Finkelgruens Vater intensiver als bisher zu ermitteln.«*

Dieser Vorgang setze »in bizarrer Manier« einen »Schlusspunkt hinter die furchterregende Justiz-Geschichte« des Falles Finkelgruen. Er sende eine Kopie des Schreibens an den NRW-Justizminister, »in der Hoffnung, dass er Ihr Treiben, das zum Schaden seiner Regierung stattfindet, beendet«, schließt der Rowohlt-Geschäftsführer Neumann sein Schreiben ab. Sechs Tage später, am 11.4.1994, titelt die tageszeitung (taz): »›Ochsenfrosch‹ klagt gegen Giordano« und bemerkt: »Mit einem Eifer, den Finkelgruen zuvor so schmerzlich vermisste« wehre sich dieser Justizbeamte nun gegen Giordanos und Finkelgruens Äußerungen:

> *»Er verklagt beide auf Unterlassung.«*

Gleichfalls am 11.4.1994 veröffentlicht die bildungspolitische Sprecherin der NRW-Grünen, Brigitte Schumann, einen an Justizminister Krumsiek gerichteten offenen Brief, in dem sie Peter Finkelgruens Darstellungen in seinem Buch unterstützt. Sie erinnert an Schachts vorhergehenden Versuch – 20.2.94 – nun auch noch einen Bediensteten einer lokalen Volkshochschule, der eine Solidaritätserklärung für Finkelgruen an Interessierte weitergeleitet hatte, in einem an den Dortmunder Oberbürgermeister gerichteten dienstlichen Brief vom 20.2.94 juristisch zu drangsalieren. Schachts erstaunlichen Aktivitäten, wenn es um ihn selbst gehe, interpretiert die Grünen-Politikerin als einen »Versuch eines hohen Justizbeamten«, einen »ihm unliebsamen Autor mundtot zu machen.« Dies stelle einen Missbrauch seiner Dienstfunktion dar. Stattdessen solle er endlich das längst überfällige Gerichtsverfahren wegen Mordes in die Wege leiten.

Die Berliner Zeitung titelt am 13.4.94 über den bevorstehenden Prozess vor dem Frankfurter Amtsgericht: »Ein Mord und seine Folgen. Hessens Justiz schreibt neues Kapitel der Nichtverfolgung von NS-Verbrechen«.

Rechtsradikale mischen sich ein

»Ich bin angenagelt an dieses Land« war Giordanos Lebensmotto. Nie wieder würde er, der mit seiner Familie im Versteck in Hamburg nur mit äußerstem Glück die Nazizeit überlebt hatte, »sich verstecken«, seine Identität, seine Biografie verleugnen. Also stand Giordano im öffentlichen Kölner Telefonbuch, mit Telefonnummer und Köln-Bayenthaler Anschrift. Antisemitische Beleidigungen gehörten zu seinem Alltag, im Laufe der Jahrzehnte erhielt er weit über 200 Morddrohungen.

Sechs Tage nach dem taz-Beitrag, am 17.4.1994, verteilt die nur wenige Hundert Meter von Giordano entfernt sitzende »Ortsgruppe Bayenthal« der rechtsradikalen Gruppierung *Deutsche Liga für Volk und Heimat*[22] ein Flugblatt, in dem der Jude Giordano, unter Nennung seiner Anschrift und Telefonnummer, massiv und unverhüllt antisemitisch beleidigt wird:

> *»In Ihrer Nachbarschaft wohnt ein Volksverhetzer und Brandstifter. Dieser Herr im Nadelstreifenanzug gibt sich gern als von den Nazis verfolgter Biedermann und Demokrat aus. In Wirklichkeit schafft er die Voraussetzungen für einen gewalttätigen Bürgerkrieg in dieser Stadt. Stellen Sie den Brandstifter Giordano zur Rede.«*

Das mediale Echo auf diese staatsanwaltschaftliche Peinlichkeit und dessen Folgewirkungen ist beachtlich. Was Peter Finkelgruen mit seinem Buch *Haus Deutschland* und seinen jahrelangen juristischen Bemühungen nicht gelungen ist, gelingt nun dank Giordanos mutiger sprachgewaltiger Intervention: Die Verzögerungstaktik des Dortmunder Staatsanwaltes, bei gleichzeitig versuchter Kriminalisierung von Schriftstellern, von Nachkommen des Opfers Martin Finkelgrün, wird nun massiv attackiert. Einige Pressestimmen seien erwähnt:

Das *Neue Deutschland* bringt am 13.4.1994, zwei Tage vor dem Prozesstermin, ein Interview mit Ralph Giordano, überschrieben mit »Eine bedrohliche Entwicklung«, in dem dieser die sehr deutliche gemeinsame Presseerklärung von drei PEN-Organisationen zum Gerichtsprozess vorstellt. Der Vorsitzende des Zentralrats der Juden, Ignaz Bubis, »könne straflos beleidigt werden, und die Verhöhnung von in Konzentrationslagern Ermordeten würden durch Urteil des Bundesgerichtshofes sanktioniert«, betont Giordano.

---

[22] Unter der angegebenen Anschrift firmiert auch heute noch die Burschenschaft Germania, der in Medienberichten eine Nähe zu sehr Rechten nahegelegt wird; dort soll 1977 auch die Gründung des „Rings Freiheitlicher Studenten" (RFS) stattgefunden haben; einige seiner Mitglieder gehörten zu den Gründungsmitgliedern der sehr rechten Gruppierung, aus der später Pro Köln entstand

Der abgebrochene Prozess

Der Prozesseröffnung wohnte eine sehr große Anzahl an Journalisten bei. Erst jetzt realisierte Schacht offenkundig, dass er ab diesem Zeitpunkt zu einer internationalen Person der Zeitgeschichte zu werden drohte. Nach nur einer Stunde Prozessdauer zog er seine Anzeige wieder zurück. Die Presse reagierte mehrheitlich mit Amüsement und Hohn:

»›Ochsenfrosch‹ kniff vor Gericht« titelt der Kölner *Express* am 16.4.1994 in einem bebilderten Beitrag. Die *taz* titelt am 16.4.1994: »Der ›Ochsenfrosch‹ quakt nicht mehr«: Giordano habe mit einer Verurteilung wegen seiner Schmähkritik gerechnet. Dennoch hätten er und Finkelgruen den Prozess nun auf jeden Fall gewollt. Sie ließen es nicht mehr zu, zum hilflosen Objekt staatlicher Organe zu werden. Deshalb habe Giordano den Prozess »zu einer Art Abrechnung mit der deutschen Justiz über die Bewältigung der Verbrechen der NS-Zeit« machen wollen, so die *taz*. Erst als Klaus Schacht dies verstanden und das gewaltige Presseaufkommen realisiert habe, habe er als Kläger seine Strafanzeige nach nur einer Stunde Verhandlungsdauer, unter dem Gelächter des zahlreichen Publikums, zurück gezogen. Die *WAZ* titelt zeitgleich: »Ochsenfrosch ohne Folgen«, die *Süddeutsche Zeitung* formulierte: »Deutsches Rechtsempfinden.«

Sogar in Israel, insbesondere in den Kreisen der aus Nazideutschland geflohenen Jeckes, erregt der Gerichtsprozess große Aufmerksamkeit. Heinz Moll veröffentlicht am 17.4.1994 in den *Israel Nachrichten* einen ausführlichen, sachkundigen Beitrag. »Ralph Giordano steht vor Gericht« ist er überschrieben. Die »vielbeachtete Solidaritätsadresse« – der in der *Frankfurter Rundschau* sowie anschließend in der Zeitschrift *Tribüne* publizierte Aufruf war zwischenzeitlich von über 1000 Schriftstellern und Publizisten unterzeichnet worden! – habe den Oberstaatsanwalt Schacht »nicht etwa nachdenklich gemacht sondern ihn vielmehr zu einem weiteren Amoklauf inspiriert«, heißt es hierin.

Mitte der 1990er Jahre existierten zwischen »rechten« und »linken« Tageszeitungen noch erhebliche weltanschauliche Differenzen; dies spiegelt sich auch in den Pressebeiträgen zum »Ochsenfrosch« wieder. Die *Frankfurter Allgemeine Zeitung* vom 18.4.1994, Giordano erkennbar abgeneigt, titelt zurückhaltend: »Der Fall Ochsenfrosch« und spricht von einer »Justizfarce« – um dann doch Schachts Bedrohung Finkelgruens durch eine Unterlassungserklärung und eine Strafandrohung »von 50.000 Mark bei Zuwiderhandlung« zur Sprache zu bringen. Die *taz* bringt am 18.4.1994 einen ironisierenden Kurzbeitrag, überschrieben mit »Kluge Ochsenfrösche«, in dem sie auf diese *FAZ*-Berichterstattung reagiert: Diese habe Giordano als einen »Demagogen« diffamiert, der in einer »furiosen« Selbstdarstellung »Entlarvungsworte« gebraucht habe. Schachts (taktisch motivierter) Rückzug habe der Bundesrepublik »ein großes Theater erspart«, auch deshalb sei er ein »kluger Mann«. Die *taz* fügt spöttisch hinzu:

> *»FAZ: Dahinter steckt immer ein kluger Ochsenfrosch.«*

Die *Frankfurter Rundschau* bringt am 16.4.1994 einen umfangreichen Beitrag, überschrieben mit

> *»Weisheit, Klugheit oder Feigheit? Warum Oberstaatsanwalt Schacht den Strafantrag gegen Ralph Giordano zurücknahm.«*

Sie dokumentiert Schachts Presseerklärung zu seiner Einstellung der Anzeige und spekuliert über eine Einflussnahme durch das NRW-Justizministerium: Die Erkenntnis, dass »ein hetzender und beleidigender Franz Schönhuber« 40 Jahre nach Kriegsende »nicht belangt« werde, »dafür aber dem Schriftsteller Giordano der juristische Strick gedreht werden solle«, habe vielleicht sogar das SPD-Justizministerium nicht ganz gleichgültig gelassen. Und am 21.4.1994 titelt die *Schweizer Weltwoche*:

> *»In Deutschland bestimmt die Rechte, was Volksverhetzung und geistige Brandstiftung ist. Täter werden geschützt, Opfer verfolgt.«*

2002: »Ich bin geblieben – warum?«

Ein zeitlicher Sprung: Acht Jahre später, 2002, veröffentlicht der inzwischen 59-jährige Finkelgruen in dem von Katja Behrens herausgegebenen Band *Ich bin geblieben – warum?* einen – vorläufigen – Rückblick auf diese Kontroverse, die doch immer noch nicht ganz abgeschlossen war. »Kleine Festung Theresienstadt. Oder wie man Geisel der Verhältnisse bleibt. Protokoll einer Scheidung« lautet sein erschütternder 16 Seiten umfassender Buchbeitrag. Acht weitere Lebensjahre ist sein Leben maßgeblich von diesen zermürbenden Gerichtsprozessen gegen den Mörder seines Großvaters bestimmt. Schacht hatte auch in den folgenden Jahren, nach seinem gescheiterten Kriminalisierungsversuch gegen die beiden Überlebenden, kein erkennbares Interesse gezeigt, den Mörder zu verurteilen, so Finkelgruen. Er erwähnt in seinem Buchbeitrag, dass er in den letzten zehn Jahren »drei konkrete und detaillierte Angebote«

erhalten habe, um »den Mörder meines Großvaters an der deutschen Justiz vorbei seiner Strafe zuzuführen.« (Finkelgruen, 2002, S. 102)

Er widerstand dieser Verlockung, dem Wunsch nach Rache, vertraute auf den deutschen Rechtsstaat – und wurde so »Geisel der Verhältnisse«. Über zehn Jahre seines Lebens wurden hierdurch seelisch toxisch kontaminiert. Er erzählt die traurige juristische Weiterentwicklung dieses Falles nach, in die zahlreiche Beamte in nordrhein-westfälischen und bayrischen Kreisverwaltungen und Ministerien involviert waren. Dies habe »zu der Tatsache« geführt,

> *»(...) dass ein Ermittlungsverfahren gegen knapp einhundert Verdächtige oder Beschuldigte über eine Zeitspanne von 35 Jahren geführt wurde – ohne dass eine einzige, ich wiederhole, eine einzige Anklage erhoben wurde.«* (ebd, S. 103f.)

Es war zeitweise eine Vollzeitbeschäftigung, die er auch noch selbst bezahlen musste.

Finkelgruen und weitere Forscher finden heraus, dass sich Gudrun Burwitz, Heinrich Himmlers Tochter und Hauptprotagonistin des Neonazi-Helfervereins »Stille Hilfe« (vgl. Schröm & Röpke 2002), nachdrücklich um die juristisch-finanzielle Unterstützung Malloths einsetzte; er sei »gut untergebracht«, notierte die überzeugte Nationalsozialistin Burwitz in einem internen Bericht (Finkelgruen 2002, S. 108).

Unterstützung findet Finkelgruen in all diesen Jahren bei engagierten Journalisten und Juristen, auch aus der FDP, der er seinerzeit, von 1968 bis 1976, angehört hatte. Hervorzuheben ist der linksliberale Prof. Ulrich Klug aus Köln, Innenminister Gerhart Baum, der israelische Dramaturg Joshua Sobol mit seinem Theaterstück *Schöner Toni* – an dessen Uraufführung Mitte der 1990er Jahre in Jerusalem Peter Finkelgruen und dessen gesamte Familie teilnahm, einschließlich seiner Enkelkinder – sowie der Filmemacher Dietrich Schubert. In diesem Kontext verweist Finkelgruen in innerlich identifizierender Weise auf die wegweisenden Studien seines Exil-PEN-Freundes Hans Keilson, niederländischer Schriftsteller und Psychoanalytiker, zu kumulativen Traumatisierungsprozessen.

Auch Finkelgruen litt unter den schweren Traumatisierungen, die im Shanghai des Jahres 1942 begannen und durch diese Gerichtsprozesse, diese historisch-biografische Ungerechtigkeit wieder verstärkt wurden. Er wusste, dass er durch die Nennung des Namens des Mörders seines Großvaters kurz nach seiner Rückkehr aus Israel im Deutschland des Jahres 1988 nur stören, das deutsche Unbewusste wecken würde. Deshalb formuliert er, angesichts der staatlichen Inaktivität, die er selbst

immer wieder erlebte: »Ich kann nur eines tun – mich abwenden.«
(Finkelgruen, 2002, S. 114)

Das Faktum, »dass keine deutsche Regierung (…) nach 1945 jemals
die vertriebenen und geflohenen Juden, soweit sie überlebt haben, auf-
gefordert hat, nach Deutschland zurückzukehren«(S. 116) sei ein Spie-
gelbild dieser verleugneten mörderischen Geschichte: »Man wollte die
Juden nicht zurück.« Und in einem Nachtrag fügt er hinzu:

> *»Erst im Mai 2001 wurde des SS-Mann Anton Malloth vom
> Landgericht München I endlich verurteilt – jedoch nicht wegen
> des Mordes an Martin Finkelgrün.«*(Finkelgruen 2002, S. 117)

Literatur

Finkelgruen, P. (1992): Haus Deutschland. Die Geschichte eines ungesühnten Mordes. Rowohlt Verlag, Berlin.

Finkelgruen, P. (1997): Erlkönigs Reich. Die Geschichte einer Täuschung. Rowohlt Verlag, Berlin.

Finkelgruen, P. (2002): Kleine Festung Theresienstadt. Oder wie man Geisel der Verhältnisse bleibt. Protokoll einer Scheidung, in: Behrens, K. (2002): Ich bin geblieben – warum? Juden in Deutschland – heute. Gießen: Psychosozial Verlag.

Finkelgruen, P. (Hg.) (2013): Jubeljung begeisterungsfähig. Zum 90. Geburtstag von Ralph Giordano, Books on Demand, Norderstedt.

Finkelgruen, P. (2020): »Soweit er Jude war…« Moritat von der Bewältigung des Widerstandes. Die Edelweißpiraten als Vierte Front in Köln 1944, Hrsg. Roland Kaufhold, Andrea Livnat und Nadine Englhart, Books on Demand, Norderstedt.

Giordano, R. (1982): Die Bertinis. Roman. Frankfurt a. M.: S. Fischer TB.

Giordano, R. (1992): Ich bin angenagelt an dieses Land. Reden und Aufsätze über die deutsche Vergangenheit und Gegenwart. Hamburg: Rasch und Röhrig.

Giordano, R. (1993): Justiz-Schutz für Mörder. Besprechung von Peter Finkelgruen: Haus Deutschland, Frankfurter Rundschau, 9.1.1993.

Giordano, R. (2012): Für Peter Finkelgruen. Zum 70. Geburtstag, haGalil, 5.3.2012

Kaufhold, R. (2008): »Das Leben geht weiter«. Hans Keilson, ein jüdischer Psychoanalytiker, Schriftsteller, Pädagoge und Musiker, Zeitschrift für psychoanalytische Theorie und Praxis, H. 1/2-2008, S. 142-167.

Kaufhold, R. (2011): »Hitler war für mich – eine Schicksalsfigur. Ich dachte, er müsste ein sehr gestörter Mann sein. Jemand, der nicht lieb haben konnte.« Zum Tode von Hans Keilson (12.12.1909 – 31.5.2011), in: Kinderanalyse 19 (4), 2011, S. 354-365.

Kaufhold, R. (2013a): Unermüdlich streitbar: Filmemacher, Romancier, Essayist und Mahner: Ralph Giordano wird 90, Jüdische Allgemeine, 20.3.2013.

Kaufhold, R. (2013b): »Du bist davongekommen, du bist davongekommen!«. In: Finkelgruen (Hg.) (2013), S. 51-66.

Kaufhold, R. (2014): Nachruf: Das Leben eines Davongekommenen. Ralph Giordano überlebte die Schoa und blieb bewusst in Deutschland. Sein Motto hieß: »Dennoch«, Jüdische Allgemeine, 12.10.2014

Kaufhold, R. (2018): Nazi-Ikone aus familiärer Tradition. Himmler-Tochter Gudrun stirbt mit 88, Belltower, 3.7.2018

Kaufhold, R. (2020): Bücher über Edelweißpiraten (1980-2019). Eine Chronologie. In Finkelgruen (2020), a.a.O., S. 227-342.

Parnass, P. (2014): Mein lieber Ralle. Letzter Gruß an einen alten Freund: Die Hamburger Autorin Peggy Parnass verabschiedet sich von Ralph Giordano, Jüdische Allgemeine, 15.12.2014

Schröm, O. & A. Röpke (2002): Stille Hilfe für braune Kameraden. Das geheime Netzwerk der Alt- und Neonazis. Berlin: Christoph Links Verlag.

Schubert, D. (1997): Unterwegs als sicherer Ort. Dokumentarfilm, Deutschland (www.schubertfilm.de).

Seehaus, G. & P. Finkelgruen (2007): Opa und Oma hatten kein Fahrrad. Norderstedt: Books on Demand.

Suchan, B. (1998): Der »Schöne Toni« Malloth auf der Bühne. Joshua Sobols »Schöner Toni« im Theater im Künstlerhaus: Nicht Rache, sondern Gerechtigkeit, haGalil

Übelhack, A. (2001): Prozess gegen Anton Malloth eröffnet: Mitleid mit einem alten Greis?, haGalil, 24.4.2001.

Himmlers Tochter oder: Die »Stille Hilfe« für den Mörder in der Pullacher Seniorenresidenz

»Ich sehe es als meine Lebensaufgabe an, ihn vor der Welt in ein anderes Licht zu stellen. Mein Vater ist heute als der größte Massenmörder aller Zeiten verschrien. Ich will versuchen, dieses Bild zu revidieren. (...) Ich weiß, dass es eine schwere Aufgabe ist.« Gudrun Burwitz über ihren Vater Heinrich Himmler (1959) [23]

»Ich bin in einer furchtbaren Lage, habe keinen Rechtsschutz und wäre für den Falle eines Prozesses nicht haftfähig. (...) Untergebracht bin ich vom Sozialamt München in einem Wohnheim für Alkoholiker, Homosexuelle und Penner. Ich bitte Sie, mich dort herauszuholen und mir zu helfen, da ich völlig mittellos bin.« Anton Malloth, Brief an die »Stille Hilfe«, Frühjahr 1989 [24]

Von 1982 bis 1988 hatte Peter Finkelgruen als Vertreter der Naumann-Stiftung in Israel gelebt, dem Land seiner Jugend. Als er 1988 Israel wieder Richtung Deutschland verließ hatte er eine Idee: Er wollte ein Buch über seine Familiengeschichte schreiben, über die er nahezu nichts wusste. Malloth, der Mörder seines Großvaters Martin, kam ihm dazwischen. Finkelgruen verbrachte viele Jahre damit, Hintergründe über den Mord an seinem Großvater und über den Mörder zu erfahren. Mehrfach reiste er hierfür an die Stationen seiner Kindheit, befragte die wenigen noch auffindbaren Menschen, die sich noch an seine Eltern und an seinen Großvater zu erinnern vermochten. Unterstützung erfuhr er hierbei nur höchst selten.

Gestört, durchbrochen wurde seine familiäre Spurensuche durch den Mörder seines Großvaters. Dieser wirbelte sein Seelenleben auf, löste frühe Traumata wieder aus. Traumata aus einer frühen Kindheit als jüdisches »Shanghai-Baby«. Aus einer Kindheit, in der Deutsche auch seine eigene Ermordung, als jüdisches Flüchtlingskind, planten. Auch im fernen Shanghai gab es konkrete Pläne, die ca. 20.000 bis 30.000 aus Nazideutschland geflohenen deutschen und österreichischen Juden zu ermorden. Hieran beteiligt waren Vertreter des Judenreferats der NSdAP, aber auch die Shanghaier Ortsgruppe der NSdAP-AO, die

---

[23] Schröm & Röpke 2002, S. 113
[24] ebd., S. 40

mehrere hundert Mitglieder zählte. In Shanghai lebten seinerzeit rund 2500 deutsche Arier. Einer von ihnen schrieb offenkundig von Shanghai aus bereits im Juli 1939 für das NS-Hetzblatt *Der Stürmer* Denunziationsberichte, unter anderem über den nach Shanghai geflohenen Psychoanalytiker Adolf Josef Storfer, in denen es hieß:

> *»Der Jude A. J. Storfer hat sich nun in Schanghai niedergelassen. Er arbeitet daran, sein jüdisches Gift in weite Kreise des chinesischen Volkes hineinzuspritzen. An seinem Gift soll das chinesische Volk, das vom Kommunismus ohnehin schon sehr stark zersetzt ist, vollends untergehen.«* (Kaufhold 2018b, c; haGalil 2018)

Federführend hierbei war wohl Polizeiattaché Josef Meisinger: Dieser bullige Mann, der sich bereits den Ruf des »Schlächters von Warschau« erworben hatte, tauchte laut Finkelgruen (1999, S. 195)

> *»(...) mit einem Unterseeboot in Shanghai auf, um dort, vom deutschen Generalkonsulat aus, die japanischen Partner zu einer Endlösung des Problems der jüdischen Flüchtlinge in Shanghai zu bewegen.«*

Die Pläne reichten von Zwangsarbeit und Aushungern der Shanghaier Juden, vom Verschicken der Shanghaier jüdischen Flüchtlinge auf manövrierunfähigen Booten ins Meer bis hin zur Errichtung von Gaskammern auf der Halbinsel Potang am jüdischen Neujahrsfest (Finkelgruen 1999, S. 194–196). Als Finkelgruen im Alter von etwa 50 Jahren verstand, dass diese konkreten Vernichtungspläne auch ganz konkret ihm als jüdischem Baby und Kleinkind galten, war dies ein Schock, wie der, den Ignatz Bubis erlebte, als er im höheren Alter ein Foto seiner ihm bisher unbekannten Nichte sah, wie er im Interview mit Rafael Seligman, das 1999 im Stern abgedruckt wurde, beschrieb:

> *»Mich hat eine Sache kaputtgemacht: meine Reise nach Brasilien, nach São Paulo. Seit ich das Bild meiner Nichte Rachel kenne, lässt mir das keine Ruhe mehr. Ich habe ein Bild von meinem Vater gehabt. Mein Vater ist vor meinen Augen deportiert worden. Ich habe in Brasilien Fotos von meinem Bruder, von meiner Schwägerin bekommen. Ich wusste gar nicht, dass es die gibt. Es sind die einzigen Fotos, die mir bis dahin völlig unbekannt waren. Aber erst das Bild meiner Nichte hat mich um 50 Jahre zurückgeworfen. Dieses unbeschwerte Kinderlächeln. Was hat dieses Kind dem Nationalsozialismus getan? Damit werde ich nie fertig. Bei diesem Bild meiner Nichte hat mich die Vergangenheit eingeholt.«* (Stern, 31/1999, 29.7.1999, S. 56–59.)

Wenn man den 13 Jahre andauernden Malloth-Prozess betrachtet, die Dutzenden von Aktenordner mit den Prozessunterlagen sichtet, könnte man an der Demokratie verzweifeln. Für den unvoreingenommenen Beobachter musste der Eindruck entstehen, dass der Mörder im demokratischen Rechtsstaat Bundesrepublik Deutschland stille Helfer hatte, die ihn diskret, leise, aber kontinuierlich und höchst wirksam unterstützten. Über ein Jahrzehnt lang.

Vielleicht steht dieser bemerkenswerte und verstörende Vorgang aber auch im Kontext eines Naziunterstützervereins. 2002 publizierten die Rechtsextremismus-Experten Andrea Röpke und Oliver Schramm ein Buch über einen rechtsextremen Unterstützerverein: Über die sogenannte »Stille Hilfe«. Dieser »Verein« hatte sich die Unterstützung für von Verurteilung bedrohte wie auch von verurteilten Nazis und Neonazis zu seiner Hauptaufgabe gemacht: *Stille Hilfe für braune Kameraden. Das geheime Netzwerk von Alt- und Neonazis*, lautete dementsprechend auch der Buchtitel. Das materialienreiche Buch basiert, so heben die Autoren im Vorwort hervor, maßgeblich auf dem Fall Anton Malloth: »Immer wieder« (S. 9) seien sie bei ihren Recherchen auf Malloth gestoßen. Und sie vermuten, dass sich Finkelgruen durch seine hartnäckigen, über Jahre weitestgehend folgelosen Nachforschungen »nicht nur mit unwilligen Strafbehörden, sondern unwissentlich auch mit einer Organisation angelegt habe, die von jeher über Geld und Einfluss verfügte, nämlich mit der ›Stillen Hilfe für Kriegsgefangene und Internierte e.V.‹« (S. 9). Die beiden renommierten Fachjournalisten fügen, die gesellschaftliche Dimension fokussierend, hinzu:

> *»Denn am Fall des SS-Schergen Anton Malloth wird deutlich, wie bisher in der Bundesrepublik mit diesem Thema umgegangen wurde.«*

Waren Finkelgruens Bemühungen auch deshalb über viele Jahre lang weitestgehend ergebnislos, weil die »Stille Hilfe« maßgeblichen Einfluss auf das Justizsystem von NRW hatte? Wiederholte sich hier eine traumatische Erfahrung, die er bereits in den 1970er Jahren in der FDP gemacht hatte?

Himmlers Tochter Gudrun Burwitz

Heinrich Himmler ist als einer der furchtbarsten Massenmörder in die Geschichte eingegangen. Er war Reichsführer SS, Chef der Polizei und somit oberster Herrscher aller deutschen Vernichtungslager. Sein privates Leben soll er von seinem mörderischen Handeln weitgehend getrennt gehalten haben. Dennoch: In seinem privaten Arbeitszimmer bestanden Stühle und Tische aus Teilen menschlicher Körper. Himmler hatte nur eine Tochter: Die am 8.8.1929 in München geborene Gudrun, von ihren Eltern »Püppi« genannt. Als die 16-Jährige 1945 von seinem Selbstmord erfuhr brach sie körperlich zusammen. Danach schwor sie sich, für den Rest ihres Lebens der Welt ihren Vater in einem anderen Licht darzustellen. Sie blieb auch nach 1945 ihrem Vater treu, leugnete die Verbrechen der Nationalsozialisten sowie die ihres Vaters und betätigte sich zeitlebens, bis zu ihrem Tod im Jahr 2018, in rechtsextremen und neonazistischen Kreisen (vgl. Kaufhold 2018a).

Zur Veranschaulichung dieses lebenslang wirkenden Wahns, dieser unerschütterlichen Identifikation mit dem Nazivater mag diese Szene aus dem Dokumentarfilm *Der Anständige. Heinrich Himmler* (2016) dienen. Dort wird ein Gespräch zwischen Gudrun Himmler und ihre Mutter in dieser Weise wiedergegeben:

> *»›Muss der Onkel Hitler auch sterben?‹ Ich beruhigte sie und sagte: ›Der Onkel Hitler lebt noch ganz lange.‹ Erfreut rief sie: ›Hundert Jahre, ganz lange? Nein Mami, ich weiß: 200 Jahre.‹«*

Ende 1946 lebte Gudrun Himmler, spätere Burwitz, mit ihrer Mutter in den Bodelschwinghschen Anstalten. Vorgeblich dem Geiste der Nächstenliebe für »Behinderte« verpflichtet, bot diese Einrichtung nach dem Krieg zahlreichen hohen Nazis Unterschlupf; einige von ihnen waren dort sogar angestellt.

Bemerkenswert ist insbesondere die Karriere eines Mannes, der gleichfalls mit der Familienbiografie der Finkelgruens verbunden war: Der 1909 in Stettin geborene Ernst Gerke war ein deutscher Jurist, Gestapobeamter und SS-Führer. Er war Chef der Gestapo in Prag und dadurch Vorgesetzter des NS-Täters Anton Malloth.

Gerke war ein früher, überzeugter Nazi-Karrierist: Er trat schon 1932 der SA und der SS bei. Dann wurde er Polizeichef von Hildesheim, ab 1936 leitete er deren Staatspolizeistelle. Von 1939 bis 1942 war er Leiter der Staatspolizeistelle von Breslau und unmittelbar an der Deportation von Breslauer Juden beteiligt. 1942 wurde Gerke Leiter der Gestapo in Prag, in dieser Zeit wurde er zum SS-Obersturmführer befördert. In der Kleinen Festung Theresienstadt ließ er Juden erschießen, insgesamt soll er für die Hinrichtung von über 50 Menschen verantwortlich sein.

Nach dem Krieg wurde Gerke kurz von den Amerikanern festgenommen, vermochte jedoch wieder unterzutauchen und lebte danach unter dem Pseudonym Emil Grabowski. Unter diesem arbeitete der Nationalsozialist ab 1948 bei der Hamburgischen Landesbank, Abteilung

Wiederaufbau. Ab 1957 arbeitete er, wieder unter seinem Familiennamen, als Justitiar der Bodelschwinghschen Anstalten, später wurde er Verwaltungsleiter von Bethel. Ab 1965 arbeitete er bei der Evangelisch-Lutherischen Landeskirche Hannover in Detmold (Kaufhold 2022).

Gertrud Himmler zog es vor, ihren Nachnamen nicht zu behalten: Mit ihrer Heirat mit Wulf-Dieter Burwitz, einem Journalisten aus dem Umfeld der NPD, nahm sie dessen Namen an. Bis zu ihrem Tod im Jahr 2018 lebte sie in dem Münchner Vorort Fürstenried.

1951 wurde die »Stille Hilfe« gegründet, erste Vorsitzende war die adelige, katholische Helene Elisabeth Prinzessin von Isenburg. Unmittelbar nach Kriegsende hatte die Prinzessin ihr Herz für leidende Naziverbrecher im bayrischen Landsberg entdeckt. Deren Begnadigung blieb ihr Hauptanliegen. Die Katholikin wandte sich vertrauensvoll an den Papst und versicherte diesem, dass sie »in die Seelen« der Angeklagten »geschaut« habe. Schröm und Röpke beschreiben, dass dieses Bemühen der Begründerin der »Stillen Hilfe« nicht erfolglos blieb:

> *»Ihr Anruf vom 4. November 1950 blieb nicht ungehört. Sechs Tage später, am 10. November, versprach Pius XII. der Prinzessin ›dass von Rom aus alles getan wird, um den Landsbergern das Leben zu retten.‹«* (Schröm & Röpke 2002, S. 42)

Der scheinbar mildtätige, in Wirklichkeit jedoch rechtsradikale Unterstützerverein sah sich in der Tradition der SS »und arbeitete nach dem Motto von Himmlers Schutzstaffel: ›Unsere Ehre heißt Treue.‹« (ebd.) Die »Stille Hilfe« verstand sich von Anfang an als Hilfsorganisation zur Unterstützung von NS-Tätern wie auch von Protagonisten der »Auschwitz-Lüge«, also von Shoahleugnern wie Thies Christophersen, Manfred Roeder und Ursula Haverbeck.

Anlässlich der Gründung, sechs Jahre nach Kriegsende, hatten sich »ehemalige hochrangige SS-Offiziere mit Würdenträgern der evangelischen und katholischen Kirche« getroffen, darunter ein Altbischof und ein Weihbischof (ebd.). Gefeierter »Star« dieser Szene war von Anfang an die Himmler-Tochter Gudrun Burwitz. Die »Stille Hilfe« genoss jahrzehntelang den Status der Gemeinnützigkeit. Das verlieh ihr »Seriosität« und mit den so generierten, steuerabzugsfähigen Spenden unterstützte der Verein u.a. Klaus Barbie, Erich Priebke, Walter Rauf, Josef Schwammberger und Anton Malloth. Der Status wurde ihr erst 1999, in Folge der Diskussionen um den Malloth-Prozess, nach zahlreichen Anfragen von SPD- und Grünen-Abgeordneten entzogen.

Prominentester bzw. wirkmächtigster Unterstützer der »Stillen Hilfe«
war wohl der militärisch hoch dekorierte Altnazi und Kampfflieger
Hans-Ulrich Rudel (1916–1982). Nach dem Krieg betätigte Rudel sich
als NS-Fluchthelfer, Waffenhändler und Unterstützer der rechtsextremen Deutschen Reichspartei (DRP). Rudel verfügte über exzellente
Beziehungen und war maßgeblich daran beteiligt, prominente Nazis auf
der »Rattenlinie« nach Südamerika zu schleusen. Auf diesem Weg war er
1948 selbst nach Argentinien geflohen. Der Vatikan erwies sich hierbei
als treuer Unterstützer.

Viele dieser gut ausgebildeten Nazis arbeiteten bald darauf mit westli-
chen sowie mit lateinamerikanischen Geheimdiensten zusammen. Der
Nationalsozialismus war besiegt, der Kalte Krieg beherrschte die Ta-
gespolitik. Moralische Skrupel, mit Nazis zusammen zu arbeiten, gab
es kaum noch. Dies galt im selben Ausmaß für die »antifaschistische«
DDR. Dort gab es, nebenbei bemerkt, auch nicht weniger Neonazis
als in der Bundesrepublik, was sich insbesondere in den 1980er Jahren
zeigte; nur durften sich diese phasenweise nicht so eindeutig öffentlich
positionieren.[25]

Quasi »natürliche« Kooperationspartner der »Stillen Hilfe« waren
Gruppen wie die Organisation *Odessa* (Organisation der ehemaligen SS-
Angehörigen) sowie die *HIAG* (Hilfsgemeinschaft auf Gegenseitigkeit).
So nahmen Anfang der 1960er Jahre an einem Treffen der *Odessa* in
Südspanien 100 ehemalige SS-Angehörige teil (Schröm & Röpke, S. 58).
Der US-Geheimdienst war über das Treffen informiert. Hauptanlass
für diese Nazi-Zusammenkunft war die Entführung Eichmanns durch
den israelischen Geheimdienst:

>*»Die Odessa erklärt dem Staat Israel den Krieg«,*

hieß es auf dem Treffen. Deshalb sei eine Kooperation »mit den Kameraden der Arabischen Liga« sinnvoll (ebd., S. 58).

Kritische – insbesondere jüdische – Journalisten wie Peter Finkelgruen,
die sich mit ihren beharrlichen Recherchen dem Verschweigen, dem
Untertauchen hochrangiger SS-Täter in den Weg stellten, waren für
diese Gruppierungen konkrete Gegner. Mehr noch: »Insistierende« Juden wie Peter Finkelgruen – also der Enkel des von Malloth zu Tode
getretenen Martin Finkelgrün – galten als »Todfeinde«.

---

[25]vgl. u.a.: Sabine Adler (2019): *Die DDR und ihre Neonazis. Real existierender Rechtsextre-
mismus*, Deutschlandfunk, 10.10.2019; *Rechtsextremismus in der DDR: Real existierende
Neonazis*, Der Spiegel, 22.1.2015; Roland Kaufhold (2019): *Nach Auschwitz: Schwieriges
Erbe DDR*, haGalil, 8.6.2019.

Die »Stille Hilfe« und die von ihr unterstützten hohen Nazis verfügten, wie Schröm und Röpke sowie zahlreiche weitere Autoren dargelegt haben, auch über exzellente Kontakte zur Justiz sowie zum Auswärtigen Amt. Von Verhaftung bedrohte Nazis wurden in vielen Fällen rechtzeitig gewarnt, konnten noch vor ihrer drohenden Verhaftung in ein anderes Land fliehen bzw. eine neue Identität annehmen.

Dies war der Hauptgrund dafür, dass Generalstaatsanwalt Fritz Bauer sich gezwungen sah, den israelischen Geheimdienst bei einem Aufenthalt in Israel über den Aufenthaltsort von Eichmann zu informieren, was im Mai 1960 zur Entführung Eichmanns im Argentinien führte. Der Jude und erfahrene Jurist Fritz Bauer misstraute der deutschen Justiz und Politik zutiefst. Er wusste, dass diese kein wirkliches Interesse an einer Verhaftung und Verurteilung Eichmanns hatte.

Neuere zeit- und standesgeschichtliche Forschungen haben diese Einschätzung von Schröm & Röpke vielfältig belegt. »BKA distanziert sich von seinen braunen Wurzeln« titelte die *Süddeutsche Zeitung* am 25.6.2012. Ende 2019 legte NRW-Innenminister Reul ein Gutachten vor dass selbst ihn als eher konservativen »Haudegen« sichtlich erschütterte: Vier von sechs früheren Leitern des LKA NRW waren NS-Verbrecher und »pflegten auch nach dem Krieg alte Seilschaften« wie *Der Spiegel* (16.12.2019) schrieb. Das Gutachten zeige »ein sehr bedrückendes Ergebnis«, fügte der amtierende LKA-Chef Frank Hoever hinzu.

> *»Von den sechs ehemaligen LKA-Direktoren müssen die ersten vier Direktoren als Täter des NS-Unrechtsregimes in der Zeit bis Mai 1945 bezeichnet werden. Das hat mich sehr erschüttert!«*
> (ebd.)

Und NRW-Innenminister Reul konstatierte:

> *»Das Ergebnis ist umso erschreckender, als die Genannten in ihrem Amt teilweise eine Seilschaft aus der NS-Zeit pflegten. (…)* *»Aus heutiger Sicht hätten sie niemals mehr als Polizisten arbeiten dürfen.«*

Es gab auch gegenläufige Engagements: Bekannt ist das Beispiel des 1938 geborenen, engagierten Kölner Staatsanwalts Rolf Holtfort, der sich ab 1973 unermüdlich für die Aufspürung und Inhaftierung von hohen Naziverbrechern engagierte. Sowohl zur Verurteilung von Lischka, Heinrichsohn und Hagen in Köln – bei der ihn Peter Finkelgruen als Journalist hautnah erlebte – als auch zur Verurteilung von Klaus Barbie sowie bei der Verfolgung von Alois Brunner trug Holtfort maßgeblich bei. Holtforts 26-jähriger Sohn kam, dies sei angemerkt, unter nicht eindeutig geklärten Gründen bei einer Radtour ums Leben. 1985 wurde Holtfort wegen seines Eifers auf stillem Wege beruflich degradiert:

> *»Zunächst verbot ihm der Kölner Generalstaatsanwalt Walter Fromm, dessen Nazi-Vergangenheit erst Jahre später publik werden sollte, weitere Ermittlungen in Sachen NS-Verbrechen – und somit auch im Fall Brunner. Danach dauerte es nicht mehr lange und Holtfort wurde versetzt (…) Statt um Kriegsverbrecher kümmerte sich Holtfort fortan um Ladendiebe und Einbrecher.«* (Schröm & Röpke, S. 52; vgl. Kaufhold 2013)

Ein mit Malloth vergleichbarer Fall war der ehemalige Auschwitz-Aufseher Gottfried Weise (1921–2002); auch Weise wurde von der »Stillen Hilfe« betreut. Weise wurde ab 1986 gleichfalls in Nordrhein-Westfalen – in Wuppertal – wegen fünffachen Mordes angeklagt. 1988 wurde er zu lebenslanger Haft verurteilt. Er legte Revision ein und floh im April 1989 auf geheimnisvolle Weise in die Schweiz:

> *»Auf seltsamem Wege hatte Gottfried Weise einige Tage vor den Vollzugsbeamten das Urteil in seinem Briefkasten gehabt und konnte so unbehelligt untertauchen.«* (ebd., S. 62)

Im internen Rundbrief der »Stillen Hilfe« wurden kurz danach Einzelheiten der Fahndungsmaßnahmen gegen Weise mitgeteilt: »Die Fahndung soll auf das Ausland ausgedehnt werden«, hieß es dort (ebd.). Wenige Wochen später wurde Weise nach einem Schlaganfall doch inhaftiert – und informierte die »Stille Hilfe« weiterhin über sein schweres Schicksal. Er blieb ein ewiges Opfer – der »jüdischen Rachsucht«, so die Selbstwahrnehmung im antisemitischen Wahn (Salzborn 2018).

Die politischen Unterstützer der »Stillen Hilfe«

Die »Stille Hilfe« konnte bei ihrer Unterstützerarbeit für verurteilte Nazis auf nicht unbeträchtliche Gelder zurückgreifen: Sie erhielten Spenden und Nachlässe nicht nur aus Deutschland, sondern auch aus Australien, Kanada, Amerika und Österreich. So erhielt sie 1960 über 135.000 Mark; 1994 erhielt der Verein 150.000 Mark an Spenden; 280.000 Mark lagen noch auf Festgeldkonten (S. 80).

Laut Schröm & Röpke (2002) konnte sich der Verein insbesondere auf die Unterstützung hoher konservativer Politiker verlassen. Alfred Dregger, der dem »Stahlhelmflügel« der hessischen CDU zugerechnet wurde und von 1982 bis 1991 Fraktionsvorsitzender der CDU im Bundestag war, stand in brieflichem Kontakt zur »Stillen Hilfe« und setzte bei den gemeinsamen Bemühungen um eine Freilassung bzw. Begnadigung von verurteilten Kriegsverbrechern auf eine »stille Diplomatie«. Noch 1999 setzte er sich in einem Brief an den italienischen Staatspräsidenten für eine Begnadigung Priebkes ein. Dieser sei, so schrieb Dregger seinerzeit, »ein Objekt der unversöhnlichen Rache« geworden (S. 197).

Auch Franz Josef Strauß wird von Schröm & Röpke (2002) als ein enger Vertrauter der »Stillen Hilfe« beschrieben. Der Kontakt zu ihm lief vor allem über den Juristen Rudolf Aschenauer (1913–1983), der als Strafverteidiger in zahlreichen Kriegsverbrecherprozessen auftrat. Er war als Publizist und zeitweiliger Vorsitzender der »Stillen Hilfe« im rechtsextremen Spektrum tief verankert. Während der Verein per Anwalt um die Freiheit von Anton Malloth kämpfte, setzte er sich zeitgleich beim Niedersächsischen Ministerpräsidenten Ernst Albrecht für die Begnadigung des NSdAP-Mitgliedes Erich Gustav Scharftretter ein.

Öffentlich bekannter wurde die hartnäckige Lobbyarbeit der »Stillen Hilfe« für Kriegsverbrecher Anfang der 1990er Jahre durch Recherchen einiger Aktivisten wie Michael Quelle, durch einige Pressebeiträge sowie durch parlamentarische Anfragen von SPD-Abgeordneten wie Siegfried Vergin. Anfang Januar 1994 fand in der israelischen Knesset sogar eine Sonderdebatte über die »Stille Hilfe« statt (ebd., S. 120). Ein Verschweigen ihres Wirkens war nun nicht mehr möglich.

Als im Sommer 1995 in NRW mit Fritz Behrens ein neuer sozialdemokratischer Justizminister ins Amt kam, schöpfte Peter Finkelgruen wieder Hoffnung. Bestand doch noch die Chance, dass Malloth angeklagt, dass seine Verantwortung überprüft würde? Gab es – 50 Jahre nach dem Ende der Schoah – Anlass für die Hoffnung, dass geschichtsleugnenden Gruppierungen wie der »Stillen Hilfe« endlich der Einfluss entzogen wurde? Im *Spiegel* (21.10.1996, Nr. 43) erschien ein Interview mit Behrens – passend betitelt mit »Bis zum bitteren Ende« – in dem Behrens auf die bis in die Gegenwart wirksame Verstrickung der NRW-Justiz mit dem Nationalsozialismus angesprochen wurde.

> Auf die Frage:»*Herr Minister, die nordrheinwestfälische Justiz beschäftigt sich derzeit mit mehreren spektakulären Nazi-Verbrechen. Hat die Gerechtigkeit 51 Jahre nach Kriegsende überhaupt noch eine Chance?*« antwortete Behrens: »*Da bin ich skeptisch. Aber wir müssen diese Verfahren dennoch führen. Es geht um das Erinnern, das Wachhalten, um Wiedergutmachung.*«

Behrens gelobte Aufklärung, Besserung. Den kurzzeitig erwogenen Plan, Malloth zu entführen – vergleichbar mit der gescheiterten Entführung von Lischka durch die Klarsfelds 1971 (vgl. Kaufhold 2013) oder der gelungenen Entführung von Eichmann durch den israelischen Mossad 1960 – gab Finkelgruen endgültig auf. Er vertraute auf den demokratischen Rechtsstaat. Finkelgruen vereinbarte ein persönliches Gespräch mit Justizminister Behrens, um zu klären, ob sich dessen eher allgemein gehaltenen Äußerungen auch konkret auf Malloth übertragen ließen. In diesem Gespräch wies er den Justizminister auch darauf hin, dass Gudrun Burwitz persönlich die Betreuung Malloths übernommen hatte (ebd., S. 143). Der Neuanfang in NRW führte jedoch zu keiner Veränderung im Prozessablauf. Oberstaatsanwalt Schacht blieb zuständig. Und zeichnete sich weiterhin vor allem durch Inaktivität aus – solange es nicht um die eigene Person ging, so Finkelgruens über Jahre gewonnene ernüchternde Erfahrung (vgl. Finkelgruen 1999, 2012). 1999 stellte Schacht das Verfahren gegen Malloth wegen Mordes »gemäß Paragraph 170 II StPO« endgültig ein (ebd., S. 183f,). Für Gudrun Burwitz und ihre »Stille Hilfe« war dies ein großer Sieg. Vorerst.

Die diskrete Unterstützung Malloths in der Pullacher Seniorenresidenz

Peter Finkelgruen ahnte vor allem in den ersten Jahren seiner Recherchen zu Malloth nichts von der »diskreten«, aber dennoch massiven und wirkträchtigen Unterstützung Malloths durch die »Stillen Hilfe«. Er recherchierte in Eigeninitiative, selbst finanziert und sammelte Material gegen den Mörder seines Großvaters. Seinen organisierten Gegenspielern war sein Engagement bekannt. Er war einer ihrer Hauptgegner. Dennoch wunderte sich Finkelgruen, wie gut der in Italien sowie der ČSSR rechtskräftig verurteilte Mörder versorgt war. In seiner 2002 verfassten Retrospektive zum Malloth-Prozess bemerkt Finkelgruen:

> *»Der ehemalige SS-Mann Anton Malloth, Besitzer eines Hauses in Meran, erhielt aus Steuergeldern Sozialhilfe, die seinen Aufenthalt in einem Altersheim für ›Künstler und Selbständige‹ in Pullach mit abdecken sollte. Kein Wunder, dass es Gudrun Burwitz, Tochter von Heinrich Himmler und tragende Säule des Vereins ›Stille Hilfe‹ (...) möglich war, in den Mitteilungen des Vereins mit Zufriedenheit darauf hinzuweisen, Anton Malloth sei in München ›gut untergebracht‹. Die Sorge, dass dies nicht so sein könnte, war völlig unangebracht. Anton Malloth war von der deutschen Justiz nie bedroht.«* (Finkelgruen 2002, S. 108)

Als Anton Malloth am 10.8.1988 nach Deutschland abgeschoben wurde, schlug Gertrud Burwitz große Stunde. Acht Monate später, am 26. April 1989, wurde die Mitgliederversammlung der »Stillen Hilfe« unter Vorsitz von Adelheid Klug durchgeführt. Klug wies gleich zu Beginn der Veranstaltung, ganz im Sinne des bagatellisierenden Vereinsnamens, darauf hin, ich zitiere aus den Unterlagen der »Stillen Hilfe«:

> *»(...) dass wir uns gerade in der augenblicklich politisch so aufgeheizten Zeit unauffällig und still verhalten müssen.«* (S. 39)

Gudrun Burwitz war als prominentestes Aushängeschild des Vereins nach Rotenburg (Wümme) gereist, sie stellte dort ihren Jahresbericht vor. Zum Stand der Betreuung führte sie aus: 12 lebenslänglich Verurteilte, 4 Personen mit Zeitstrafen sowie 8 noch laufende Verfahren. Sie informierte die Versammlung auch über das seit acht Monaten laufende Verfahren gegen Malloth: Dieser werde seit seiner Abschiebung »unter menschenunwürdigen Umständen« (ebd., S. 40) in München festgehalten. Er habe sich selbst an die »Stille Hilfe« gewandt. Seine Situation beschrieb Malloth, der als nationalsozialistischer SS-Aufseher keinerlei Mitleid mit seinen jüdischen Opfern gehabt hatte und Martin

Finkelgrün in der Kleinen Festung Theresienstadt am 10.12.1942 tottrat, in wehleidigen Worten:

> *»Ich bin in einer furchtbaren Lage, habe keinen Rechtsschutz (…) Untergebracht bin ich vom Sozialamt München in einem Wohnheim für Alkoholiker, Homosexuelle und Penner. Ich bitte Sie, mich dort herauszuholen und mir zu helfen, da ich völlig mittellos bin.«* (ebd., S. 40)

Burwitz kümmerte sich um Malloth. In den folgenden beiden Heften des internen, zweimal pro Jahr erscheinenden Magazins wurden die Erfolge dieser Bemühungen beschrieben:

> *»Unserer Münchener Betreuerin gelang es, Anton Malloth in ein gut geführtes Altersheim einweisen zu lassen, wo er nun auf den Beginn seines Verfahrens wartet.«* (ebd., S. 40)

Zwölf Jahre lang wohnte der Mörder Malloth in diesem gut geführten Haus. Es stand auf historischem Boden: Auf diesem Grundstück hatte Rudolf Heß seinen Alterssitz geplant.

Ein Epilog

Am 25.5.2000 wurde Anton Malloth wegen »hinreichende(n) Verdacht(es) des versuchten Mordes und des vollendeten Mordes in drei Fällen« (ebd., S. 186) verhaftet und in München-Stadelheim in Untersuchungshaft gebracht:

> »Noch am gleichen Tag fuhr Kuchenbauer nach Südtirol, um bei Malloths Tochter in Meran eine Hausdurchsuchung vorzunehmen. Anschließend arbeitete er eine 82 Seiten umfassende Anklageschrift aus.« (Schröm & Röpke, 2002, S. 186)

Am 15.12.2000 erfolgte die Anklage, am 23.4.2001 begann der Prozess. Die Historikerin und Journalistin Andrea Übelhack (spätere Livnat), Redakteurin des Internetmagazins haGalil.com veröffentlichte bereits am nächsten Tag auf *haGalil* einen mit »Mitleid mit einem alten Greis?« betitelten Beitrag zum Prozess:

> »Schon der Weg in den »Gerichtssaal« ist unangenehm. Der Prozeß gegen den 89-jährigen Anton Malloth findet in der Justizvollzugsanstalt statt, da man dem Angeklagten die Fahrten ins Gerichtsgebäude nicht zumuten möchte. Daher Stadelheim. Warten im Eingangsbereich, eine schwer zu beschreibende Unruhe, auch unter den routinierten Journalisten, Sprachengewirr, Deutsch, Tschechisch, Hebräisch, Zigarettenqualm, ständig der Türsummer. (...) Was bleibt? Welches Gefühl hinterlässt dieser Nachmittag? (...) Mitleid kam mir keine einzige Minute in den Sinn. Was bleibt ist Ekel. Ekel vor einem alten Greis, der von einem Speiseröhrentumor spricht und diesen nicht untersuchen läßt, der bei jeder Visite über Knochenschmerzen klagt, aber die Bedarfsmedikation dann nicht nutzt, der seine Staatsangehörigkeit nicht weiß und angeblich auch der Anklageschrift nicht folgen kann. Der vor 60 Jahren unvorstellbar grausame Taten beging und über den man heute sagen muß, man dürfe kein Mitleid mit ihm haben.« (Übelhack, 2001)

Fünf Wochen später, am 30.5.2001, erfolgte das Urteil des Landgerichts München: lebenslange Haft wegen Mordes und versuchten Mordes. Malloth war 89 Jahre alt. Nach dem Urteil fühlte Peter Finkelgruen sich erleichtert. Der Vorgang war für ihn jetzt auch seelisch abgeschlossen – soweit das überhaupt geht. 17 Monate später, am 31.10.2002, verstarb Malloth an Krebs. Zehn Tage zuvor war er als haftunfähig aus der Haft entlassen worden.

Der israelische Regisseur Joshua Sobol bearbeitete das Material von Peter Finkelgruens Recherchen für die Bühne: Das Theaterstück *Schöner Toni* wurde ab 1994 in Israel sowie auch in Deutschland mehrfach aufgeführt. Filmisch dokumentiert wurde Peter Finkelgruens jahrelanger Kampf von Dietrich Schubert in seinem Dokumentarfilm *Unterwegs als sicherer Ort* (Deutschland, 1997).

Literatur

Finkelgruen, P. (1992): Erlkönigs Reich. Die Geschichte einer Täuschung. Reinbek: Rowohlt

Finkelgruen, P. (1999): Haus Deutschland oder Die Geschichte eines ungesühnten Mordes. Reinbek: Rowohlt

Finkelgruen, P. (2002): Haus Deutschland oder die Geschichte eines ungesühnten Mordes. Berlin: Rowohlt.

Kaufhold, R. (2013): Im KZ-Drillich vor Gericht: Ein Sammelband beschreibt, wie Serge und Beate Klarsfeld Schoa-Täter aufspürten und der Gerechtigkeit zuführten, Jüdische Allgemeine, 6.7.2013.

Kaufhold, R. (2016): Briefwechsel: Geschichte einer Freundschaft. Die bemerkenswerte Korrespondenz von Fritz Bauer an Thomas Harlan, Jüdische Allgemeine, 7.1.2016.

Kaufhold, R. (2018a): Der Tod einer Nazi-Ikone. Gudrun Burwitz, Protagonistin des Nazi-Unterstützervereins Stille Hilfe, ist tot, haGalil, 3.7.2018.

Kaufhold, R. (2018c): Adresse der Linksliberalen. In Köln erinnerte eine Festveranstaltung an die Gründung des Liberalen Zentrums vor 40 Jahren, Neues Deutschland, 27.8.2018.

Kaufhold, R. (2018d): Radikaldemokraten und Liberale unter einem Dach. Vor 40 Jahren wurde in Köln das Liberale Zentrum gegründet, haGalil.

Kaufhold, R. (2019a): Die Unangepassten. Vor 40 Jahren verfasste Peter Finkelgruen ein Buch über die Kölner Edelweißpiraten, Jüdische Allgemeine, 6.10.2019.

Kaufhold, R. (2019b): Die »Kölner Kontroverse«. Bücher über die Edelweißpiraten (1980 – 2019)

Kaufhold, R. (2019c): Eine jüdische APO. Vor 40 Jahren gründeten Henryk M. Broder und Peter Finkelgruen in Köln die »Freie Jüdische Stimme«, Jüdische Allgemeine, 4.7.2019

Kaufhold, R. (2019d): Eine »jüdische Apo«. Die Freie jüdische Stimme (1979 – 1980), haGalil, 7.7.2019

Kaufhold, R. (2022): Himmlers Tochter oder: Die „Stille Hilfe" für den Mörder in der Pullacher Seniorenresidenz, in haGalil, 26.8.2022

Schlaff, B. / M. Schlaff & G. Hettinger (2016): Der Anständige. Heinrich Himmler, Dokumentarfilm, ARTE

Schröm, O. & und A. Röpke (2002): Stille Hilfe für braune Kameraden. Das geheime Netzwerk der Alt-und Neonazis. Ch. Links Verlag.

Schmitz, T. (2000): Blutbande: »Stille Hilfe«, die letzte Nazi-Organisation. In: Schmitz, T. In Hitlers Schatten, Gerlingen, S. 159-170.

Übelhack, A. (2001): Prozess gegen Anton Malloth eröffnet: Mitleid mit einem alten Greis?, haGalil, 24.4.2001.

Wildt, M. & K. Himmler (2014): Himmler privat. Briefe eines Massenmörders. München: Piper-Verlag.

»Der Mörder, der offenbar
einen Schutzengel hat«

1989–2002: Der Prozess gegen Anton Malloth

*»Dies ist die Geschichte eines ungesühnten Mordes. Ist ein perfek-
ter Mord einer, der begangen und nicht entdeckt wird? Oder ist der
perfekte Mord jener, der auf offener Bühne vor den Augen aller
begangen wird? Ich stieß auf einen Mord und auf einen Mörder.
Ich wechselte vom Chronisten zum Detektiv. Zum Schnüffler.
Es war unmöglich, der Lebensgeschichte der Eltern nachzugehen,
ohne diesen Mord zu schildern und die Tatsache, dass er zu den
Akten gelegt worden war, obwohl Mord und Mörder bekannt
sind.«* Finkelgruens Einleitung zu *Haus Deutschland* (1992, S. 9).

Anton Malloth in Pullach, Foto: ©Wolfgang Borrs, an den Rändern bearbeitet.

Anton Malloth hat Peter Finkelgruens Leben wohl am stärksten beeinträchtigt: Malloth hat Peter Finkelgruens Großvaters Martin Finkelgrün
am 10.12.1942 kurz nach dessen Ankunft in der Kleinen Festung Theresienstadt totgetreten. Der »schöne Toni«, wie Malloth in Theresienstadt
genannt wurde, war wegen seiner Gewalttätigkeit einer der gefürch-
tetsten Aufseher in Theresienstadt und an zahlreichen Morden beteiligt.

Als Peter Finkelgruen begann, sich in die Akten über diesen Verbrecher einzuarbeiten, war derart erschüttert, dass es ihn innerlich zerriss. Mehr als zerriss. Je mehr er las – in seinem »Vorlass«[26] füllen sie etwa 20 Aktenordner –, desto stärker wurde er von den Fakten des willkürlichen Mordens an Juden durch Deutsche überschwemmt. Dem seit Jahren in der Pullacher Seniorenresidenz lebenden, betagten Mörder vermochte Finkelgruen seit dem Sommer 1988 – seit seiner Rückkehr aus Israel nach Köln – nicht mehr auszuweichen.

An Bord der Paloma war Finkelgruen im Sommer 1988 von Haifa nach Piräus gefahren. Dort kauft er sich eine deutschsprachige Tageszeitung, vor seiner Weiterreise nach Deutschland. Seit einigen Tagen hat der Journalist nichts mehr über die Weltereignisse erfahren. Dann stößt er auf Seite fünf auf eine scheinbar belanglose Kurzmeldung:

> *»Der 1948 in der ČSSR als Kriegsverbrecher zum Tode verurteilte Anton Malloth ist von Italien in die Bundesrepublik abgeschoben worden.«* (Haus Deutschland, S. 11)

Weiter wird vermeldet, dass die Staatsanwaltschaft in Dortmund »kein Interesse an der Auslieferung des KZ-Wächters gehabt habe, da *kein dringender Tatverdacht* gegeben sei.« (ebd., Kursivsetzung im Original). Anfangs dachte er noch, dass es »ganz einfach sein« würde, »dieser Geschichte nachzugehen. (…) Ich ahnte nicht, wie sehr ich mich täuschte.« (ebd., S. 12) In den Monaten und Jahren danach stand Finkelgruen am Abgrund, immer wieder und wieder. Aber der in großer Isolation und Armut in Shanghai Aufgewachsene beschloss, zu kämpfen. Er kämpfte auch für seinen willkürlich totgetretenen Großvater Martin.

In der direkten Auseinandersetzung mit dem ungesühnten Mord verbrachte Finkelgruen 13 Jahre. Zwei Bücher, mehrere Buchbeiträge, zwei Filme und ein Theaterstück (Joshua Sobol) entstanden aus seinen unermüdlichen Bemühungen, den Mörder durch deutsche Gerichte verurteilen zu lassen. Drei konkrete Angebote, den Mörder auf privater Ebene zur Verantwortung zu ziehen – Malloth also etwa wie SS-Obersturmbannführer Adolf Eichmann im Mai 1960 in Argentinien entführen zu lassen; oder wie die gescheiterte Entführung Kurt Lischkas am 22.3.1971 in Köln durch Beate Klarsfeld – lehnte er ab. Er vertraute auf die deutsche Justiz, den demokratischen Rechtsstaat – und wurde mehrfach bitter enttäuscht. Bei der Aufarbeitung dieses für Finkelgruen traumatisierenden Themenkomplexes in dieser Studie ist mir Finkelgruens Entscheidung zeitweise als fragwürdig erschienen.

---

[26] Archiv der Stiftung Rheinisch-Westfälisches Wirtschaftsarchiv zu Köln (RWWA), Vorlass Peter Finkelgruen, Köln, Nr. RWWA 570-16-1.

Mangelnde »Aufarbeitung« der NS-Justiz: Wissenschaftliche und journalistische Belege

Neben Finkelgruens Werken haben mehrere Fernsehsendungen und eine Vielzahl von Zeitungs- und Buchbeiträgen den »Fall Malloth« thematisiert. Schröm & Röpke (2002) haben die Justizgeschichte Malloth in ihrem Buch über NS-Täter gleichfalls umfänglich rekonstruiert. Selten in der an Skandalen nicht armen Geschichte der bundesrepublikanischen NS-Aufarbeitung[27] schien das Bemühen von Teilen der NRW-Justiz so eindeutig, den Verantwortlichen zu schützen. Die überlebenden Opfer, die Rückkehrer und deren Nachkommen wurden hierdurch noch zusätzlich traumatisiert. Die Verfolgten, die Ermordeten wurden endgültig aus dem kollektiven Gedächtnis ausgestoßen. Eine kleine geschichtspolitische »Polemik« sei gestattet: Dies korrespondierte mit dem geschichtsverleugnenden Erbe von Walser, Grass, Höcke und Augstein…

Neue Forschungen untermauern den in dieser Studie nachgezeichneten Befund: So kommt der ehemalige Richter Karl-Heinz Keldungs (vgl. Keldungs 2019) im historischen Rückblick zu einem niederschmetternden Urteil. Im *Welt*-Interview wirft er vielen damaligen Richtern vor, »sie hätten sich nicht ausreichend mit den Straftaten der Aufseher auseinandergesetzt« – die Urteile seien zu milde gewesen:

> *»Natürlich hat es viele Nazis unter den Nachkriegsrichtern gegeben. Aber das war nicht der einzige Grund. Es hatte auch mit der Stimmung in der Bundesrepublik zu tun. Die Nachkriegszeit war gekennzeichnet von einem lähmenden Geist. Viele Menschen wollten die Gräueltaten der Nazis nicht an sich heranlassen. Sie sahen immer noch die positiven Momente des NS-Staates. Von dieser Haltung waren auch die Richter nicht frei. Es gibt Verfahren, wie etwa das gegen sechs Angeklagte des Vernichtungslagers Sobibor am Landgericht Hamburg, bei denen alle wegen Putativnotstands freigesprochen wurden.«* (Die Welt, 6.1.2020)

Peter Finkelgruen ist geradezu euphorisch, als er mir vor sechs Jahren eine Vielzahl von Aktenordnern zum »Fall Malloth« übergibt, mit einer unüberschaubaren Sammlung von Gerichtsakten, Briefkorrespondenzen und Zeitungsbeiträgen: »Hier hast Du alles!«

---

[27] Die Geschichte der DDR und ihrer »Aufarbeitung« der nationalsozialistischen Verbrechen sowie deren personeller Kontinuität nach 1945 wäre ein eigenes Thema, das jedoch in keinster Weise zu vorteilhaften Ergebnissen kommt (vgl. Meenzen 2010; Wagner 2017; Heitzer, Jander, Kahane & Poutrus 2018)

Der Gerichtsprozess hatte sich 13 Jahre lang hingezogen. Immer wieder versuchten Richter, insbesondere der Dortmunder Oberstaatsanwalt, die Akten zu schließen. Hiergegen wehrte sich Finkelgruen über ein Jahrzehnt lang. Er vermochte mit dem offenkundigen, schreienden Unrecht nicht zu leben. Anton Malloth erfuhr, wie nachfolgend rekonstruiert wird, über mehrere Jahrzehnte hinweg massiven Schutz. Erst als Greis wurde er verurteilt – ausgerechnet durch die bayrische CSU-Justiz, nicht durch die sozialdemokratisch geprägte NRW-Justiz.

Die Lektüre dieser institutionalisierten Einfühlungsverweigerung, dieses Schutzes der Täter durch die Mehrheitsgesellschaft sowie großer Teile der Justiz, ist am Beispiel mehrerer großer NS-Prozessen dokumentiert worden. Der 1942 geborene Journalist Ernst Klee hat seine viele Jahrzehnte überdauernden Forschungen über die NS-Zeit in dem monumentalen Werk *Täter, Opfer und was aus ihnen wurde. Ein Personenlexikon* zusammen geführt. Klee schickt seinem Werk die Mahnung voraus:

> *»Wer Auschwitz zu beschreiben versucht, bewegt sich an der Grenze der Belastbarkeit. Nur: Was wir kaum ertragen, beschreiben zu müssen, mussten Menschen am eigenen Leib erfahren. Was besonders bedrückt: Viele gingen zugrunde, ohne je gelebt zu haben. Kaum einer, der überlebte, erfuhr annähernd ein gutes Leben als Ausgleich seiner Leiden.«* (Ernst Klee, 2013)

Dieser Berg von Materialien, dieser 13 Jahre andauernde, scheinbar ausweglose juristische Kampf Finkelgruens gegen eine NRW-Justiz muss bei der Lektüre als verstörend erscheinen. Seine Auseinandersetzung hiermit hat auch Finkelgruens Gesundheit nicht gut getan. Für mich sind es Dokument eines Fortwirkens der Barbarei auch 50 Jahre nach Ende der Shoah (vgl. auch Kaufhold/Hristeva 2022).

Zu vergleichbaren Erkenntnissen wie Klee kommt auch der Journalist Hellmuth Vensky in seinem Zeit-Beitrag (8.2.2009) über den NS-Verbrecher Josef Mengele. Überschrieben ist dieser mit »Der lange Schutz für die Nazi-Täter«.

Nachfolgend stelle ich die Vorgeschichte des NS-Täters Malloth, dessen über ein halbes Jahrhundert überspannende Fluchtgeschichte sowie den von Finkelgruen in die Wege gebrachten Justizprozess gegen Malloth in zeitlich chronologischer Reihenfolge vor. Finkelgruens eigene Geschichte, seine Involvierung in diesen Gerichtsprozess, schimmert hierbei immer wieder durch, methodischer Ansatz ist jedoch die distanzierte Rekonstruktion der Chronologie dieses NS-Prozesses.

Vorgeschichte: Der NS-Täter Anton Malloth.
Ein staatsanwaltschaftliches Protokoll (22.8.1988)

Der am 13.2.1912 in Innsbruck geborene Anton Malloth wuchs in der in
Südtirol gelegenen Kleinstadt Meran auf. Meran hat heute knapp 40.000
Einwohner. Malloths Pflegeeltern betrieben ein Gasthaus. Finkelgruen
hat versucht, gegen sein inneres Unbehagen, Malloths Kindheit nach-
zuzeichnen. Einige Selbstaussagen Malloths entnahm er den Gerichtsakten. Über Malloths Kindheit schreibt er:

> *»Seinen Vater kannte er nicht. Seine Mutter sah er wohl nur
> gelegentlich. Die Zieheltern ließen ihn Kind sein. Zu hungern
> brauchte er nie. Wenn er Fieber hatte, pflegten sie ihn. Mit ih-
> ren Töchtern durfte er spielen. Vermutlich hätten sie gern einen
> eigenen Sohn gehabt und haben ihn sozusagen als Ersatz in Pflege
> genommen.«* (*Haus Deutschland*, S. 38)

Nach der Schule, die für ihn 14-jährig nach der achten Klasse endete,
machte Malloth eine Ausbildung zum Fleischhauer, mit 17 Jahren trat
er eine Stelle als Geselle bei einem Fleischhauer in Meran an. Dort blieb
er jedoch nur ein Jahr. Danach wechselte er für ein Jahr als Geselle
zu einem anderen Metzger – bis er sich für 1½ Jahre die italienische
Uniform anzog. Eine Tochter seiner Zieheltern betrieb im benachbarten
Obermais einen kleinen Lebensmittelladen, dort arbeitete Malloth zur
Aushilfe. Es folgten, in Fortsetzung der von Fragmentierungen geprägten Biografie des späteren NS-Täters, vier Jahre als »Barmixer in einer
Wein- und Getränkehandlung«; diese Angaben findet Finkelgruen in ei-
nem vom Dortmunder Oberstaatsanwalt Schacht sehr kurz gehaltenem
»Vernehmungsprotokoll«. Psychologisch gesehen machte Malloth den
Gesamteindruck eines biografisch Entwurzelten, eines von unbewuss-
ten Motiven Getriebenen. Malloth begann wohl auch bereits in dieser
Lebensphase, sich regelmäßig mit Alkohol zu betäuben.

Danach wurde Anton Malloth Obergefreiter. Er war nun 27 Jahre alt.

Malloth war – dieser Aspekt spielt für den weiteren Verlauf dieser
Geschichte eine große Rolle – von seinen Papieren her Italiener, optierte
im Herbst 1939, nach dem »Anschluss« Österreichs, aber für Deutschland. So konnte er auch den Wehrdienst in Österreich umgehen. Am
12.2.1940 erhielt er vom Landeshauptmann von Tirol die Einbürgerungsurkunde (Schröm & Röpke 2002, S. 25). 1942 heiratete Malloth,
bald darauf bekam er ein Kind. Die Existenz eines weiteren Kindes, mit
einer anderen Frau, verheimlichte er. Bekannt wurde dies später, weil
er die Unterstützergelder für sein Kind nicht zu zahlen bereit war.

Im Juni 1940 trat Malloth eine Stelle als Aufseher im Gefängnis Kleine Festung Theresienstadt an. Dort blieb er knapp fünf Jahre, bis zur Befreiung von Theresienstadt im Mai 1945. »Mein Entschluss« – sollte Malloth sich ein halbes Jahrhundert später in der »Anhörung« des Dortmunder Oberstaatsanwaltes Klaus Schacht am 22./23.8.1988 erinnern – in der Grenzpolizei und dann in Theresienstadt als SS-Mann zu wirken, »hatte auch nichts damit zu tun, dass ich das Judentum bekämpfen wollte…«. Auch nicht, »weil ich mich für Hitlers Politik besonders interessiert hätte; ich kannte ihn kaum.« Er fügt hinzu:

> *»Mein Entschluss, mich zur Grenzpolizei zu melden, hatte auch nichts damit zu tun, dass ich das Judentum bekämpfen wollte. Mein Jugendtraum war es eigentlich immer gewesen, Kriminalist zu werden.«* (*Haus Deutschland*, S. 54)

Am 21.2.1940 erhielt Malloth in Innsbruck vom Tiroler Landeshauptmann eine Einbürgerungsurkunde für das Deutsche Reich. Malloth wurde zum Schutzpolizisten ausgebildet. Im Juni 1940 wurde er in dem von Heinrich Jöckel kommandierten Gestapo-Gefängnis Kleine Festung Theresienstadt Aufseher. In einer dienstlichen Beurteilung wurde festgestellt, dass ihn seine »Leistung, Führung und charakterliche Veranlagung« als für den Kolonialdienst geeignet erscheinen lasse. Dort, in der Festung Theresienstadt, blieb Anton Malloth fünf Jahre, bis zur Befreiung durch die Rote Armee am 8.4.1945. Da hatte Malloth den Rang eines Oberscharführers erreicht. Mit ihm dienten in Theresienstadt etwa 60 SS-Leute und 20 Kapos. Von den insgesamt 140.000 Menschen, die das Ghetto durchlaufen hatten, lebten bei Kriegsende nur noch 16.832 (Schröm & Röpke 2002, S. 24).

Der Leiter der Gedenkstädte Theresienstadt, Václav Novák, beschrieb den SS-Mann Malloth in der tschechoslowakischen Zeitung *Rudé právo*:

> *»Trotz seines Spitznamens, »der schöne Toni«, war Malloth ein böser und grausamer Mensch mit einem Hang zum Alkoholismus. Wenn er getrunken hatte, war er besonders brutal zu den Häftlingen. Gern und freiwillig meldete er sich zu Hinrichtungskommandos.«* (*Die Zeit*, 6/1990)

Mai 1945–1949: Stationen einer Flucht

Am 7. Mai 1945 verkündete ein Vertreter des Internationalen Roten
Kreuzes vom Balkon des Rathausturmes aus auf deutsch und franzö-
sisch die Kapitulation Deutschlands. Gegen 21 Uhr des darauffolgenden Tages rollten die ersten russischen Panzer in Theresienstadt ein.[28]
Der seinerzeit 33-jährige Malloth war laut Finkelgruen bereits drei Tage
zuvor, am 5.5.1945, aus Theresienstadt geflohen. Da er nicht wusste, in
welchen Teilen Österreichs russische Truppen waren, floh der SS-Mann
aus Angst vor den Russen und Tschechen in die amerikanische Zone:
nach Darmstadt in die Liebhowerstraße 18; später versteckte er sich bei
seinen Schwiegereltern in der 55 km östlich von Innsbruck gelegenen
Kleinstadt Wörgl.

Bis Anfang September 1946 wurden auf Bitten des tschechischen
Verbindungsbüros bei den alliierten Streitkräften 354 Mörder an die
Tschechoslowakei ausgeliefert. Wegen des sich anbahnenden Kalten
Krieges zwischen West und Ost fanden danach keine Auslieferungen
von den Alliierten an die Tschechoslowakei mehr statt. Malloths Vorgesetzter Heinrich Jöckel wurde am 25.10.1946 in Leitmeritz/ČSSR als
Kriegsverbrecher zum Tode verurteilt. Im Urteil wurden eine Vielzahl
von Zeugenaussagen ehemaliger Häftlinge dokumentiert, die grausams-
te Misshandlungen und Willkürhandlungen dokumentieren.

Am 9.10.1947 übersandte die tschechoslowakische Gesandtschaft
dem österreichischen Justizminister eine Liste von Personen, die »wegen
Kriegsverbrechen verfolgt werden« (PAF), darunter auch Malloth. Am
29.12.1947 wurde der inzwischen 35-jährige Malloth, der sich bereits
seit 1½ Jahren auf der Flucht befand, in Fulpmes, Tirol, von der österreichischen Polizei festgenommen. Er, der 1940 noch einen handschriftlichen Lebenslauf mit »SS-Mann Anton Malloth« unterzeichnet hatte,
bestritt nun gegenüber einem Innsbrucker Richter jegliche Beteiligun-
gen an NS-Verbrechen. Selbst seine Mitgliedschaft in der NSDAP stellte
er in Abrede. Dem Vernehmungsrichter diktierte Malloth, dass er »während meiner ganzen Dienstzeit keinen einzigen Menschen ermordet

---

[28] Für diese Studie habe ich die gesamten, seinerzeit in meiner Wohnung befindlichen
Unterlagen Peter Finkelgruens zur Verfügung gehabt. Darunter ca. 20 Aktenordner
mit Prozessunterlagen, Dokumenten, privaten Briefen etc. Hieraus habe ich längere
Passagen und zahlreiche Dokumente eingearbeitet. Diese Quellen kennzeichne ich
in dieser Studie durchgehend mit PAV: Privatarchiv Finkelgruen. Peter Finkelgruens
»Vorlass« ist im Archiv der Stiftung Rheinisch-Westfälisches Wirtschaftsarchiv zu
Köln (RWWA), Vorlass Peter Finkelgruen, Köln, Nr. RWWA 570-16-1 archiviert. Ein
Großteil der Angaben zum Malloth-Prozess beziehen sich, sofern nicht anderweitig
gekennzeichnet, auf Materialien aus dem Privatarchiv von Finkelgruen (PAF).

oder misshandelt« habe. Ein Auslieferungsgesuch der ČSSR wurde von den österreichischen Behörden bereits neun Tage (!) später abgelehnt, weil die tschechischen Behörden, wie das Justizministerium mitteilte, eine Frist zur Begründung ihres Auslieferungsantrages abgelehnt hätten.

Januar 1948: »Ich bin Südtiroler«

Am 16.1.1948 stand Anton Malloth vor dem Untersuchungsrichter in Innsbruck, er wurde schwerer Kriegsverbrechen beschuldigt. Das Protokoll der Vernehmung ist kurz: Zwölf handgeschriebene Zeilen. Darin teilt Malloth – der bisher stets nur von einem eigenen Kind gesprochen hatte (s.o.) – u.a. mit, er habe die Pflicht sich um »Frau und zwei Kinder (5 u. 9 Jahre) zu sorgen.« Die Existenz des anderen, älteren, unehelichen Kindes hatte Malloth gegenüber den Behörden hingegen verschwiegen. Bemerkenswerter jedoch: Gegenüber dem österreichischen Untersuchungsrichter stellte sich der auf der Flucht befindliche NS-Mann nun als Opfer widriger, ungerechter Umstände dar; und er bezeichnete sich selbst – dies ist für den weiteren Ablauf dieses Prozesses von Bedeutsamkeit – nun nicht mehr als Deutschen sondern als Österreicher:

> *»Ich bin Südtiroler und kam am 17.12.1940 im Zuge der Umsiedlung nach Innsbruck.«* (Haus Deutschland, S. 90)

Sein Opferstatus war laut Selbstauskunft noch ärger als anzunehmen:

> *»1940 kam ich in Innsbruck zur Schutzpolizei … wurde … nach 14-tägigem Aufenthalt im Gefängnis Pankraz Prag nach Theresienstadt in das Polizeigefängnis kommandiert.«* (ebd.)

Bei einer weiteren Anhörung erklärte Malloth, »er sei nie bei der SS oder beim SD gewesen. Er sei bei der Sicherheitspolizei gewesen und habe nur die Uniform des SD getragen« (*Haus Deutschland*, S. 90). Nach einem Jahr Untersuchungshaft in Innsbruck wurde »die über Anton Malloth verhängte Auslieferungshaft wieder aufgehoben.« Über das Ende seiner Tätigkeit in Theresienstadt sagte Malloth:

> *»Das Gefängnis wurde von den Tschechen übernommen. Ich habe mich mit diesen Tschechen soweit gut verstanden, und sie haben meiner Abfahrt auch nichts in den Weg gelegt.«* (ebd., S. 91)

Am 7.2.1948 teilte das Landgericht Innsbruck – »Betrifft: Auslieferungssache Anton Malloth« (Stempel vom 18.2.48) – mit, dass »der tschechoslowakischen Regierung für die Stellung eines Begehrens um Auslieferung des Anton Malloth eine Frist bis zum 1.5.1948 bestimmt worden ist«, deren Einhaltung »von hier aus« überwacht werde. (PAV)

1948: Ein Todesurteil in der Tschechoslowakei

Im September 1948 wurde Malloth von einem tschechoslowakischen
Gericht (Leitmeritz) in Abwesenheit angeklagt und am 24.9.48 zum
Tode durch den Strang verurteilt. Die deutsche Übersetzung des Urteils, die sich im Privatarchiv Finkelgruens (PAF) befindet, ist 22 Seiten
lang. Das Gericht sah es als erwiesen an, dass Malloth als NS-Vertreter
ein brutaler, rücksichtsloser Schläger war und in der Kleinen Festung
Theresienstadt etwa hundert Häftlinge durch Schläge getötet habe.
In scheinbarem Kontrast hierzu steht der Name »Schöner Toni«, den
zahlreiche Häftlinge, Opfer von Malloths brutaler Willkür, Malloth
verliehen hatten. »Schöner Toni« wurde Malloth von den Häftlingen
bereits während seiner Zeit in Theresienstadt genannt, weil er im Konzentrationslager selbst während brutalster Misshandlungen ostentativ
seine perfekte Kleidung zur Schau trug.

Ab 1948, nach seiner Verurteilung zum Tode durch ein tschechisches
Gericht, lebte Malloth 40 Jahre lang relativ unbehelligt im italienischen
Meran. Er besaß dort ein stattliches Haus, in dem er auch wohnte. In
Dietrich Schuberts Dokumentarfilm *Unterwegs als sicherer Ort* (Schubert
1997) über Finkelgruens bewegte Vita sehen wir Finkelgruen und Schubert, wie sie gemeinsam vor Malloths Haus in Meran stehen. Erstmals
sieht Finkelgruen den beschaulichen Ort, in dem der Mörder seines
Großvaters Martin ungestört 40 Jahre seines Lebens verbracht hat, nach
dem Todesurteil. Wenig später erleben wir Finkelgruen und Schubert
im Film vor Malloths Münchner Altersheim; Fotos des inzwischen betagten Malloth werden eingeblendet: »Nein«, betont Finkelgruen im
Film, eine direkte Konfrontation mit Malloth wolle er auf keinen Fall
erleben. Dies wolle er sich auch nicht zumuten, seelisch. »Nein, das
würde es nicht bringen«, konstatiert er lakonisch.

1949: Auslieferungshaft und ein Leben in Südtirol

Nach seiner Rückkehr nach Südtirol saß Malloth 1949 vorübergehend
in Auslieferungshaft. Gegenüber der Innsbrucker Staatsanwaltschaft be-
teuerte er,

> *»(...) dass ich während meiner ganzen Dienstzeit keinen einzigen
> Menschen ermordet oder so misshandelt habe, dass daraus dessen
> Tod erfolgte.«*(Der Spiegel, 1.6.1998)

Die Behörden wollten die Angaben nicht einfach so glauben, for-
derten aus der Tschechoslowakei Prozessunterlagen an. Der Kalte

Krieg begann, die Beziehungen zwischen den vier an Malloth »interessierten« Staaten – Italien, Österreich, Deutschland sowie die Tschechoslowakei – waren nicht die besten, deren strategischen und politischen Interessen waren höchst unterschiedlich. Für den Kriegsverbrecher Anton Malloth interessierte sich letztlich niemand mehr. Besagte Prozessunterlagen ließen drei Jahre nach dem Krieg auf sich warten – und der NS-Täter Malloth kam wieder frei. Eine Zeitlang galt Malloth, so berichtete *Der Spiegel* am 26.06.2000, sogar als tot,

> *»(...) weil das Wiener Innenministerium deutschen Behörden irrtümlich mitgeteilt hatte, er sei nach dem Schuldspruch von Litoměřice/Leitmeritz (September 1948) ›hingerichtet worden.‹«* (ebd.)

Über Malloths Befindlichkeit während seiner Flucht in Schenna spekuliert Finkelgruen:

> *»Er war zu Hause. Ich denke, er fühlte sich sicher. Er war bei den Seinen. Sie versteckten ihn. Sie schützten ihn. Er wusste, dass er sich auf sie verlassen konnte«* – um dann, auf seine eigene autobiografisch-familiäre Spurensuche Bezug nehmend, hinzuzufügen: *»Je mehr ich den Spuren Anton Malloths folgte, desto klarer wurde mir, wie sehr er beschützt wurde.«* (*Haus Deutschland*, S. 38)

Am 15.1.1949 wurde Malloth in Innsbruck aus der Auslieferungshaft entlassen. Malloth ging, da er, durchaus begründet, eine erneute Verhaftung befürchtete, unverzüglich zurück nach Schenna, wo er untertauchte. Bereits 1949 hatten also, konstatiert Finkelgruen bitter, Richter und Staatsanwälte Malloth geholfen, einer Verurteilung zu entgehen. Bei jedem neu erlassenen Haftbefehl, bei jedem Steckbrief nach dem »Staatenlosen Anton Malloth«, wurde nun auf die laufende Fahndung verwiesen.

1949–1988: »Der Mörder muss einen Schutzengel gehabt haben«

Malloth widerrief nach eigenen Angaben am 20.1.1949 seine Option auf eine Staatsbürgerschaft in Deutschland und erhielt daraufhin am 11.3.1952 (nach anderen Angaben: am 1.3.1952) die italienische Staatsbürgerschaft zurück. Dies jedoch akzeptierten einige deutsche Verwaltungsbeamte nicht. So einfach könne niemand seine deutsche Staatsangehörigkeit verlieren: Ein »einseitiger Verzicht« führe nicht automatisch »zum Verlust der deutschen Staatsangehörigkeit«, vermerkten Spezialisten des Auswärtigen Amtes, so *Der Spiegel* (26.6.2000) im Rückblick auf diese unendliche Justizposse. Die Frage der Staatsangehörigkeit bildete für mehrere Jahrzehnte eine der juristischen Fallstricke bei den Gerichtsprozessen gegen Anton Malloth. Sie scheinen insbesondere vom Dortmunder Oberstaatsanwalt Schacht dazu verwendet worden zu sein, so Finkelgruens Eindruck, um eine Verurteilung Malloths, bzw. dessen Übersendung an ein ausländisches Gericht, mit allen Mitteln zu verhindern.

Es sei an dieser Stelle daran erinnert, wie schwer es für Finkelgruen und für zahlreiche weitere vertriebene deutsche Juden und Emigranten seinerzeit war, die deutsche Staatsbürgerschaft »wiederzuerlangen« – obwohl sie diese i.d.R. nicht freiwillig abgegeben hatten: Sie waren als Juden ausgebürgert worden. Auch Finkelgruen erhielt 1959, bei seiner »Rückkehr« nach Deutschland, nicht seine Staatsbürgerurkunde zurück – sondern musste sich eine »neue« ausstellen lassen.

Als Anton Malloth 1956 seine italienische Staatsangehörigkeit wieder aberkannt wurde, ging der rechtskräftig Verurteilte einfach zum bundesdeutschen Generalkonsulat in Mailand – das ihm unverzüglich, problemlos einen deutschen Pass ausstellte. Am 12.5.1962 meldete Malloth sich in Meran polizeilich an. Als Beruf gab er »Vertreter«, als Wohnsitz die Via Petrarca 30 an. Sein deutscher Pass hatte die Nummer 120 16 25. In den folgenden Jahrzehnten wurde der Pass mehrfach verlängert, erstmals im Februar 1973, obwohl deutsche und österreichische Justizbehörden wiederholt seine Auslieferung beantragten.

Ab 1964 verhandelte die *Zentrale Stelle der Landesjustizverwaltung für NS-Verbrecher* in Ludwigsburg ein Ermittlungsverfahren gegen das Wachpersonal der Kleinen Festung Theresienstadt. Am 18.6.1970 kamen sie in einem Abschlussbericht zu dem Ergebnis, dass Malloth »als Aufseher in der Kleinen Festung an Folterungen und an der Ermordung zahlreicher Häftlinge teilgenommen« habe (Schröm & Röpke 2002, S. 28). Daraufhin schlossen sie die Akten mit der Feststellung, dass Malloth 16 Jahre zuvor, am 24.9.1948, hingerichtet worden sei – obwohl die Gerichtsakten das Gegenteil besagten. Diese Behörde fahndete also ab 1964 nicht weiter, weil sie Malloth für tot erklärte.

Als bekannt wurde dass Malloth doch noch lebte, änderte sich die Strategie der deutschen Behörden: Nun behaupteten sie, dass Malloth ein Deutscher sei – damit seien frühere Gerichtsurteile gegen Malloth sowie diesbezügliche Auslieferungsersuche hinfällig. Die Solidarität der NS-Generation, so musste es dem Juden Finkelgruen erscheinen, war stärker als der Rechtsgedanke der demokratischen Rechtsstaates.

Um den Beschreibungen an dieser Stelle vorzugreifen: Der »Mörder Malloth« muss – wie die *Schweizer Weltwoche* am 8.3.1990 formulierte – »einen Schutzengel gehabt« haben: Es wäre jedem deutschen Staatsanwalt ein Leichtes gewesen, den Sachverhalt bezüglich Malloths Staatsangehörigkeit zu klären. Der mit Finkelgruen befreundete Kölner Schoah-Überlebende Ralph Giordano (vgl. Giordano 2012) betitelte seine in der *Frankfurter Rundschau* (9.1.1993) publizierten Buchbesprechung von Finkelgruens *Haus Deutschland* vor diesem Hintergrund mit »Justiz-Schutz für Mörder«. Aus dieser mit zorniger Feder verfassten Besprechung erwuchs ein Jahr später der Prozess von Oberstaatsanwalt Schacht gegen Giordano (sowie auch gegen Finkelgruen), der unter dem Begriff des »emotionslosen Ochsenfrosches« in die politische Rechts- und Zeitgeschichte eingegangen ist. Diesem geschichtsträchtige Gerichtsprozess zwischen Schacht und Giordano ist das Kapitel »Ralph Giordano und der Ochsenfrosch« ab Seite 83 gewidmet.

1968: Simon Wiesenthals Unterstützung

Simon Wiesenthal, Leiter des jüdischen Dokumentationszentrums am Wiener Rudolfsplatz, war, entgegen vereinzelter Justizäußerungen und vermutlich gezielt lancierter Falschmeldungen, Mitte der 1960er Jahre überzeugt davon, dass Malloth noch lebte. Mit Unterstützung des Mossad sowie zahlreicher Mitglieder jüdischer Gemeinden machte er sich auf die Suche nach Malloth. Mehr als zwei Jahrzehnte lang befasste er sich immer wieder mit dem »Fall Malloth«; mir liegen diverse Briefe Wiesenthals vor, u.a. vom 8.5.1973, 24.6.1976, 10.8.1988 und vom 21.12.1989; weiterhin Schreiben des Jerusalemer Büros (1 Mendele Street, Dr. Efraim Zuroff) des Simon Wiesenthal Centers u.a. vom 7.6.1999 an Günther Beckstein, seinerzeit bayrischer Staatsminister des Innern.[29] Malloth stand sogar seit 1958 auf der Fahndungsliste der *United Nations War Crimes Commission* (UNWCC) der UN-Kommission für Kriegsverbrechen, was 40 Jahre später noch einmal in einer parlamentarischen Anfrage der Grünen-MdBs V. Beck und A. Buntenbach vom 27.11.1997 hervorgehoben wurde.[30] Seit dem 28.5.1958 wurde Malloth in Österreich per Steckbrief gesucht, der Druck auf ihn hätte

---

[29] Einige weitere Stellungnahmen der damaligen Zeit wurden seinerzeit von verschiedenen Internetmagazinen veröffentlicht, u.a. ein Brief von Zuroff: Shalom; weiterhin diverse, miteinander verlinkte Presseerklärungen zu Malloth auf *haGalil*.

[30] Siehe u.a. die sechs Seiten umfassende Anfrage der Grünen MdBs Annelie Buntenbach und Volker Beck für die Fraktion Bündnis 90/Die Grünen vom 27.11.1997, die sich im Vorlass Finkelgruens befindet und zusätzlich publiziert worden ist.

weiter zunehmen müssen. Zu diesem Zeitpunkt musste es schlicht als unvorstellbar erscheinen, dass die bundesdeutsche Justiz sich sogar 40 Jahre später nicht für diesen international gesuchten Kriegsverbrecher interessieren würde.

1968 wurde das tschechische Urteil gegen Malloth wieder aufgehoben, doch er hatte, falls er von bzw. in der ČSSR festgenommen worden wäre, einen neuen Prozess zu erwarten. Im gleichen Jahr stellte Simon Wiesenthal fest, dass Malloth im italienischen Meran lebte und dort von seiner Frau versteckt wurde. Wiesenthals nicht nachlassender Druck führte offenkundig dazu, dass die Dortmunder Staatsanwaltschaft 1970 ein Ermittlungsverfahren gegen Malloth und weiteres Aufsichtspersonal wegen »Misshandlungen und Tötungen von Gefangenen in der Kleinen Festung Theresienstadt« einleiten musste. Dies war zugleich das erste derartige Verfahren in der Bundesrepublik Deutschland. Die tschechischen Behörden schickten der Dortmunder Behörde hierfür eigene Unterlagen. Diese war also eigentlich bestens präpariert, verfügte über mehr als ausreichende Dokumente. Die Verurteilung Malloths wegen schwerer Kriegsverbrechen musste bereits 1970 als eine Selbstverständlichkeit erscheinen.

1972 lehnte Italien ein Auslieferungsersuchen mit dem Hinweis ab, dass es Malloth 1965 aus Italien ausgewiesen habe. Dennoch verlängerte die Deutsche Botschaft Malloth immer wieder seinen deutschen Pass. Seine Meraner Anschrift war den deutschen Behörden also durchaus bekannt. Am 26.7.1972 wurde Malloth schließlich aus Italien ausgewiesen (vgl. Karny in *Wiener Zeitung*, 25.5.2001), lebte seitdem jedoch illegal in Meran. Gemäß Finkelgruens Standpunkt und dem seines Anwaltes war Malloth zu diesem Zeitpunkt staatenlos und hätte demgemäß an die ČSSR ausgeliefert werden müssen, wo das verhängte Todesurteil immer noch gültig war. Sein Anwalt teilte dies dem Dortmunder Oberstaatsanwalt Klaus Schacht mehrfach mit – ergebnislos (vgl. Karny & Halbrainer 1996).

1973 wurde in Deutschland erstmals ein Ermittlungsverfahren gegen den ehemaligen SS-Oberscharführer eingeleitet. Die tschechischen Behörden schickten erneut Unterlagen an die *Dortmunder Zentralstelle für die Bearbeitung nationalsozialistischer Gewaltverbrechen*. Vergeblich: Ab 1970, über 35 Jahre lang, unternahm die Zentralstelle der traditionell sozialdemokratischen Stadt Dortmund[31] absolut nichts gegen den zum

---

[31]Dortmund wurde in den darauffolgenden Jahrzehnten zur Neonazi-Hauptstadt in NRW und fiel immer wieder durch antisemitische Eklats auf, die zum Teil weltweit Schlagzeilen machten. (Kaufhold 2018a, 2018b; Kaufhold & Arndt 2018; Marken 2018)

Tode verurteilten NS-Täter Malloth, obwohl sogar dessen Meraner
Wohnort kein Geheimnis war. Bereits sechs Jahre zuvor war in Köln
gegen NS-Täter ermittelt worden. Immer wieder stellte die Dortmunder Zentralstelle das Gerichtsverfahren ein, mit der Begründung, es gäbe
»keinen hinreichenden Tatverdacht« – um das Verfahren dann, unter
Druck, doch wieder neu aufzunehmen.

Die Einstellung des Verfahrens empörte auch die Jüdische Kultusge-
meinde in Meran. Deren Präsident, Frederico Steinhaus, übermittelte
im April 1973 die Erkenntnisse zu Malloths Wohnort an das Bundes-
kanzleramt in Bonn. Von dort wanderte der Brief an das Bundesjustizministerium, das am 2.5.1973 Frederico Steinhaus ein höchst erstaunli-
ches Antwortschreiben schickte:

> »... darf ich Ihnen mitteilen, dass im Bundesministerium der
> Justiz keine Vorgänge über Anton Malloth ermittelt werden konn-
> ten.« (Winkel 2001)

Frederico Steinhaus unterstützte Finkelgruen in den nachfolgenden
Jahrzehnten nachdrücklich. 22 Jahre später, am 9.6.1995 sowie am
31.8.1995, schickte Steinhaus in seiner Funktion als Vorsitzender der
Jüdischen Gemeinde Merans Finkelgruen zwei im Stil persönlich gehaltene Faxschreiben, in denen er Finkelgruen, auf Grundlage eigener
Nachforschungen in Meran, noch einmal die wichtigsten Daten über
Malloths Lebensweg sowie dessen wechselnden Staatsangehörigkeiten
bestätigte. Auch ein dankendes Antwortschreiben von Finkelgruen vom
19.6.1995 ist erhalten (PAF).

Steinhaus hebt in seinen Schreiben hervor, dass der italienische
Staatsanwalt Dr. Cuno Tarfusser gerne – »sogar mit Begeisterung« –
bereit sei, zuständigen deutschen Gerichten alle entsprechenden Dokumente zu liefern. Tarfusser habe »1988 mit allen Kräften versucht,
Malloth im Gefängnis zu halten.« (Brief vom 9.6.1995, PAF) Einleitend
formuliert Steinhaus seinen Optimismus – nach 22 (!) Jahren behördli-
chen Versagens:

> »Lieber Herr Finkelgruen, diesmal scheint es, als wenn wir Glück
> hätten, und wenn die deutschen Behörden ihr Wort halten werden
> wir endlich den guten Malloth vor Gericht sehen!«

Elf Wochen später, am 31.8.1995, bestätigt er Finkelgruens per Fax (»Soeben habe ich im Grundbuchamt die Akten abgeholt«) die Korrektheit
der Darstellungen in dessen Familienbiografie: Malloth, der seit sieben
Jahren, dank der fürsorglichen Unterstützung der Himmler-Tochter

Burwitz und auf Kosten des Münchner Sozialamt in einer Pullacher Seniorenresidenz lebte, sei »Nutznießer« seines eigenen Hauses in Meran. 1976 hatte Malloth dieses formal, als juristischen Schutz, seiner gleichfalls in Meran lebenden Tochter Anneliese vermacht.

»Auch Malloths Frau Aloisia ist Nutznießerin des Hauses.« (PAF)

Zurück zur zeitlichen Chronologie dieses »Falles«: Am 8.5.1973 legte Simon Wiesenthal den deutschen Ermittlern umfangreiche Materialien vor, insbesondere alle Informationen über Malloths Pässe. Er nannte ihnen auch Malloths Wohnort und dessen Meraner Anschrift. Wiesenthal schrieb den deutschen Behörden – rechtsstaatlich darauf vertrauend, dass diese ihrer Pflicht nachgehen würden:

»Der Genannte ist Inhaber des deutschen Passes Nr. 1201625, ausgestellt vom Generalkonsulat in Mailand mit dem Datum vom 12. Feber 1968, gültig bis zum 12. Feber 1973 (vermutlich wieder verlängert). Die italienische Regierung hat ihn als unerwünscht erklärt, aber von Zeit zu Zeit taucht er in Italien auf, wird verhaftet, verhört, ausgewiesen und dann kommt er wieder. Seine Frau und Tochter leben nämlich in Meran.« (Regele 2007)

Vergeblich.

Obwohl bzw. weil die Behörden den NS-Täter Malloth in Ruhe ließen insistierte Wiesenthal: Am 24.6.1976 wandte dieser sich schriftlich an den Oberstaatsanwalt Dr. Artzt von der Zentralen Stelle der Landesjustizverwaltungen in Ludwigsburg, verwies auf ihre einige Jahre andauernde Korrespondenz »in der Sache Malloth« und teilte ihm mit, dass Malloth »wieder in der Bundesrepublik« sei:

»Er besitzt einen deutschen Pass.«

Weiterhin schickte Wiesenthal ihm Auszüge aus dem Buch »Terezin«, in dem er die Malloth betreffenden Passagen markierte.

Sieben Jahre später, 1983, erbrachte Wiesenthal mit einem Trick weitere unwiderlegbare Belege über Malloths Wohnort, indem er Malloth immer wieder kleine Beträge überwies, die Malloth persönlich abholte. Schröm & Röpkes Resümee (2002, S. 32) ist unzweideutig:

»Für den Nazi-Jäger war es eine klare Angelegenheit, dass Malloth sowohl von deutschen als auch von italienischen Behörden gedeckt wurde.«

So suchte die italienische Polizei, weil Wiesenthal insistierte, im Mai 1976 Malloths Ehefrau auf und fragte sie, ob ihr Mann anwesend sei. Als diese dies verneinte begnügten sich die Polizisten mit dieser Auskunft. In den Akten – Schreiben des Polizeikommissariats Meran vom 31.5.1976 (PAF) – liest sich dies so:

> »...Bis zum 26. Juli 1972 hat der Vorgenannte als Vertreter der Firma Ratschiller, Bozen, gearbeitet. Gleichzeitig hat er auch Arbeiten für die Firma PLUNGER, Bozen durchgeführt. Am 26. Juli 1972 wurde er durch das Polizeipräsidium Bozen, bei dem er nach seiner Ausfindigmachung an dem vorgenannten Datum vorgeführt wurde, aus Italien ausgewiesen. Aufgrund der durchgeführten Ermittlungen hat sich herausgestellt, dass der Antonio Malloth nicht mehr in der Stadt Meran gesehen worden ist.«

Malloths familiäre Lebenssituation – er lebte mit seiner Ehefrau Aloisia zusammen, seine Tochter Anneliese arbeitete als Lehrerin in Verona – wird beschrieben, mit dem Zusatz:

> »Die Ehefrau, die über die augenblickliche Anschrift des Ehemannes befragt worden ist, hat sich geweigert, zu antworten und sich darauf beschränkt, zu sagen, dass sie nicht weiß, wo sich der Ehemann aufhält.«

Unterschrieben ist das Dokument mit »Der Leiter der Kriminalpolizei«. Dabei beließ es die Behörde. Bereits am nächsten Tag unterzeichnete der Amtsgerichtsrat eine Erklärung,

> »dass der Malloth seit Juli 1972 nicht mehr in Meran gesehen worden ist und dass sein augenblicklicher Aufenthaltsort unbekannt ist.« (PAF)

Der verurteilte Kriegsverbrecher Malloth lebte zwölf weitere Jahre – nicht, wie andere untergetauchte Kriegsverbrecher, wie etwa Brunner und Eichmann, in totalitären Staaten Südamerikas – sondern im Herzen Europas: In Italien. Es gab keine weiteren Versuche, Malloth zu finden. Über ein Jahrzehnt lang ruhten die Akten – bis 1988. Der Impuls zur Wiederaufnahme des Strafprozesses kam von Peter Finkelgruen.

Oktober 1988: Die Abschiebung

Im Februar 1988 wurde der Fall Malloth auf Initiative des italienischen
Grünen-Abgeordneten Marco Boato sogar im italienischen Parlament
erörtert; einige Jahre später sollten insbesondere Grünen-Bundestags-
sowie -Landtagsabgeordnete aus NRW und Bayern – unter anderen
Brigitte Schumacher, Annelie Buntenbach, Volker Beck, Angelika Beer,
Sophie Rieger – Finkelgruens Initiativen aufgreifen und politisch-
publizistisch unterstützen. Der Handlungsdruck auf die Justiz und Politik nahm endlich wieder zu.

Am 5.8.1988 rief der Bozener Staatsanwalt Cuno Tarfusser[32] Klaus
Schacht an und teilte ihm mit, dass sie Malloth aufgegriffen hätten.
Dieser habe einen abgelaufenen deutschen Pass bei sich. Da Malloth
sich illegal in Italien aufhalte, würden sie ihn nun nach Deutschland
abschieben. Über 40 Jahre waren zwischenzeitlich vergangen. Schacht,
der sein Beamtengehalt eigentlich dafür erhielt, nationalsozialistische
Kriegsverbrecher zu verfolgen, teilte seinem italienischen Kollegen zu
dessen ausgeprägter Überraschung jedoch mit, dass kein Haftbefehl
gegen Malloth vorliege und dass er diesen auch nicht beantragen könne,
da kein dringender Tatverdacht vorliege.

Vergeblich: Am 10.8.1988 wurde der inzwischen 76-jährige Malloth
auf Initiative von Tarfusser von Verona aus nach München abgeschoben
(Regele 2007). Die früheren strafrechtlichen Verurteilungen Malloths
waren den Verantwortlichen offenkundig sehr bewusst. Diese galt es
zu umgehen – um den NS-Täter Malloth »sicher« nach Deutschland
zu verbringen. Die Auslieferungsanträge nach Österreich bzw. in die
Tschechoslowakei wurden ignoriert. Da in Österreich weiterhin ein
Strafbefehl gegen Malloth vorlag, wurde Malloth nicht mit der Bahn,
sondern mit dem Flugzeug direkt nach Deutschland verbracht. Öster-
reichisches Territorium musste er so nicht betreten. Seine Inhaftierung
in Österreich wurde so verhindert.

»Stille Hilfe«

Als der NS-Täter und rechtskräftig zum Tode Verurteilte nun, 41 Jahre
später, in München landete, blieb er auf freiem Fuß. Malloths anfängliche Sorgen erwiesen sich wieder einmal als unbegründet. Und er hatte
alte Freunde, »nationale« Freunde. Der NS-Verbrecher Malloth bekam
kurz nach seiner »Rückkehr« nach Deutschland äußerst prominenten

---

[32] Cuno Tarfusser (*11.8.1954 in Meran) war von 2009–2019 Richter am Internationalen
Strafgerichtshof in Den Haag.

Besuch: Die Himmler-Tochter Gudrun Burwitz vom steuerbegünstigten nationalsozialistischen Hilfeverein »Stille Hilfe«[33] nahm nun direkten Kontakt mit ihrem prominenten Gesinnungsgenossen auf.

Sie und ihr wirkmächtiger, im sehr rechten und rechtsradikalen Milieu gut verankerter nationalsozialistischer Unterstützerverein sicherte dem bedrohten NS-Mann eine klandestine, aber dennoch höchst wirksame juristische und materielle Unterstützung zu. Ihr der »guten Tradition« geschuldetes Versprechen sollte die Tochter Heinrich Himmlers auch einhalten: Sie besorgte dem Mörder Anton Malloth bald nach seiner Ankunft einen Platz in einem gut situierten München-Pullacher Altersheim und kümmerte sich um dessen Finanzierung durch die Münchner Sozialbehörde – obwohl Malloth weiterhin Besitzer eines mondänen Hauses in Meran war. Malloths Ehefrau und dessen Tochter setzten Burwitz »Stille Hilfe« daraufhin als Alleinerbin von Malloths Münchner Nachlass ein.

Als Simon Wiesenthal vom »Neubeginn« Malloths in München erfuhr, war dies selbst dem kampferprobten 79-jährigen »Nazijäger« zuviel: Er rief Oberstaatsanwalt Schacht direkt an, um an die von ihm gesammelten Dokumente über Malloths Verantwortung für mehrere Morde zu erinnern. Als Wiesenthal sah, dass seine Bemühungen vergeblich waren schickte er Schacht am 10.8.1988 diese Dokumente mit Begleitbrief noch einmal zu. Wiesenthal schrieb Schacht:

> *»Im Anschluss an unser Telefongespräch übersende ich Ihnen beiliegend eine Reihe von Unterlagen: Ausschreibung von Malloth des Landgerichtes Innsbruck; Berichte über den Prozess gegen Rojko, der 1963 vom Landesgericht Graz zu lebenslangem Zuchthaus verurteilt wurde; Brief und Zeugenaussage von Frau Valy Sperl, Los Angeles. (…) Beurteilung der Geheimen Staatspolizei in Prag vom Oktober 1940 über Malloth und sein handgeschriebener Lebenslauf.«*

Die im Brief erwähnten Dokumente lagen dem Schreiben als Kopie bei. (PAF) Zusätzlich wandte Simon Wiesenthal sich an weitere, thematisch interessierte Institutionen: Die nationalsozialistischen Morde waren eine historische Realität. Daran vermochte der Shoah-Überlebende Wiesenthal nichts mehr zu ändern. Aber der Kampf für die historische

---

[33]Siehe das Kapitel »Himmlers Tochter und die ›Stille Hilfe‹« ab Seite 95; sowie: Kaufhold: »Der Tod einer Nazi-Ikone. Gudrun Burwitz, Protagonistin des Nazi-Unterstützervereins ›Stille Hilfe‹, ist tot«, *haGalil*, 3.7.2018.

Gerechtigkeit, für den Schutz der Opfer, den wollte und musste der jüdische Überlebende von Mauthausen Wiesenthal und im hohen Alter vielgefragte Zeitzeuge weiter ausfechten – wie auch Finkelgruens Kölner Freund Ralph Giordano. Für Finkelgruen war deren solidarische Unterstützung nahezu lebensrettend. Auf beide vermochte er zeitlebens zu setzen, wie auch auf seine FDP-Freunde Gerhard Baum (Baum 1981/2020, Baum 2019(2020) und Ulrich Klug (Kaufhold 2018d, e).

Am 12.8.1988, zwei Tage nach Malloths Auslieferung von Italien nach Deutschland, gab der Botschafter der ČSSR eine diplomatisch formulierte Erklärung ab, inklusive einer indirekten Bitte, Malloth an die ČSSR auszuliefern, damit ihm dort noch einmal der Prozess gemacht werde – diesmal jedoch in seiner Anwesenheit. In weniger diplomatischen Stil forderte der Botschafter von den Deutschen, über den weiteren Verlauf des Verfahrens in Kenntnis gesetzt zu werden. Heinz Galinski, Vorsitzender des Zentralrats der Juden, reagierte zeitgleich nicht mehr diplomatisch, sondern empört auf diese Entwicklung. Obwohl Galinski sich ansonsten eher nicht in innerdeutsche Diskussionen einmischte, sprach er nun von einem »ganz unwürdigen und beschämenden Verfahren« und drohte mit einer Intervention beim Bundesjustizministerium (Schröm & Röpke 2002, S. 34, *Neues Deutschland*, 13.8.1988).

Nach der Lektüre des »Vernehmungsprotokolls« des Dortmunder Oberstaatsanwaltes Schacht vom 22./23.8.1988 mit Malloth verfasste Finkelgruen eine einfühlsam formulierte Einschätzung von Malloths Entwicklung: Er versuchte, wohl um das aufsteigende, innere und erinnerte Entsetzen und die Empörung seelisch zu ertragen, die Motive, den Lebensweg des Mörders seines Großvaters Martin zu verstehen. Finkelgruen führte aus:

> »Der Geselle Malloth erkannte die Chance, die ihm der deutsche Faschismus bot. Sein »Aufstieg« in den Zeiten des Rassismus und brutalen Antisemitismus begann.« (...) »Anton Malloth erhielt die deutsche Staatsbürgerschaft und wurde aus der italienischen Armee entlassen. Im Gefühl, endlich dazuzugehören, wurde er jemand anders. Er war kein erfolgloses Nichts mehr, jetzt war er Teil von etwas Besserem, etwas Stärkerem. Er war als Österreicher geboren. Genau wie der Gefreite. Der Kaiser hatte sich als Verlierer erwiesen. Zu den Verlierern gehören, das wollte Anton Malloth nicht. Davon hatte er genug. Jetzt sollte es aufwärts gehen. Nicht nur mit den anderen. Auch mit ihm. Er war bereit, seinen Einsatz zu bringen. Sie sollten sich auf ihn verlassen können. Er wollte sich auch auf sie verlassen. Er wollte nicht enttäuscht werden. Sie

(*Haus Deutschland*, S. 52)

Am nächsten Morgen um 9:20 Uhr sollte Schacht die Vernehmung fortsetzen. Gegenüber Oberstaatsanwalt Klaus Schacht stellte sich der 40 Jahre zuvor wegen schwerer NS-Verbrechen zum Tode verurteilte, inzwischen 76-jährige Malloth am 22.8.1988 als ein unpolitisches, eher gutgläubiges Opfer widriger Umstände dar, das »für Deutschland optiert« habe,

> »(...) *weniger, weil ich mich für Hitlers Politik besonders interessiert hätte; ich kannte ihn kaum (...)«* (*Haus Deutschland*, S. 54).

Malloth, so dessen juristisch geschulte Selbstdarstellung – die Juristen aus Burwitz' »Stiller Hilfe« dürften da mitformuliert haben –, erhielt die deutsche Staatsbürgerschaft: »Dadurch bin ich auch aus der italienischen Armee entlassen worden.« Der für die Verfolgung von NS-Tätern verantwortliche Dortmunder Oberstaatsanwalt Schacht begnügte sich mit dieser Selbstauskunft. Der Mörder Malloth war für Schacht offenkundig noch nicht einmal ein Anhänger Hitlers. Deutschland erschien dem nordrheinwestfälischen Oberstaatsanwalt, so könnte es erscheinen, als ein Land von Widerständlern und Oppositionellen. Malloth war offenkundig ein »Opfer widriger Umstände«, wenn nicht sogar ein Opfer von Hitler selbst. Der NS-Täter Malloth fügte, sogar den Antisemitismus als Motiv in Abrede stellend, in seiner Vernehmung durch Schacht noch hinzu:

> »*Mein Entschluss, mich zur Grenzpolizei zu melden, hatte auch nichts damit zu tun, dass ich das Judentum bekämpfen wollte. Mein Jugendtraum war es eigentlich immer gewesen, Kriminalist zu werden. (...) Ich muss dazu sagen, dass ich eigentlich auch nie der SS angehört habe, obgleich ich gelegentlich als SS-Mann bezeichnet worden bin. Als Polizeibeamter hatte ich natürlich den entsprechenden SS-Angleichungsgrad, und zwar Scharführer. Ich trug auch die SS-Uniform der Polizeibeamten. Eigentliches Mitglied der SS bin ich aber nie gewesen.«* (*Haus Deutschland*, S. 55)

Finkelgruen weist ergänzend darauf hin, dass das SD-Sonderkommando Prag eine Sonderdienststelle war, die eigens für die Besetzung von Böhmen und Mähren gebildet worden war. Schacht hätte dies wissen müssen, hatte Malloth doch bei seiner ersten Vernehmung in Innsbruck, vor Verkündung des Urteils in Leitmeritz, ausgesagt:

Noch ein halbes Jahrhundert später konnte »man« sich aufeinander verlassen, so mein Eindruck. Die Loyalitäten, die gemeinsamen Interessen und Verbundenheiten bestanden fort und wirkten weiter. Es gab letztlich nur einen, der diesen kollektiven Frieden hartnäckig störte: Der Jude, der Rückkehrer Finkelgruen. Er störte den kollektiven Verdrängungsprozess. Diese Erfahrung hatte er bereits in den Jahren von 1978 bis 1984 gemacht, als er auf das Schicksal der widerständigen, unangepassten Kölner Edelweißpiraten aufmerksam wurde und als einer der ersten Publizisten einige von ihnen – vor allem seinen Freund Jean Jülich – zum Sprechen und zum Wiedererinnern ermutigte.

Überlebende der Shoah bzw. deren Nachkommen kämpften, daran sei erinnert, hingegen überwiegend vergeblich um eine auch nur bescheidene Rente bzw. »Wiedergutmachung«. Am 27.2.1960 – seinerzeit lebte Finkelgruen noch als Untermieter bei der Mussolini–Biografin Louise Diel – hatten ihm die Anwälte in Berlin lapidar mitgeteilt, dass sein Wiedergutmachungsantrag wegen der Martin Finkelgrün in Bamberg weggenommenen Besitztümer umfänglich abgelehnt worden sei:

> *»In der Akte der Ansprüche nach Herrn Martin Finkelgrün hat das Amt festgestellt, dass Ansprüche wegen Vermögensschadens nicht in Betracht kommen… In diesem Fall werden wir die Bearbeitung einstellen und die Akte weglegen.«* (Erlkönigs Reich, S. 59)

In jenen Anfangsjahren, in dem ihm anfangs vollständig fremden Deutschland, um das Jahr 1960 herum, als Finkelgruen bei seiner Vermieterin Diel den jüdischen Bankier Tuchler kennenlernte, hatte er gemäß den Bestimmungen des Bundesentschädigungsgesetzes einen Antrag auf eine Soforthilfe von 5000 Mark gestellt; dieser stand Rückkehrern eigentlich zu. Der 18-jährige Finkelgruen nahm die Pässe seiner Eltern, seine Geburts- und Einbürgerungsurkunde und ging, ohne juristischen Beistand, zum zuständigen Wiedergutmachungsamt. Er vertraute Deutschland, wie er mir gegenüber in persönlichen Gesprächen mehrfach betont hat. Der Großteil der dort tätigen Beamten war, das galt für alle deutschen Behörden, bereits in der Nazizeit tätig gewesen. Finkelgruen schilderte dem für »Wiedergutmachung« zuständigen Beamten die Entrechtung und Verfolgung seiner Familie und legte die Dokumente vor. Dann geschah Unglaubliches und doch letztlich Alltägliches:

> *»Als ich ihm die deutschen Reisepässe meiner Eltern vorlegte,*
> *blickte er diese sehr interessiert und aufmerksam an, blätterte*
> *sie durch und staunte über die fremden Visa und Stempel, die*
> *(…) die lange Flucht meiner Eltern belegten. Dann griff er zum*
> *Kugelschreiber und zog, auf- und abwärts, von links nach rechts,*
> *Striche durch das auf dem Reisepass meines Vaters aufgedruckte*
> *Hakenkreuz. Das gelte ja heute nicht mehr, sei verboten.«*
> (*Erlkönigs Reich*, S. 152)

Finkelgruen realisierte den Übergriff, die Auslöschung seiner Wirklichkeit, seiner familiären Geschichte. Die Unrechtmäßigkeit dieses Handelns erkannte er – und blieb doch wehrlos, wie gelähmt:

> *»Ich hatte ein Unwohlgefühl, das sich als berechtigt erweisen sollte.*
> *Ebenso freundlich, wie er zuvor gelächelt hatte, ließ er mich wis-*
> *sen, dass meinem Anspruch auf Soforthilfe für Rückkehrer nicht*
> *entsprochen werden könne.«* (ebd.)

Finkelgruen sei nicht in Deutschland geboren, dementsprechend könne er nicht als Rückkehrer behandelt werden. Er werde den Antrag auf jeden Fall ablehnen. Der gerade erst 18-jährige Peter Finkelgruen klagte dagegen, ohne juristischen Beistand. Der Antrag des Juden, des jüdischen »Rückkehrers«, der die deutschen Beamten durch seinen Antrag auf »Wiedergutmachung« an die »unrühmliche« Vergangenheit erinnerte, wurde abgelehnt: Die Freiburger Richter »waren die ersten, die mir nahebrachten, dass Rückkehrer nicht wirklich gewollt waren«, kommentiert er im Rückblick (*Haus Deutschland*, S. 153). Der junge Jude und Rückkehrer Finkelgruen personifizierte für diese Generation der Täter und Mitläufer das kollektive deutsche Unbehagen über »die Juden«, das latente Gefühl des »Bedroht-Sein«. Ihre eigenen furchtbaren Verbrechen an den Juden bereiteten ihnen hingegen weniger Unbehagen. Der junge, formal noch nicht mündige Finkelgruen personalisierte in seiner Person und Vita – um ein zentrales antisemitisches Ressentiment zu verwenden – das Fantasma der »jüdischen Rachsucht«. Der Jude, der Rückkehrer war die Gefahr. Wäre er nicht gekommen, wäre Finkelgruen in Israel geblieben, wäre alles entschieden einfacher. Hunderte von Studien über den »primären« und den »sekundären Antisemitismus« sind über dieses beeindruckende deutsche Phänomen geschrieben worden – vergeblich.

Man fühlt sich an dieser Stelle, um die Brücke zur bundesdeutschen Wirklichkeit des Jahres 2016 zu schlagen, an das unermüdliche Engagement des Essener Sozialrichters Jan-Robert von Renesse erinnert:

Über sehr viele Jahre engagierte sich dieser mutige, engagierte Richter für eine angemessene juristische und menschliche Gestaltung der Entschädigungsverfahren, führte immer wieder persönliche Gespräche mit NS-Verfolgten, reiste nach Israel, um ehemals rassistisch Verfolgte persönlich anzuhören, ihnen hierdurch zumindest symbolisch Respekt, Anerkennung zu zeigen – und wurde deshalb über Jahre hinweg vom sozialdemokratisch dominierten NRW-Justizministerium auf kaum erträgliche Weise drangsaliert.

In Israel war von Renesse hoch geachtet, wurde vielfach geehrt – in seinem Heimatland hingegen wurde er über Jahre und systematisch anmutend juristisch und disziplinarrechtlich attackiert (Richter 2010). Seine Existenz stand auf dem Spiel. Ein justizinternes Verfahren gegen ihn wurde erst 2016 in einem Vergleich abgeschlossen. In einem offenen Brief hatten sich kurz zuvor zahlreiche Prominente nachdrücklich für Renesses Rehabilitation eingesetzt: »Richter Renesse hat Empathie gezeigt« war ihr eindrücklicher, an die NRW-Ministerpräsidentin Hannelore Kraft gerichteter Appell überschrieben (*Jüdische Allgemeine*, 29.08.2016).

Bestätigt werden Finkelgruens eigene Erfahrungen auch durch neue Forschungen zur NS-Geschichte des Justizsystems in NRW: Laut einer neue Studie der *Bochumer Dokumentations- und Forschungsstelle der Sozialversicherungsträger* waren von 169 Sozialrichtern »29 mehr oder minder belastet« und trotz ihrer NS-Vergangenheit nach dem Krieg wieder im Justizdienst untergekommen. Das seien mehr »als dies angesichts des Forschungsstands zur NS-Belastung in der westdeutschen Justiz zu erwarten stand«, so Hans-Ulrich Dillmann am 4.1.2017 in der *Jüdischen Allgemeinen*.

Um auf Malloth zurück zu kommen: Malloths Altersheim, dies sei nachgetragen, war auf einem Grundstück erbaut worden, das während der NS-Zeit Rudolf Hess gehört hatte. Unterstützt wurde Malloth auch in den nachfolgenden Jahren weiterhin und kontinuierlich durch Gudrun Burwitz' nationalsozialistische Hilfeorganisation »Stille Hilfe«.

Alle nachfolgend beschriebenen Versuche, eine Verurteilung Malloths wegen vielfachen Mordes zu erreichen, scheiterten an der Dortmunder Staatsanwaltschaft. Bewegung in die Sache kam erst im Jahr 2000, als die Münchner Staatsanwaltschaft den Fall übernahm. Im sozialdemokratischen NRW durfte Malloth sich hingegen sicher fühlen.

Kommen wir zurück zu Peter Finkelgruens Lebensweg. August 1988: Peter Finkelgruen befindet sich auf der Rückfahrt per Schiff von Israel nach Deutschland. Es ist eine Bootsfahrt, die Finkelgruen mehrfach beschrieben hat. Für den damals 46-Jährigen ereignete sich auf dieser Bootsfahrt zurück nach Deutschland die wohl schicksalhafteste Szene seines Lebens: Sie verband ihn für immer mit dem Wissen um den Mord an seinem jüdischen Großvater. Ein Mord, der auch für ihn selbst als Kleinkind vorgesehen war: In Shanghai lebende deutsche Nationalsozialisten, Mitglieder der NSDAP/AO, entwickelten kurz nach seiner Geburt einen detaillierten Plan, alle deutsch-jüdischen Exilanten, einschließlich der etwa 250 in Shanghai geborenen Babys, zu ermorden. Finkelgruen musste 50 Jahre alt werden, bis ihn diese Erkenntnis beim Abfassen seiner Familienbiografie überrollte.

Es ist ein sonniger Tag, nach sieben Jahren Israel bereitet sich Finkelgruen innerlich auf sein neues Leben, nun wieder in Köln, vor. Hierfür benötigt er Zeit – und Abstand zu den aufregenden, vom Geiste der Hoffnung durchtränkten produktiven Jahren in Jerusalem. Die zahlreichen Tonbänder seiner regelmäßigen Gespräche mit sieben palästinensischen Politikern und Intellektuellen sowie mit sieben israelischen Politikern befinden sich im Reisegepäck. Vier Tage dauert seine Rückreise auf der Paloma bereits. Im Hafen von Piräus macht sein Boot einen Stop. Finkelgruen geht an Land und kauft sich Zigaretten und die *Süddeutsche Zeitung*. Darin liest er eine Kurzmeldung über einen gesuchten NS-Täter, liest auch dessen Namen, der ihm seinerzeit noch nichts sagte. Die Kurzmeldung, auf Seite fünf, handelte von Anton Malloth:

> *»Der 1948 in der ČSSR als Kriegsverbrecher zum Tode verurteilte Anton Malloth ist von Italien in die Bundesrepublik abgeschoben worden.«* (*Haus Deutschland*) S. 11)

Die *taz* titelt am 11.8.1988:

> *»SS-Malloth in München. Nazi-Kriegsverbrecher gestern aus Italien abgeschoben / Staatsanwaltschaft: »Kein dringender Tatverdacht« / Er soll nur zur Vernehmung vorgeladen werden.«*

Die Dortmunder Staatsanwaltschaft habe »kein Interesse« an der Auslieferung Malloths gehabt, da »kein dringender Tatverdacht« bestehe. Die Kurzmeldung bedeutete ihm anfangs nicht viel: Finkelgruen hatte tausende vergleichbarer Meldungen über NS-Täter und Mitläufer gelesen und viele davon in Aktenordnern gesammelt. Ein Detail nistete sich jedoch in seinem Unterbewusstsein ein, alarmierte ihn: Der Aufseher habe im Gestapo-Gefängnis Kleine Festung Theresienstadt gearbeitet. Dieses kannte Finkelgruen: Dort war sein Großvater ermordet worden, was ihm Anna, Martin Finkelgrüns Lebensgefährtin und solidarische Beschützerin, mehrfach erzählt hatte. Und Anna hatte ihm wirklich nicht viel erzählt über seine verwirrende Familiengeschichte. Dies jedoch schon. Die Ermordung seines Großvaters hatte sie ihm in Israel mehrfach beschrieben.

Diese Nachricht lässt ihm keine Ruhe mehr. Sein gesunder, realitätsangemessener Verdrängungsmechanismus funktioniert nicht mehr. Finkelgruen beginnt über den »Fall Malloth« zu recherchieren, sucht hierfür in Prag, wo er als jüdisches Emigrantenkind fünf Jahre lang gelebt hatte, Zeitzeugen, Weggefährtinnen seiner Großmutter auf, die etwas über den Mörder und den Mord wissen könnten.

Ein halbes Jahr später, im Februar 1989, erfährt Finkelgruen bei einem Besuch in Prag bei »Tante Běla« – Běla Krausová – die näheren Umstände des Mordes. Finkelgruen schreibt über dieses Treffen:

> »Tante Běla hatte meine Großmutter in der Kleinen Festung Theresienstadt kennengelernt, nachdem diese zusammen mit Martin und einer Frau namens Neumann eingeliefert worden war. Běla erlebte, wie Anna an diesem und den nächsten Tagen ununterbrochen weinte. Martin war tot. Ihre Welt war zusammengebrochen, die Hoffnung und der Wunsch nach ein wenig Glück, Geborgenheit und Zufriedenheit waren endgültig zerstört. Man hatte ihr nicht gesagt, auf welche Weise Martin gleich nach der Einlieferung in der Kleinen Festung zu Tode gekommen war. Man hatte, wie Běla später sagte, es nicht gewagt. Sie war nicht ansprechbar gewesen. Man fürchtete, Anna würde die Nachricht nicht ertragen können.« (Haus Deutschland, S. 50f.)

Das Wissen um die Umstände seiner traumatischen Familiengeschichte löste zugleich, dies sei nur angedeutet, Finkelgruens frühkindlichen Traumatisierungen wieder aus – in einer Stärke, wie er es nicht erwartet hatte. Die Untätigkeit der deutschen Justiz, im Zentrum der sozialdemokratischen Metropole Dortmund, verstärkte die Traumatisierung. Es war die gleiche SPD-dominierte NRW-Justizverwaltung, die Jahrzehnte später ihren – man muss es so formulieren – verbissenen Kampf gegen den humanen, um Verständnis, um historisch-biografische »Gerechtigkeit« bemühten Richter Jan-Robert von Renesse führen sollte (DLF, 18.03.2016). Ein für Rentenzahlungen an Zwangsarbeiter in Ghettos während der Nazizeit zuständiger Richter, entsprechend der, wie es im Behördendeutsch wohl heißt, »Regelungen des Ghettorentengesetzes«:

»Von den etwa 70.000 Anträgen auf Zahlung einer Ghettorente
lehnten die deutschen Rententräger 96% ab. Von Renesse führt
dies auf die verfolgungsbedingte Beweisnot der Ghettoüberleben-
den zurück, die »meist nichts anderes als die auf dem Arm eintä-
towierte KZ-Nummer (...) als Beweis hatten.«

Die Tätigkeit der deutschen Behörden fasste von Renesse wie folgt
zusammen:

»Ihren eigenen Berichten [der Ghettoüberlebenden] hörte die deutsche Bürokratie – die allein auf ungeeignete Formulare oder alte deutsche Akten vertraute – gar nicht erst persönlich zu und
schenkte ihnen auch sonst keinen Glauben.« (Jan-Robert von Renesse: »Wiedergutmachung fünf nach Zwölf.« In: Zeitschrift für Rechtspolitik,
2014, S. 79–82.)

Dennoch vermochte Finkelgruen seine beiden autobiografischen Bücher abzuschließen.

Die Zeugenaussage der 90-jährigen Běla Krausová im Februar 1989
in Prag veranlasste Finkelgruen, bei der Dortmunder Staatsanwaltschaft Strafanzeige einzureichen. Parallel hierzu machte man ihn auf
eine Fernsehsendung aufmerksam, in der Malloths Rückkehr »heim
ins Reich«, mit Fotos untermalt, filmisch nachgezeichnet wurde. Finkelgruen wandte sich an die Redaktion, erhielt zahlreiche Dokumente, darunter eine »Verfügung des Leiters der Zentralstelle im Lande
Nordrhein-Westfalen für die Bearbeitung von nationalsozialistischen
Massenverbrechen bei der Staatsanwaltschaft Dortmund vom 23. April
1979«: Auf 248 Schreibmaschinenseiten wurden 764 »Fälle von Mord«
aufgeführt, zusammen mit den Namen der Täter: Jöckel, Rojko, Wachholz – und auch Malloth. Finkelgruen beschreibt seine eigene Reaktion
auf diese Fernsehdokumentation in dieser Weise:

»So sah ich Anton Malloth zum ersten Mal. Ein älterer Mann in
leichter Sommerkleidung, mit hellem Hut, trat von der Gangway,
unsicher und wie fragend um sich schauend: Was geschieht jetzt?
Werdet ihr mich annehmen? Mich beschützen? Schließlich habe
ich meine Treue unter Beweis gestellt. Ich bin einer von euch.«
(Haus Deutschland, S. 40)

Die Himmler-Tochter Gudrun Burwitz wartete bereits auf ihn.

1988–2000: Der Altersruhesitz in Pullach

Seit 1988 lebte der 76-jährige Malloth ungestört und umsorgt in München, zwölf Jahre lang. Auf Vermittlung der nationalsozialistischen »Stillen Hilfe« lebte Malloth ab Juni 1989 in einem am Stadtrand von München – in Pullach – gelegenen, gediegenen Altersheim. Obwohl er in Meran weiterhin ein Haus besaß, bezahlten die Münchner Sozialbehörden seinen Altersruhesitz. Das Haus an der Petrarca-Straße war Mitte der 70er Jahre 45.000 Euro wert (*Der Spiegel*, 26.06.2000). Als Anton Malloth erstmals von der Bitte der Dortmunder Staatsanwaltschaft um Amtshilfe erfuhr – also erstmals überhaupt um seine Sicherheit besorgt sein musste –, begab er sich unverzüglich zu einem italienischen Notar und vermachte sein Haus seiner Tochter.

Als Reaktion auf die Anklage wegen Mordes gegen ihn schickte Malloth am 14.6.89 (Anschrift: Franziskanerstr. 17, 8000 München) einen Brief an die Dortmunder Staatsanwaltschaft, auf das Aktenzeichen 45 JS 25/70 Bezug nehmend, und teilte mit:

> »*Ab 16.6.1989 lautet meine Anschrift: Haus am Wiesenweg, Wiesenweg 5, 8023 Pullach*« (PAF)

Er fügte eine Kopie der amtlichen Bescheinigung der »Commune di Scena/Gemeinde Schenna« vom 26.9.1995 bei, gemäß der er am 16.12.39 »für die deutsche Staatsbürgerschaft optiert«, diese Option jedoch am 29.1.49 widerrufen habe.

Am 8.11.1988, also nach Malloths Abschiebung, brachte das Fernsehmagazin *Monitor* einen kurzen Beitrag über Malloth, bzw. über die höchst wundersamen Umstände, die 40 Jahre lang eine Festnahme dieses bereits rechtskräftig verurteilten NS-Mörders verhindert hatten. Nun war Malloth auch für andere Medien ein öffentliches Thema: »Der Mörder, der offenbar einen Schutzengel hat« titelte die *Weltwoche* (8.3.1990). Und die *Zeit* (2.2.1990) konstatierte: »Kein dringender Tatverdacht. Der Fall Malloth: Wie ein KZ-Aufseher unbehelligt davonkam.«

Es lohnt sich, um die unendliche Malloth-Geschichte zu verstehen, die Folgewirkungen des *Monitor*-Fernsehbeitrages kurz zu skizzieren: Am 7.3.1990 tagte der Rechtsausschuss des Landtages NRW. Auch in dessen Sitzung (es war laut Protokoll die 56te), also 16 Monate nach Ausstrahlung des *Monitor*-Beitrages, wurde dort noch einmal ausführlich auf den Fernsehbeitrag Bezug genommen (Ausschussprotokoll 10/1478). Der CDU-Abgeordnete Klose monierte in dieser Sitzung, »dass mit der Berichterstattung über den Fall Malloth in der Sendung

Monitor in der Öffentlichkeit Unruhe ausgelöst worden sei.« Bei der Diskussion über den »Fall Malloth« habe er sich »in einer besonders misslichen Lage« befunden. Das Sitzungsprotokoll hatte eine andere CDU-Landtagsabgeordnete Finkelgruen mit Schreiben vom 23.4.1990 zukommen lassen (PAF).

Am 17.4.1990 reagierte der Klaus Bednarz, Chefredakteur von *Monitor*, persönlich auf ein Schreiben des SPD-Abgeordneten Friedrich Schreiber. Der erfahrene, mutige Journalist, der während seiner Korrespondententätigkeit in Moskau bereits Übleres durchlebt hatte, weist dessen Kritik an der Sendung in deutlichen Worten zurück: Juristen, denen sie diese Dokumente zuvor gezeigt hatten, hätten »die bezeugten Taten eindeutig als Mord qualifiziert.« Bednarz fügt hinzu:

> *»Wenn nun der Leiter der Zentralstelle Dortmund das Verfahren am 17. Januar 1990 eingestellt hat, ist dies für uns keine Veranlassung, unsere Schilderung des Tatbestands zu korrigieren. Es gibt in der deutschen Öffentlichkeit oft unterschiedliche Meinungen zu Verfügungen von Staatsanwälten und Urteilen von Richtern. (...) Ich hoffe, wir stimmen im Verständnis der freien Presse überein: Meinungsfreiheit besteht auch dort für Journalisten, wo Staatsanwälte zu einem anderen Urteil kommen.«* (PAF)

Und sogar ein Jahr später, am 25.2.1991, reagierte die zuständige Redakteurin Ulrike Schweitzer noch einmal brieflich auf eine Anfrage eines Zuschauers (PAF).

Am 5.8.1988 erreichte Oberstaatsanwalt Schacht der Anruf seines Bozener Kollegen, der mitteilte, dass Malloth »bei seiner Familie aufgegriffen« worden sei. Oberstaatsanwalt Schacht blieb offenkundig nichts anderes mehr übrig: Er musste nun doch, zumindest formal, reagieren. Die italienische Justiz wollte den NS-Täter nun so rasch wie möglich loswerden: Fünf Tage nach ihrem Anruf bei Schacht, am 10.8.1988, setzten die italienischen Behörden Malloth ins Flugzeug nach München. Wie bereits erwähnt: Der Transport mit einem Auto bzw. der Bahn durch Österreich erschien ihnen als zu heikel, weil dort auf Malloth noch ein weiterhin gültiger Haftbefehl wartete.

Am 10.8.1988 schickt das von Simon Wiesenthal geleitete Wiener *Dokumentationszentrum des Bundes jüdischer Verfolger des Naziregimes* (Salztorgasse 6/IV, 5), auf ein Telefongespräch mit Schacht Bezug nehmend, Finkelgruen zahlreiche neue Unterlagen über Malloth: Zeugenaussagen aus der ČSSR sowie aus Los Angeles; die Mitteilung, dass in Graz ein Strafverfahren gegen Malloth anhängig sei; eine Beurteilung der Geheimen Staatspolizei in Prag vom Oktober 1940; eine Meldebestätigung der Gemeinde Meran; eine Mitteilung, dass Malloth den deutschen Pass Nr. 1201625 habe, ausgestellt am 13.2.68, gültig für 5 Jahre (PAF).

Zwei Wochen später, am 28.8.88, führte Schacht in der städtische Klinik München Harlaching, »ohne Hinzuziehung einer Protokollführerin« (Finkelgruen) eine mehrstündige Befragung von Malloth insbesondere über dessen Lebensweg durch. Diese hat nach Finkelgruens Beschreibungen jedoch eher den Charakter einer freundschaftlichen Begegnung als den einer juristischen Befragung. Bei seinen Recherchen hat Finkelgruen das von Schacht eigenhändig angefertigte Protokoll — »sechs einzeilig geschriebene Schreibmaschinenseiten« (Finkelgruen) — erhalten. Hierin betont Malloth »Ich will nicht aussagen« — und gibt doch in freimütigem Ton Auskunft über sein Leben. Sein Aufwachsen bei seinen Zieheltern ergänzt dieser mit dem Zusatz, dass er mit ihnen »nicht blutsverwandt« sei. In diesem Gespräch schilderte der 76-jährige Malloth seine Flucht nach Italien und sein Leben in Meran. Er habe »die letzten 18 Jahre« in Meran als Vertreter einer Elektrofirma gearbeitet und sei 1972 in Rente gegangen. In Meran habe ihn seine Frau »versteckt«. Nun sei er alt, sehr krank und auf Unterstützung angewiesen. Die Landschaft Merans, in der der Mörder aufgewachsen ist, hatte Finkelgruen im März 1951 schon einmal gesehen, auf seiner Reise mit seiner Großmutter Anna von Prag nach Israel.

Um auf Finkelgruens Recherchen zurück zu kommen: Ein halbes Jahr später, im Februar 1989, trifft Finkelgruen »Tante Běla« — die 90-jährige Běla Krausová. Diese erzählt ihm als Zeitzeugin die Details der Ermordung seines Großvaters. Sie erklärt sich auch bereit, dies trotz ihres Alters gerichtlich zu bezeugen. Unmittelbar nach seiner Rückkehr nach Köln erstattet Finkelgruen bei der Staatsanwaltschaft gegen Malloth eine Anzeige wegen Mordes. Als er mitbekommt, dass die Staatsanwaltschaft kein Interesse an seiner Anzeige zeigt, schaltet er wenig später einen Anwalt ein.

In jahrelangen Bemühungen sammelt dieser von Finkelgruen beauftragte Anwalt öffentlich nicht zugängliche Gerichtsakten über Malloth. Allein diese Akten füllen mehr als zehn Aktenordner. Allein eine oberflächliche Beschäftigung mit diesen Akten löst Gefühle einer Lähmung aus: Es ist offenkundig, dass Teile der NRW-Justiz — deren Vertreter, wie spätere wissenschaftliche Untersuchungen belegen, ganz überwiegend noch während der Zeit der Nationalsozialismus ihre berufliche Ausbildung gemacht bzw. nur Vorgesetzte und Ausbilder hatten, die dem Nationalsozialismus ganz überwiegend nicht fern standen — alles versuchten, um Malloth zu schützen. Malloth ist für sie, so muss es scheinen, nicht »der Mörder«, »der Böse« – er ist »einer von ihnen« (Finkelgruen). Das harte Schicksal, eine Zufälligkeit hat Malloth als Aufseher nach Theresienstadt gebracht, eigentlich ganz gegen seinen Willen, so scheint es. Auch sie, die Oberstaatsanwälte, die noch in der Nazizeit ihre Ausbildung gemacht, ihre seelisch-biografische Prägung erfahren haben, hätten eine vergleichbare Tätigkeit wie Malloth ausführen können.

Anton Malloth war ein »Volksdeutscher«, einer von ihnen. Nur einer störte den gesellschaftlichen Frieden: Der »Rückkehrer«, der Jude Finkelgruen. Ohne ihn wäre alles besser, alles einfacher. Erstmals in einem Film gesehen hat Finkelgruen Malloth nach seiner Rückkehr von seinem Besuch bei der Zeitzeugin und Bekannten aus seiner Kinderzeit, Tante Běla, im Februar 1989. Ihm erstmals begegnet ist Finkelgruen erst, als sich dies nicht mehr verhindern ließ: anlässlich eines Gerichtstermins. Die neuen Akten belegen Sammelverfahren, in denen mehrere Hundert Einzelfälle von »Tötungshandlungen« in Theresienstadt untersucht wurden. Finkelgruen besucht den inzwischen 76-jährigen Josef Kleger im November 1989 in Prag und bekommt von diesem bestätigt, dass Malloth seinerzeit Martin Finkelgrün getötet habe. *Die Zeit* schreibt hierzu:

> *»Er habe damals gesehen, sagte Kleger zu Peter Finkelgruen, wie der alte Mann vom Gefängniskommandanten zu Boden geworfen wurde. Dann sei Malloth hinzugesprungen, habe auf den Mann eingeschlagen und sei auf ihm ›herumgesprungen‹. Kleger: ›Dem Häftling floss Blut aus dem Mund, als Malloth sagte, man solle ihn in die Totenkammer bringen.‹ Als Kleger am Abend von der Arbeit im Garten zurückkehrte, sei er an der Totenkammer vorbeigekommen. Sie habe offengestanden, darin habe ›völlig blutig‹ der alte Mann gelegen. Nachdem er die Schilderung beendet hatte, zeigte Finkelgruen dem Zeugen Kleger ein Photo seines Großvaters. Das habe er sich genau angesehen und dann gesagt: ›No jo, das war er.‹«* (Die Zeit: »Kein dringender Tatverdacht«, 2.2.1990)

Auch diese Zeugenaussage des tschechischen Staatsbürgers Josef Kleger befindet sich in Finkelgruens Privatarchiv. Der am 5.7.1913 Geborene hatte sie am 3.6.1975 vor der Staatsanwaltschaft Dortmund gemacht, im Bewusstsein der Strafbarkeit nicht zutreffender Aussagen. Auch dieses Dokument hatten Finkelgruens Anwälte in zähen Bemühungen aus den Dortmunder Archiven erhalten.

Kleger, der 1942 sechs Monate lang Häftling in Theresienstadt war und die Ermordung Martin Finkelgrüns erlebt hatte, verweist hierin darauf, dass er bereits am 5.1.1968 sowie am 13.11.1974 als ehemaliger Häftling von Theresienstadt Zeugenaussagen gemacht habe. An dokumentierten Zeugenaussagen ehemaliger Häftlinge hat es also nicht gefehlt. Er versichert, dass er Malloth, wie auch noch weitere NS-Wächter, eindeutig erkenne und beschreibt mehrere grausame Szenen. Einige kurze Ausschnitte seien wiedergegeben:

> *»Ich sah, wie Jöckel einen der Häftlinge umstieß, so dass dieser zu Boden fiel. Daraufhin sprang Malloth mit beiden Beinen auf den Körper des am Boden Liegenden und sprang auf ihm herum. Beim Vorbeigehen sah ich, wie diesem Häftling das Blut aus dem Mund spritzte. Von der Stelle vor dem Herrenhaus, wo wir bei den gärtnerischen Anlagen arbeiteten, konnte ich dann beobachten, wie der Körper des am Boden Liegenden in Richtung Totenkammer von zwei Häftlingen abtransportiert wurde. (...) Auf diesem Wege sind wir zur Totenkammer, die damals noch nicht abgeschlossen war, gegangen und dort habe ich den zu Tode getrampelten Häftling liegen sehen. Ich habe ihn an seinem Gesicht und an seiner Kleidung wiedererkannt.«* (Zeugenaussage Josef Kleger, PAF)

Kleger beschreibt weitere furchtbare Grausamkeiten, die Malloth wehrlosen Häftlingen vorsätzlich antat, auch Szenen, wie Malloth zwei Häftlinge abschließend mit einem Knüppel totschlug und fügt hinzu:

> *»Das eigentliche Erschlagen der Häftlinge mit dem Stock hat Malloth jedoch alleine vorgenommen. Ich kann mich heute noch an diesen Vorfall ganz genau erinnern.«* (PAF)

Kleger benennt auch weitere Zeugen, die bei den Morden dabei gewesen seien.

Weitere Zeugenaussagen

Wie bereits angedeutet: Allein Finkelgruens Korrespondenzen mit Rechtsanwälten und mit Schacht zu dokumentieren (PAF) würde den Umfang dieser Studie bei weitem sprengen. Einige Schreiben, die seine erste Strafanzeige gegen Malloth wegen der Ermordung seines Großvaters betreffen, seien in zeitlich chronologischer Reihenfolge dennoch knapp dokumentiert:

Am 24.2.1989 schickte Finkelgruen, auf besagtes Aktenzeichen 45 JS 25/70 Bezug nehmend, an die »Dortmunder Staatsanwaltschaft, Staatsanwalt Schacht« eine Strafanzeige gegen Malloth wegen Mordes an seinem Großvater. Er verwies auf die bezeugende Aussage seiner Großmutter Anna, wie auch auf die Zeugenaussage von Běla Krausová, die gemeinsam mit Martin Finkelgrün in Theresienstadt inhaftiert gewesen war. Diese bezeugte schriftlich ihm und seiner Frau Gertrud Seehaus die Haft und die Umstände der Ermordung Martin Finkelgrüns, einschließlich der dem Mord unmittelbar vorhergehenden Aussage:

> *»Mit diesem Juden werden wir doch auch noch fertig. Den werden wir erledigen.«* (PAF)

Zwei Tage später schickte er eine Kopie des Schreibens an die Kölner Rechtsanwälte Burghard und Fieguth, mit der Bitte um Weiterleitung. Finkelgruen erwägt hierin, »auch bei angenommener Aussichtslosigkeit«, eine Verfassungsklage, um eine Zulassung als Nebenkläger zu erlangen, da kein direkter Nebenklageberechtigter mehr lebe. In den folgenden Monaten korrespondierte Finkelgruen mehrfach mit Běla und mit Zdenka.

Am 11.8.1989 teilte Schacht Finkelgruen mit, dass dessen Anwälte die Akten der Ermittlungsverfahren nicht erhalten könnten, da diese zu umfangreich seien. Sie stünden ihnen »hier auf der Geschäftsstelle der Abteilung 45 (…) zur Einsichtnahme zur Verfügung«.

Am 24.8.1989 schickten die Anwälte eine handschriftlich, sowohl auf deutsch als auch auf tschechisch verfasste Zeugenaussage von Běla Krausová an Schacht.

Am 27.11.1989 übersandten Finkelgruens Anwälte eine »eidesstattliche Versicherung des Zeugen Kleger, aufgenommen vom staatlichen Notariat in Prag.« In Finkelgruens Archiv befinden sich, dies sei ergänzend angemerkt, zahlreiche, umfangreiche Dokumente bzgl. Anhörungen und Zeugenvernehmungen von Kleger, so vom 5.1.1968 (Litomerice, ČSSR); 20.11.68: Zeugenaussage durch Václav Myslivec (geb. 1895), in der er Klegers Aussagen unterstützt (Innenministerium ČSSR).

Schacht setzte offenkundig auf Zeit. Er ist – wie man auch seinen Schreiben entnehmen könnte – offenkundig »genervt«. Am 1.12.1989 bittet Schacht um die Zusendung eines Lichtbildes des Zeugen Kleger.

Finkelgruen vermochte all diese Jahre nur »durchzuhalten« und kontinuierlich, zielorientiert weiter zu arbeiten, weil er immer wieder kostenlos von einigen Politikern (vor allem aus dem seinerzeitigen »linken« FDP-Flügel (Ulrich Klug, Gerhard Baum, Burkhard Hirsch) sowie auch von den Grünen (u.a. Brigitte Schumacher und Volker Beck) sowie von einzelnen, hoch qualifizierten Juristen unterstützt wurde. Allein dieses Netz zu beschreiben würde den Rahmen dieses Beitrages sprengen.

Hervorheben möchte ich Gerhart Baum (vgl. Baum 1981, 2020). Am 19.5.1989 – seinerzeit gehörte Baum noch dem Bundestag an, seine Tätigkeit als Bundesinnenminister hatte 1982 mit der »Wende« von Schmidt zu Kohl geendet – schickte er Finkelgruen bzgl. der »Nebenklagebefugnis der Enkel von Naziverfolgten« eine juristische Auskunft aus dem Justizministerium und bot ihm zugleich ein Telefongespräch hierüber an (PAF).

Und am 12.2.1990 schreibt ihm eine Mitarbeiterin des Archivs von Yad Vashem und informiert ihn über eigenes Material »concerning the war criminal Anton Malloth«.

Am 12.12.1989 leiten Finkelgruens Anwälte Burghard & Fieguth beim Generalstaatsanwalt in Hamm eine Dienstaufsichtsbeschwerde ein:

> *»Soweit von hieraus zu beurteilen, hat unser Schreiben keinerlei Aktivitäten der Staatsanwaltschaft Dortmund ausgelöst. (…) Soweit ersichtlich, sind nicht einmal Anstalten gemacht worden, den Augenzeugen Kleger in Anwesenheit eines ermittelnden Staatsanwalts von den tschechischen Behörden vernehmen zu lassen«.* (Haus Deutschland, S. 164)

Und sie verweisen auf die Aussage einer Journalistin, Schacht »sähe keinen Anlass, tätig zu werden, da er dem Zeugen Kleger ohnehin nicht glaube.«

Am 18.12.1989 lehnte der Oberstaatsanwalt in einem Schreiben an Finkelgruens Anwälte die Annahme eines dringenden Tatverdachtes ab. Gleichfalls in diesen Tagen teilte er einer Journalistin sowie Simon Wiesenthal mündlich mit, dass er das Verfahren auf jeden Fall einstellen werde.

Am 7.2.1990 stellte der Generalstaatsanwalt in Hamm die Beschwerde gegen die Oberstaatsanwaltschaft in Dortmund ein.

Auch Simon Wiesenthal reagierte auf das Schreiben von Finkelgruens Anwälten, das Finkelgruen ihm zugeschickt hatte: Zwei Tage später rief er Schacht an und drückte seine Verwunderung darüber aus, dass dieser Malloth immer noch nicht verhaftet habe. Schacht teilte ihm lakonisch mit, »dass der Fall praktisch vor der Einstellung stehe«, er werde Frau Krausová noch anhören und den Fall dann einstellen. Die Begründung sei 300 Seiten lang. Wiesenthal verweist, im Wissen um die

Aussichtslosigkeit sachlicher Argumente, auf eine weitere Zeugin, eine in Los Angeles lebende Valy Sperl, die am 31.1.1989 in seinem Büro eine ausführliche Zeugenaussage gemacht habe – und fügt gegenüber Finkelgruen lakonisch hinzu:

»*Oberstaatsanwalt Schacht hält Frau Sperl anscheinend nicht für eine Augenzeugin.*« (PAF)

Auch diese zwei Seiten umfassende Zeugenaussage schickt er Finkelgruen zu.

Am 16.3.1990 reagieren Finkelgruens Anwälte auf Schachts Schreiben vom 15.2.1990 und bezeichnen dessen Anfrage, »wie die Staatsanwaltschaft Dortmund bei den Ermittlungen weiter verfahren solle« als »polemisch«:

»*Da Opfer, Tathergang und Tatzeitpunkt bekannt sind, könnte es angezeigt sein, den Zeugen Kleger zeugenschaftlich nach dem Täter zu vernehmen. Weniger angezeigt erscheint die Diffamierung zunächst des Zeugen Kleger und nunmehr des Zeugen Finkelgruen.*«(PAF)

Dennoch: Oberstaatsanwalt Schacht zeigte keinerlei Interesse an der Zeugenaussage. Er lud Finkelgruen am 6.6.1989 noch einmal vor, in der deutlich erkennbaren Absicht, diesen einzuschüchtern und die Akten endgültig zu schließen, erinnert sich Finkelgruen (persönliche Mitteilung). Überschrieben ist das drei Seiten umfassende Vernehmungsprotokoll mit: »Oberstaatsanwalt Schacht als Vernehmender, Justizangestellte K. als Protokollführerin« (PAF). Schacht bestritt, dass der Zeuge Kleger im November 1989 in der Lage gewesen sein könne, den ein gutes halbes Jahrhundert zuvor Ermordeten wiederzuerkennen. Er bezeichnete den Zeugen als unglaubwürdig und lehnte dessen erneute Vernehmung ab. Die Zeugin Běla Krausová – in Finkelgruens *Haus Deutschland* wird sie als »Tante Běla« bezeichnet – lässt er durch einen Kollegen in der ČSSR vernehmen. Das 1979 eingestellte Mammut-Ermittlungsverfahren habe zwar in rund 40 Mordfällen Malloth als Verantwortlichen festgehalten, so Schacht. Hierbei handele es sich jedoch um Taten wie Totschlag oder Körperverletzung, die nach 30 Jahren verjährt seien. Seine Behörde habe nie Kenntnis vom Aufenthaltsort des 1912 in Innsbruck Geborenen gehabt. Insofern habe sie nie etwas gegen Malloth unternehmen können. Damit sei der Fall endgültig abgeschlossen.

Am 17.1.1990 stellte Oberstaatsanwalt Schacht das Ermittlungsverfahren gegen Malloth erneut ein. Er habe Malloth selbst vernommen, alle Zeugenaussagen seien unglaubwürdig. Die Einstellungsverfügung umfasst 186 Seiten und listet 105 Fälle auf, in denen Malloth belastet wurde. Selbst äußerst grausame Zeugenaussagen wie die von Vojtěch S. sowie von František S. seien entweder unglaubwürdig oder juristisch nicht haltbar.

Die Zeit titelt: »Kein dringender Tatverdacht. Der Fall Malloth: Wie ein KZ-Aufseher unbehelligt davonkam«. Sie zieht das Resümee:

> *»Anton Malloth lebt weiterhin unbehelligt in einer kleinen Stadt bei München. Peter Finkelgruen hat die Adresse. Am Anfang, erzählt er, habe er ›archaisch‹ reagiert: ›Du kaufst dir jetzt 'ne Pistole und erschießt ihn!‹ Dann habe er sich gemäßigt: ›Nein, du schlägst ihn nur nieder.‹ Schließlich siegte die Vernunft, Finkelgruen erstattete Anzeige, wie es sich gehört. Dass dies nun aber offensichtlich nicht zur erhofften Sühne führen wird, muß er erst noch verarbeiten: ›Das prägt den Alltag, man denkt ständig daran.‹* (Die Zeit, 2.2.1990)

Finkelgruen, der nach den erlittenen Traumatisierungen inzwischen arbeitsunfähig war, ließ nicht nach. Er war nicht bereit, das offenkundige Unrecht, den ungesühnten Mord an seinem Großvater hinzunehmen. Um dem weiteren Ablauf vorzugreifen: Verurteilt wurde Malloth erst elf Jahre und drei Monate später, am 30.5.2001, in München – nicht in Dortmund.

Einigen Medien war aufgrund der langen Vorgeschichte klar, wie der Prozess ausgehen würde. Und sie interpretierten den Ausgang politisch. So titelte die *taz* am 13.12.89 recht drastisch: »Abwarten – bis die Zeugen sterben…« Und in der Unterzeile konstatierte sie nüchtern:

> *»NS-Verbrecher Anton Malloth auch eineinhalb Jahre nach Rückkehr in die BRD auf freiem Fuß.«* (taz, 13.12.89)

Vergleichbar deutlich war ein drei Wochen später publizierter Beitrag in der *Frankfurter Rundschau* formuliert:

> *»Nur keine Eile, dann erledigt sich der Prozess fast von selbst. Der Fall Anton Malloth: gegen mutmaßliche NS-Verbrecher wird oft sehr gemächlich ermittelt«.* (FR, 3.1.1990)

Verfasst war er von der erfahrenen, in Köln lebenden Gerichtsreporterin Ingrid Müller-Münch; er erschien zwei Wochen vor dem offiziellen Dortmunder Urteilsspruch. Sehr detailliert und kenntnisreich wird die quälend lange Vorgeschichte beschrieben. Die postulierten »umfangreichen Nachforschungen« der Dortmunder Oberstaatsanwaltschaft werden mit den 1970 begonnenen und 1979 »vorläufig eingestellten« Ermittlungen verglichen. Der, so heißt es im Zeitungsbeitrag wörtlich, »Eifer«, das »Engagement« der Ermittlungen werde allein an dem Umstand deutlich, dass »ein Dachauer Häftling« 1971 »ganze zehn Minuten« gebraucht habe um zu klären »wo Malloth in Meran als Vertreter für deutsche Firmen lebte«. Die Dortmunder Staatsanwälte hingegen seien so vorgegangen:

> *»Wir haben immer mal wieder nachgefragt bei den italienischen Behörden – doch die trafen ihn nie an, und ich habe keinen Anlass, an dieser Auskunft zu zweifeln.‹ Dabei beließ es Oberstaatsanwalt Klaus Schacht.«* (FR, 3.1.1990)

Finkelgruens zunehmend auswegloser erscheinende Gefühlssituation, sein schon als »Naivität« wahrgenommenes Vertrauen auf die Ermittlungsbereitschaft der Staatsanwaltschaft wird im FR-Beitrag herausgearbeitet. Immerhin ging es für den im Shanghaier Exil geborenen Juden Finkelgruen um die Ermordung eines seiner engsten Verwandten. Und dieser Mord entsprach dem Schicksal, das die in Shanghai herrschende NSDAP/AO auch für den jüdischen Säugling fest eingeplant hatte. Dies alles wurde Finkelgruen erst in seinen Nachforschungen als 50-Jähriger bewusst. Der Schock über das Wissen, dass ihm die Deutschen selbst als unschuldigem jüdischen Säugling sein Existenzrecht aberkannten, sogar im 20.000 Kilometer von Deutschland entfernten Shanghai, war eine schwer traumatische Erkenntnis für ihn. Sie kumulierte seelisch mit Finkelgruens frühkindlichen schweren Traumatisierungen, die wiederum durch die Traumatisierungen seiner Eltern sowie deren frühen Tod massiv verstärkt wurden.

Die erkennbare Weigerung des zuständigen Staatsanwaltes, seiner Pflicht nachzukommen, und dies über viele Jahre hinweg, war eine mehr als schockhafte Erfahrung. Sie lähmte Finkelgruen, sie rief abgrundtiefe Ängste und Verzweiflung in ihm hervor. Er vermochte diese mehr als zehn Jahre andauernde Erfahrung einer quälenden Hilflosigkeit nur durch seine Akribie zu ertragen, mit der er sich juristische Kenntnisse aneignete, mit der er sich Bündnispartner suchte: Befreundete Juristen, fortschrittlich-liberale Politiker, überlebende Juden, die vergleichbare Erfahrungen wie er selbst gemacht hatten wir er selbst. Ihnen vermochte er zu vertrauen, mit ihnen kämpfte er für den demokratischen Rechtsstaat und für eine gleichermaßen individuelle wie auch historische Gerechtigkeit. Die linksliberale Journalistin Ingrid Müller-

Münch, die Finkelgruen kennenlernte, verstand dies alles sehr genau und fand die treffenden Worte. Sie kommentiert:

»Als Finkelgruen die Ungewissheit nicht mehr aushalten konnte, fuhr er auf eigene Faust noch einmal nach Prag, um den überlebenden Augenzeugen des Geschehens, das er für den Mord an seinem Großvater hält, selbst zu interviewen. Eile war geboten. Josef Kleger, der Augenzeuge, ist alt. Bereitwillig schildert der ihm jenen Vorfall. Auf einem Foto erkannte Kleger anschließend in Martin Finkelgrün das damalige Opfer des Malloth wieder. Hatte er das Gesicht des zu Tode Getrampelten doch an jenem Tag noch einmal klar und deutlich durch die offenstehende Tür der Totenkammer sehen können.« (Ingrid Müller-Münch, FR, 3.1.1990)

1994: »Hessens Justiz schreibt neues Kapitel der Nichtverfolgung von NS-Prozessen.«

Zur Erinnerung – es sei auf den *haGalil*-Aufsatz über Ralph Giordanos Verdikt vom »emotionslosen Ochsenfrosch« ab Seite 83 dieses Buches verwiesen: Drei weitere Jahre vergingen, bis Ralph Giordano diesen für Finkelgruen schwer traumatisierenden Prozess mit einigen wenigen Worten durchbrach, die er gleichfalls in der linksliberalen *Frankfurter Rundschau* publizierte. Und es verging noch einmal mehr als ein Jahr, bis diese Grausamkeit in einem Gerichtsprozess mündete, die Oberstaatsanwalt Schacht nun nicht gegen Malloth führte – sondern gegen die wohl einzigen Juden, zu denen er in einem beruflichen Kontakt stand: Gegen Ralph Giordano und Peter Finkelgruen.

Auch diese Absurdität wurde in Zeitungsbeiträgen präzise beschrieben: Die *Berliner Zeitung* titelte am 13.4.1994 über den anstehenden Prozess von Malloth gegen Giordano und Finkelgruen: »Hessens Justiz schreibt neues Kapitel der Nichtverfolgung von NS-Prozessen. Ein Mord und seine Folgen.« Eröffnet wird der Beitrag in aller sprachlichen Deutlichkeit:

»Die deutsche Justiz ist im Begriff, den Ruf mangelnder Aufarbeitung der NS-Zeit zu festigen: Am Freitag findet im Amtsgericht Frankfurt a. M ein Prozess wegen »Beleidigung und öffentlicher Herabwürdigung eines Oberstaatsanwalts« gegen den jüdischen Schriftsteller Ralph Giordano statt. Die Geschichte des Verfahrens beginnt am 10. Dezember 1942 im KZ Theresienstadt...«
(*BZ*, 13.4.1994)

Kommen wir zu Finkelgruens nicht nachlassendem Engagement zurück: Im Februar 1989 traf der 46-jährige Peter Finkelgruen innerlich eine Entscheidung: Er wollte versuchen, endgültig Licht in die Umstände der Ermordung seines Großvaters Martin Finkelgrün zu bringen. Finkelgruen, spürte, dass es für ihn wohl keinen Weg zurück in die Zeit des Nichtwissens über seine Familiengeschichte geben würde, wenn er den Brief an »Tante Běla« losschicken würde. Běla hatte er als Kind in Prag kennengelernt. Da der fünfjährige Peter Finkelgruen in Prag außer seiner Mutter Esti und seiner Großmutter Anna ansonsten keine lebenden Verwandten mehr hatte, nahm er Běla als Tante wahr.

Vor mir liegt ein akkurat maschinengeschriebener Brief, den Finkelgruen am 22.2.1989, von seiner Wohnung in Köln-Zollstock aus an Běla geschrieben hat. Da Finkelgruen diesen nie verwendet hat, werde ich ausführlicher aus ihm zitieren. »Tante Bělas« Erinnerungen hatten ihm eine ihm bisher völlig unbekannte Seite seiner Großmutter Anna vermittelt: Anna war nun nicht mehr die durchsetzungsfähige, robuste, kämpferische, durchaus nicht immer einfühlsame Groß- und Ersatzmutter. Die Frau, die als einzige bereit war, für den weitgehend elternlosen Jungen Verantwortung zu übernehmen. Seine bereits sehr kranke Mutter Esti war mit Peter in das kommunistische Prag gegangen, hatte also ihre ursprünglichen Emigrationspläne nach Peru verworfen, um wieder mit ihrer Mutter Anna zusammen zu sein.

Zugleich war die 90-jährige Běla Krausová – Tante Běla – die erste Zeitzeugin, die ihm den Mörder seines Großvaters (sowie zahlreicher anderer Häftlinge) eindeutig benennen konnte: Malloth war der Mörder. Das Trauma war wieder da. Finkelgruen schrieb am 22.2.1989 an Běla Krausová:

»Liebe Běla (…) Zuerst wollte ich Dir sagen, dass es für mich eine sehr große Freude war, Dich zu sehen und mit Dir sprechen zu können. Es war auf irgendeine Art und Weise eine Rückkehr zu einem Teil meiner Kindheit. Ich habe gemerkt, dass ich so gerührt war, dass es mir nicht gelungen ist, selber sehr viel zu reden und zu erzählen.

Nachdem Gertrud und ich von Dir weggefahren sind, fuhren wir wie es unsere Absicht war nach Theresienstadt. Auf dem Weg dahin waren wir sehr schweigsam. Denn ich hatte von Dir zum ersten Mal geschildert bekommen, wie mein Großvater in Theresienstadt umgebracht wurde – und von wem.«

Nachfolgend beschreibt Finkelgruen den ihn erschütternden Lernprozess ab August 1988, während seiner Rückkehr von Israel nach Deutschland; wie er erfuhr, dass Malloth der Mörder seines Großvaters war – und ungestört, umsorgt in Deutschland lebte:

> *»Da las ich eine Meldung in einer Zeitung über einen Mann, der beschuldigt wird in Theresienstadt viele Häftlinge geschlagen und umgebracht zu haben. Es ist ihm gelungen aus Italien – wo er vorher gewohnt hat – nach Deutschland zu fliehen und damit seine Auslieferung an die ČSSR, die seine Auslieferung von Italien verlangt hatte, zu verhindern. Er lebt heute in München und der Staatsanwalt der ihn anklagen soll, meint er hätte nicht genug Beweise. Das stand alles in der Zeitung hier und ich habe es mir ausgeschnitten, weil in der Meldung auch gesagt wurde, dass dieser Mann von 1940 bis 1945 in Theresienstadt gewesen sei. Da ich wusste, dass mein Großvater im Jahre 1942 in Theresienstadt erschlagen wurde, habe ich die Meldung ausgeschnitten – ich dachte, das könnte der Mörder gewesen sein.«*

Finkelgruen schreibt weiter an Běla:

> *»Du kannst Dir vorstellen was es bedeutete als Du von der Ermordung des Großvaters erzählt hattest und davon wie ihr tagelang der Großmutter nichts erzählen konntet, und dabei den Namen des Mörders genannt hast und gesagt hast was er beim Erschlagen des Großvaters gesagt hat.«*

Der Name des Mörders sei identisch mit dem von ihr genannten Namen:

> *»Dieser Mann lebt heute in München – und ich bin entschlossen das was ich tun kann um ihn seiner Strafe zuzuführen oder wenigstens ihm seine Ruhe zu stören, zu tun.«*

Anschließend fragt er Běla, ob sie bereit wäre, diese Aussage noch einmal, trotz der damit verbundenen Belastungen, vor einem Richter in Prag zu wiederholen.

Am selben Tag schickt noch einen Brief, an Tante Zdenka. Die Kinderärztin hatte Peter Finkelgruen im Winter 1946 gleich nach seiner Ankunft in Prag kennengelernt: Sie hatte, wie Anna, das KZ überlebt und dort ihre Mithäftlinge medizinisch versorgt. Anna brachte den unterernährten und an den Folgen einer Amöbenruhr leidenden Vierjährigen zu ihr.

Die am 20.8.1908 in Prag geborene Kinderärztin Zdenka Nedvedová-Nejedlá[34], Tochter eines Prager Professors, hatte ab 1926 Medizin studiert und 1938 in Prag eine kinderärztliche Praxis eröffnet. Sie verstand sich als Kommunistin, wie auch ihr Ehemann und hatte sich nach der deutschen Besetzung der ČSR dem Widerstand angeschlossen. Im Juni 1942 wurde sie verhaftet und monatelang verhört. Am 27.1.1943 wurde sie gemeinsam mit ihrem Mann in das Konzentrationslager Auschwitz verschleppt. Ihr Mann verstarb zwei Monate später an Fleckfieber. Sie selbst wurde am 20.8.1943 in das KZ Ravensbrück verschleppt und arbeitete dort als Häftlingsärztin. Am 31.5.1945 kehrte sie mit einem Krankentransport zusammen mit 100 anderen Frauen nach Prag zurück, wo sie wieder als Kinderärztin arbeitete. Zdenka wurde Vorsitzende der tschechoslowakischen Lagergemeinschaft Ravensbrück und trat 1948/49 als Zeugin in den britischen Ravensbrück-Prozessen in Hamburg auf. 1968 protestierte sie öffentlich gegen die Okkupation der ČSSR und trat 1969 aus der KP aus (De Gruyter 2011).

Ab dem Winter 1946 gehörte Zdenka zu den wenigen Vertrauten der Familie. Peter hielt sich oft in ihrer Küche auf, wo er sie als Köchin, Haushälterin und Geschichtenerzählerin erlebte. 1949 nahm sie Peter mit in die Oper: Das imposante, am Moldauufer gelegene Prager Nationaltheater spielte »Die verkaufte Braut« von Smetana, was »einen überwältigenden Eindruck« bei dem Siebenjährigen. Auch Zdenka besucht Peter Finkelgruen. In einem Brief beschreibt er die Begegnung:

»Es war für mich wie in einem Traum. Ich bin aus dem Wagen gestiegen, unten in der Leva Ulice und bin einfach wie das sechsjährige Kind, das ich mal war, einen Weg gegangen und direkt auf sein Haus zu, das ich erkannt habe, und hinauf zu Deiner Wohnung.«

Er beschreibt auch ihr die Bedeutung, die diese beiden Begegnungen für ihn haben: Zum Verständnis der Ermordung seines Großvaters, aber auch zum Verständnis seiner tiefen, unbewussten Ambivalenz, die er gegenüber Anna empfindet. Und er fragt auch sie:

»Würdest Du mir nochmal alles über die Zeit mit der Großmutter im Konzentrationslager erzählen? (…) Wenn ich von Dir und Běla Bescheid habe, werde ich ganz schnell wieder nach Prag kommen.«

---

[34] Im Newsletter des Bulletins des Terezin Memorial findet sich ein mit »The Sun of the Camp« betitelter Beitrag über Nedvedová-Nejedlá, Biografie und Überlebenskampf im Lager Ravensbrück.

Exkurs: Die Ermittlungsakten der 1970er Jahre – ein Schock für Finkelgruen

Seit seiner Rückkehr nach Deutschland im Sommer 1988 hatte Finkelgruen den Lebensweg und die Verbrechen des Anton Malloth recherchiert. Nach dem Besuch bei Tante Běla im Februar 1989 hörte er von einem kürzlich ausgestrahlten kurzen Filmportrait, in dem Malloths Weg »Heim ins Reich« nachgezeichnet worden war. Er rief bei der Redaktion an und bat darum, den Film sehen zu dürfen:

> *»So sah ich Anton Malloth zum ersten Mal. Ein älterer Mann in leichter Sommerkleidung, mit hellem Hut, trat von der Gangway auf das Rollfeld, unsicher und wie fragend um sich schauend: Was geschieht jetzt? Werdet ihr mich anschauend? Mich beschützen? (...) Ich bin einer von euch.«* (Haus Deutschland, S. 40)

Und er fügt, auf den Oberstaatsanwalt Schacht bezogen, hinzu:

> *»In dem Fernsehbeitrag sah ich ihn zum ersten Mal. Seinen Überdruss konnte er kaum verbergen. Die Arroganz des pensionsberechtigten Karrieristen, dachte ich.«* (ebd., S. 44)

Ralph Giordano hatte den gleichen nachhaltigen Eindruck von Schacht. Später erhielt Finkelgruen Fotos von Malloth, dann reiste er im Rahmen von Dietrich Schuberts Filmprojekt *Unterwegs als sicherer Ort* (1997) zu Malloths Altersheim. Dies waren Schritte einer vorsichtigen, ambivalenten Annäherung, um ein konkreteres Bild des Mörders zu gewinnen. Sie brachten ihm Albträume und schwere psychosomatische Belastungen ein. Er wurde nun zum Opfer, zum Träger einer Last – weder der Mörder Malloth noch der deutsche Oberstaatsanwalt Schacht litten unter der Tat, der systematischen Verfolgung, dem Mord. Finkelgruen muss von Anfang an und dann immer wieder gespürt haben, wie existentiell ihn dieses, aus dem Aktenstudium gewonnene Wissen um die Identität des Mörders gesundheitlich gefährdete. Er beschreibt seine abgrundtiefe Ambivalenz in *Haus Deutschland*:

> *»Der Gedanke, es nicht zu tun, überfällt mich immer wieder. Mich nicht darauf einzulassen. Mir zu sagen, damit hast du nichts zu tun. Mich zu verkriechen. Mein Wissen zu verbannen. Vorstellung und Wissen zu verbannen. Sie aus meinem Gehirn zu tilgen. Das Stück herauszuschneiden, in dem der Film – wie ein Mensch in Uniform auf einem alten Mann herumtrampelt –*

Und doch dürfte er sich damals, im Frühjahr 1989, selbst in seinen pessimistischsten Erwartungen nicht vorgestellt haben, dass er nun dreizehn Jahre lang an diesen Mörder, an dieses Trauma gebunden bleiben sollte.

Kommen wir zur publizistischen Aufarbeitung der Geschichte Malloths zurück: Zahlreiche Zeitungen, auch *Spiegel* und *Zeit*, griffen das Thema auf. Bald war der NS-Prozess, dank Finkelgruens Insistieren, sogar ein internationales Thema: Die Vielzahl der Presseausschnitte und Stellungnahmen füllen mehrere Ordner. Auch italienische, tschechische, israelische und amerikanische Medien schrieben über den Prozess. Zu seinem ungläubigen Erstaunen musste Finkelgruen nun feststellen, dass sogar Malloths Anschrift bekannt war. Und doch weigerten sich die zuständigen deutschen Stellen, die Geschichte, den Mord und die Morde aufzuklären. Sie verweigerten bewusst die Grundstandards des demokratischen Rechtsstaats.

Finkelgruen begann nun, noch intensiver zu recherchieren. Im Februar 1989 erstattete Finkelgruen, nach seinem Gespräch mit Tante Běla, eine Anzeige gegen Anton Malloth wegen Mordes. Dem beauftragten Rechtsanwalt gelang es, nach und nach und auf Umwegen, einen Teil der bei der Dortmunder Staatsanwaltschaft liegenden umfangreichen Akten aus den 70er Jahren anzufordern. Finkelgruen hat auch diese Akten bis heute aufbewahrt.[35]

Das erste Strafverfahren war am 23.4.1979 von der Dortmunder Ermittlungsbehörde eingestellt worden. Je mehr sich Finkelgruen nachts in seinem Keller in der Kölner Siebengebirgsallee in die Akten vertiefte desto größer wurde sein Schock. Seine abgrundtiefe Empörung über das »wortreiche deutsche Schweigen« – so lautet ein Buch seines Freundes Peter Ambros – über Akten, in denen 764 Fälle von Mord und Totschlag untersucht wurden, ohne zu einer einzigen Verurteilung zu kommen. Besagte Akte 45 Js 25/70 schockierte ihn besonders:

---

[35]Diese Akten sind in dem von Dr. Ulrich Soénius geleiteten Archiv – Stiftung Rheinisch-Westfälisches Wirtschaftsarchiv zu Köln (RWWA) – archiviert, einschließlich Finkelgruens gesamtem Vorlass.

*ausschließlich verstorbene, nicht zu ermittelnde oder außerhalb
der Bundesrepublik Deutschland lebende Beschuldigte beteiligt
gewesen sein sollen.«* (ebd., S. 41)

Auf Seite 21 dieser Verfügung fand er eine Kurzbeschreibung, die er
seinem ermordeten Großvater Martin zuordnete:

>*»Fall 39 a) zweite Hälfte des Jahres 1942, b) Block A der KFT,
>c) Malloth (u.), d) ein alter Jude, e) erschlagen«,*

wie es nüchtern in den Akten heißt. Kleger taucht immer wieder in
den Dokumenten auf. Für Finkelgruen wurde beim Lesen der Akten
rasch klar: Die Staatsanwaltschaft wusste seit Jahren von diesen und von
weiteren Morden, sie kannte auch die Namen der Täter. Und doch hatte
es kein einziges Gerichtsverfahren gegeben.

Immer wieder wird in den Gerichtsakten Malloth erwähnt; Fin-
kelgruen strich diesen Namen in den Akten über einhundertmal an.
Hieraus erwuchs seine Reflexion über die Frage, was einen »perfekten
Mord« ausmache – etwa in der Eingangsszene zu Dietrich Schuberts
Kinofilm *Unterwegs als sicherer Ort* (1997), während einer gemeinsamen
Autofahrt am frühen Morgen, entlang der Kölner Nord-Süd-Fahrt, aber
auch in den ersten Sätzen von *Haus Deutschland*:

>*»Dies ist die Geschichte eines ungesühnten Mordes. Keines per-
>sönlichen Mordes – oder doch? Ist ein perfekter Mord einer, der
>begangen und nicht entdeckt wird? Oder ist der perfekte Mord
>jener, der auf offener Bühne vor den Augen aller begangen wird?«*
>(ebd., S. 9)

Denn eigentlich hatte er mit seinem Buch eine Erzählung über seine
ihm Jahrzehnte lang weitgehend unbekannten Eltern schreiben wollen:

>*»Aber ich stieß auf einen Mord und auf einen Mörder. Ich wech-
>selte vom Chronisten zum Detektiv. Zum Schnüffler. Es war
>unmöglich, der Lebensgeschichte der Eltern nachzugehen, ohne
>diesen Mord zu schildern.«* (ebd., S. 9)

Die jahrelangen Prozesse gegen Malloth bzw. gegen die Dortmunder
Oberstaatsanwaltschaft haben tiefe Spuren in Finkelgruen hinterlassen.
Ich frage mich bei der Lektüre der Schriften und Akten immer wieder,
wie er dies seelisch und körperlich hat überstehen können. In *Haus
Deutschland* bemerkt der inzwischen 50-Jährige, als er Malloths Auslieferung von Italien nach Deutschland per Flugzeug beschreibt, erschüttert:

»*Anton Malloth wurde von Meran nach München geflogen. In die Sicherheit. Ich habe mir keine Pistole in der Kölner Unterwelt besorgt. War ich zu feige? Manchmal träume ich davon, dass Überlebende des Holocaust zu Terroristen werden, um die Mörder von damals – nein, nicht umzubringen, sondern ihnen das Gefühl einer permanenten, sie nie verlassenden Angst zu verschaffen. Damit sie wenigstens entfernt ahnen, womit die Überlebenden den Rest ihres Lebens verbringen.*« (ebd., S. 134)

Finkelgruen ringt mit der Aufrichtigkeit seiner Motive:

»*War es Feigheit, die mich abgehalten hat, etwas zu tun, das ich als richtig empfand? Waren die Argumente des Rechtsstaats nur Vorwände? Ich werde es wohl nie wirklich wissen. Aber immer werde ich die Lästerstimmen hören: Es war doch nur Angst. Es ist Selbsttäuschung, zu denken, dieser Staat sei so organisiert dass der einzelne um des Gemeinschaftsfriedens willen auf den Atavismus der Selbstjustiz verzichten könne. (...) Um die Täter zu schützen, versagt sich diese Gesellschaft ihre Gefühle und betrügt die Opfer um ihr Recht. Ich habe Anton Malloth nicht umgebracht. Ich habe ihm nicht einmal Angst gemacht.*« (ebd., S. 134)

1992: Der »Kostenfeststellungsbeschluss«

Finkelgruen beendet seine 1992 erschienene Familienbiografie *Haus Deutschland* mit einem persönlich gehaltenen »Nachtrag«. Seinerzeit dachte er wohl, dass die Justizgeschichte um den Mörder Anton Malloth nun, nach drei Jahren, bald ein Ende finden werde. Dass die formalen juristischen Auseinandersetzungen noch neun Jahre weiter gehen würden, vermochte er sich beim Abschluss seines ersten Buches nicht vorzustellen. Seine Anzeige gegen Malloth hatte Finkelgruen am 24.2.1989 gestellt. Am 21.2.1992 erhielt er vom Landgericht Dortmund einen »Kostenfeststellungsbeschluss«, dass er 509 DM an das Land NRW zu zahlen habe. Weiterhin erhielt er eine Rechnung in Höhe von 315 DM, da seine Nachforschungen und Strafanzeigen nicht »dem mutmaßlichen Willen des beklagten Landes« entspreche. Es war wohl insbesondere diese Formulierung, die Finkelgruen zutiefst erschütterte.

Sein Freund Ralph Giordano verstand dies intuitiv, verfasste seine ungestüme Besprechung von *Haus Deutschland* in der *Frankfurter Rundschau* vom 9.1.1993) – und lockte den Oberstaatsanwalt Schacht mit seiner Formulierung vom »emotionslosen Ochsenfrosch, dem die Untat ins Gesicht geschrieben« stehe, verstärkt noch durch den Zusatz

von der »schändlichen Geschichte einer schändlichen Justiz«, aus der
juristischen Reserve. Mit durchschlagendem Erfolg. Für die Dramatik
dieses Prozesses, dieses staatlichen Täterschutzes, wählte Giordano diese
Formulierung:

> *»Es heißt, der Mensch kann nur einmal sterben. Auch das ist
> ein Irrtum. Martin Finkelgrün, wie unzählige seiner Leidensge-
> nossen, wurde zweimal getötet: einmal physisch, und ein anderes
> Mal dadurch, dass gegen Anton Malloth kein Verfahren eröffnet
> wurde.«*

Finkelgruen zeichnet in seinem »Nachtrag« zum Buch Schachts offenkundig wohlkalkulierte, formale Schritte und Begründungen nach, um
die Akte des NS-Täters endlich und für immer vom Tisch zu bekommen. Gut drei Monate nach seiner ersten Anzeige, am 6.6.1989, fand
die bereits erwähnte Vorladung Finkelgruens statt. In der Anhörung
wollte Schacht von Finkelgruen nur wissen, »woher ich mein Wissen
über den Inhalt der besagten Verfügung hätte.« Später stieß er noch
auf einen Aktenvermerk der Dortmunder Staatsanwalt vom 5.8.1988,
in dem notiert war:

> *».. .Eine andere Möglichkeit, das Verfahren abzuschließen, ist
> nicht zu ersehen.«* (Finkelgruen 2002, S. 105)

Dass seine Bemühungen als Enkel eines am 10.12.42 in Theresienstadt
ermordeten jüdischen Großvaters und als Sohn eines am 29.7.43 in
Shanghai an den Folgen der Verfolgung verstorbenen jüdischen Vaters
nicht »dem mutmaßlichen Willen des beklagten Landes« entsprechen
sollte, enthielt für Finkelgruen die unzweideutige Botschaft, dass er als
Jude nicht in Deutschland leben dürfe. Es erinnerte ihn an seine gut
zehn Jahre zurückliegenden Bemühungen um die zumindest posthume
Ehrung der Kölner Edelweißpiraten. Seinerzeit, so merkt er in seinem
Nachtrag an, »schlugen mir überall die Kälte und der Zynismus der
Behörden entgegen.« (1992, S. 168)

Finkelgruen beschließt sein *Haus Deutschland* (1992) mit einem Ge-
dicht Erich Frieds, das dieser ihm im Januar 1980 am Rande einer
gemeinsamen Podiumsdiskussion gewidmet hatte. Mit *Beschreibung der
ehrenhaften Bürger, die den Mord nicht Mord und die Opfer nicht Opfer nennen
wollen* ist es überschrieben. Es endet so:

> *»Sie sind furchtbar jämmerlich*
> *und sie sind jämmerlich furchtbar*
> *und sie sind immer noch*
> *erbärmlich erbarmungslos.«*

1993: Antisemitische Drohbriefe

Finkelgruens langjähriger Freund und Unterstützer Ralph Giordano vermochte die Anzahl der Morddrohungen, die ihn brieflich und telefonisch erreichten, kaum noch zu zählen. Anfang der 1990 Jahre ereilte ihn die 221. Morddrohung; der streitbare Journalist und Überlebende nahm es mit Gelassenheit. Er stand weiterhin im Kölner Telefonbuch, mit Festnetznummer und seiner Köln-Bayenthaler Anschrift. Seine am 9.1.1993 in der *Frankfurter Rundschau* publizierte kämpferische Besprechung von Finkelgruens Buch dürfte die Anzahl der gegen ihn gerichteten Morddrohungen noch einmal erhöht haben. *Ich bin angenagelt an dieses Land* blieb Giordanos ein Jahr zuvor in Buchform gegossenes Credo.

Den türkischstämmigen Rechtsanwalt Mehmet Daimagüler, seit 2012 Anwalt im NSU-Prozess, ereilen wegen seines Insistierens und seiner auch in Talkshows geäußerten klaren Worte nahezu täglich Morddrohungen. In einem *Stern*-Interview mit Kerstin Herrnkind schätzte er sie im April 2017 auf etwa 1.000 pro Jahr:

> *»Wenn ich bei Anne Will in der Talkshow sitze, habe ich danach etwa 50, 60 Morddrohungen im Mailordner. Früher habe ich Vieles angezeigt. Aber das ist mir zu mühsam. Es kommt ja eh nichts dabei heraus.«*(Stern, April 2017)

Die Antisemitismusforscherin Monika Schwarz-Friesel hat 14.000 judenfeindliche Briefe wissenschaftlich aufgearbeitet; die Mehrzahl von ihnen wurde mit Klarnamen und Nennung der eigenen Anschrift verschickt. Adressat war der in Berlin sitzende *Zentralrat der Juden in Deutschland.* Aber auch die israelische Botschaft in Berlin erreicht eine Vielzahl vergleichbarer Schreiben. Schwarz-Friesel hebt in einem Interview mit der Wochenzeitung *Jüdische Allgemeine* (2014) die emotionale Belastung hervor, die allein das systematische Aufarbeiten dieser Briefe für die Wissenschaftler darstellt:

> *»Ich hatte am Anfang der Studie eine hoch motivierte Mitarbeiterin, die nach einem Monat in Tränen aufgelöst zu mir kam und sagte: ›Ich kann nicht mehr, ich steige aus!‹ Auch als Konsequenz daraus sprechen wir als Team einmal in der Woche ausführlich über diese Belastung. Das ist notwendig – andernfalls würde man wohl bei dieser Art von Briefen früher oder später verzweifeln.«*
> (Engel 2014)

Wie jeder bekanntere jüdische Publizist hat auch Peter Finkelgruen im
Laufe der Jahre antisemitische Schreiben, vor allem aber Drohanrufe,
erhalten. Einige Briefe finden sich in seinen Malloth-Unterlagen. Zwei
seien exemplarisch abgedruckt. Sie stammen aus dem Jahr 1993, offenkundig als Reaktion auf *Haus Deutschland*. Ein roter Briefumschlag, korrekt frankiert, die Farbe ist schon etwas ausgeblichen. Der Stempel vom
12.11.1993 verzeichnet 45127 Essen als Postleitzahl des Absenders. Or-
dentlich mit Schreibmaschine getippt steht auf dem Briefumschlag: »An
den Juden Peter Israel Finkelgrün, Siebengebirgsallee 77, 51147 Köln.«
Der Brief kann anfangs nicht zugestellt werden, die Postleitzahlen haben
sich 1993 verändert. Per Kugelschreiber hat der Postbeamte die falsche
Postleitzahl – 51147 – durchgestrichen und handschriftlich »50939«
ergänzt. Das »Jude Peter Israel« hat ihn offenkundig nicht irritiert.

Im Umschlag ein kleiner, eigenhändig mit der Schere zugeschnitte-
ner, beidseitig maschinengeschriebener Brief. Er wurde, wie die gele-
gentlichen nach oben verschobenen Buchstaben nahelegen, mit einer
Schreibmaschine getippt:

> *»Du ekelhafter Pressejud! Wir werden Dich und Deinen Rasse-*
> *genossen R. Giordano sonderbehandeln, wenn Du nicht aufhörst,*
> *anständige Volksgenossen zu verleumden und zu beleidigen! Wenn*
> *Du das gleiche Schicksal erleiden willst wie Dein Großvater,*
> *mach' nur so weiter! Hier ist immer noch Deutschland und nicht*
> *Dein Judenstaat! Das deutsche Volk hat von Dir die Schnauze*
> *voll, Du dreckiges Judenschwein!«*

Dann folgt, akkurat in vier Zeilen getippt:

> *»Merkvers: Jude Itzig / Nase schwitzig / Kaftan speckig / Arsch-*
> *loch dreckig.«*

Gegenüber steht:

> *»Trau keinem Fuchs auf gruener Heid'/ und keinem Jud bei sei-*
> *nem Eid! Dr. Martin Luther. ALSO: Halt' die Fresse, wenn Du*
> *weiterleben willst! Mit deutschem Gruß, Aktionsfront kritischer*
> *Deutscher. b.w.!«*

Auf der Rückseite dann:

> *»Auch der Herr Engert kann Dich nicht vor uns schützen! Wir*
> *bitten vielmals um Entschuldigung, dass unser Schreiben nicht*
> *rechtzeitig zum 55. Jahrestag der Reichskristallnacht eingetroffen*
> *ist!«*

Der zweite Brief, diesmal ein verblichenes weiß-grau, vom 29.12.1993 – also ein würdevoller, formvollendeter Jahresabschluss. Der Brief ist korrekt mit 100 Cent frankiert, als Anschrift steht, diesmal mit korrekter Postleitzahl: »ISRADOK Postfach 420248, 50937 Köln«; auch bei diesem Brief fehlt die Absenderangabe. Der Brief wurde mit dem Computer erstellt, ein großformatiger Schriftzug, überschrieben mit

»Warnung!
Ihr Juden ohne Vorhaut! seid nicht immer so vorlaut!«

Darunter steht rechts ein aus dem Internet kopierter gelber Davidstern, darunter prangt ein breit lachender Mann.

1993: Der Fund der Gauck-Behörde

1993 muss Schacht das Verfahren wieder aufnehmen, weil die Gauck-Behörde einen Überraschungsfund gemacht hatte: Sie fanden Akten, gemäß denen 1968 ein Kamerad Malloths aus der Kleinen Festung Theresienstadt vom (Ostberliner) Stadtgericht Groß-Berlin zu Tode verurteilt worden sei. Die Stasi hatte 80 Stunden lang ein Tonband mitlaufen lassen (*Der Spiegel*, 26.6.2000). Die Akten beziehen sich auf den 1968 in der DDR geführten Prozess gegen Wachholz, gleichfalls Aufseher in der Kleinen Festung Theresienstadt.

Als Reaktion auf eine parlamentarische Anfrage der NRW-Grünen teilte das NRW-Justizministerium am 20.4.1994 mit, dass Schacht die Ermittlungen doch wieder aufgenommen habe.

Doch Malloth lebte fünf weitere Jahre ungestört im Pullacher Altersheim. Im Juni 1998, zehn Jahre nach Prozessbeginn, berichtete der *Der Spiegel* in der Rubrik »Recht« unter dem Titel »Der schöne Toni« über den Stand des Verfahrens: Zwei Bonner Juristen, darunter der Rechtsprofessor Raimund Wimmer, hatten nachgewiesen, dass der inzwischen 86-Jährige – »unterstützt von einer Hilfsorganisation für Alt-Nazis und nicht behelligt durch besonders eifrige Ermittlungen deutscher Staatsanwälte« – kein deutscher Staatsbürger sei und somit problemlos an Tschechien ausgeliefert werden könne.
Juristisch war es der Durchbruch. Die Staatsanwaltschaft wusste, dass ihr dies Schwierigkeiten einbringen könnte. Malloths fünfjährige Tätigkeit in Theresienstadt beschrieb *Der Spiegel* so:

»Bei der Arbeit gab sich Anton Malloth gern elegant. Er trug
Handschuhe, war glatt rasiert und im Gesicht gepudert. Wenn

*er mit Stahlruten einen Häftling blutig geschlagen hatte, schob er
das dunkle, gescheitelte Haar zurück und richtete seine Uniform.
Seine Opfer nannten ihn den »schönen Toni‹. Malloth galt als
einer der brutalsten Aufseher im berüchtigten Polizei-Gefängnis
Kleine Festung Theresienstadt in Nordböhmen. (…) Mehr als
700 Menschen wurden während des deutschen Protektorats in der
Kleinen Festung ermordet oder zu Tode gequält.«*
(*Der Spiegel*, Ausgabe 23/1998)

Und zitierte aus weiteren Zeitzeugenberichten:

*»›Der schöne Toni war ungewöhnlich erfinderisch beim Foltern‹,
erinnert sich der ehemalige Häftling Albert Mayer, 78. ›Er hat
Menschen getötet, die nichts verbrochen hatten‹, sagt Vera Zahour-
ková, 73, die ebenfalls in Theresienstadt einsaß: ›Malloth war eine
Bestie, das sollen alle wissen.‹«* (ebd.)

Finkelgruen wird vom *Spiegel* mit den Worten zitiert, dass es ihm nicht
vorrangig um die Verurteilung der betagten Mörders, sondern »um
die Würde der Opfer und um die Glaubwürdigkeit des Rechtsstaates«
gehe. *Der Spiegel* zeichnet noch einmal im Detail die Prozessgeschichte
und die rechtsgültigen Urteile gegen Malloth aus der ČSSR sowie aus
Österreich nach:

*»Die deutsche Justiz sah sich bislang nicht in der Lage, den
früheren SS-Mann vor Gericht zu stellen oder wenigstens eine
Anklage zu formulieren. Dabei ließ sie sich auch nicht von der
Tatsache irritieren, dass Malloth bereits 1948 in der Tschechoslowakei in Abwesenheit zum Tode verurteilt worden war und dass
in Österreich ein Haftbefehl gegen ihn vorliegt.«* (ebd.)

Im April 1998, zwei Monate vor der neuen *Spiegel*-Dokumentation zum
Malloth-Prozess, war Schacht noch einmal zur Vernehmung nach Prag
gefahren; der inzwischen 86-jährige Malloth schwieg weiterhin. An
seinem Willen, das Verfahren wieder einzustellen, ließ Schacht erneut
keinen Zweifel aufkommen. Die vollständig vorhandenen Gerichtsakten aus dem Jahr 1948 lehnte er als Verhandlungsbasis erneut ab. Finkelgruen hingegen, so zitiert ihn *Der Spiegel*, habe ihn darauf verwiesen,
dass die Entscheidung doch Sache des Gerichts sei — und nicht die
der Staatsanwaltschaft. Vergeblich. In dem Beitrag zeichnete sich aber
bereits die — scheinbar überraschende — Wendung des Prozesses ab, die
dann drei Jahre später zum Urteil gegen Malloth führte: Der bayerische

Innenstaatssekretär Regensburger (CSU) wandte sich nun an seinen italienischen Kollegen Sinisi und bat »um eine abschließende Klärung der tatsächlichen Staatsangehörigkeit des ›SS-Kämpfers‹ Malloth«. Zugleich versicherte er:

>»Die bayerische Verwaltung hat keinerlei Anlass, sich in irgendeiner Weise vor Malloth zu stellen.« (ebd.)

Wenn Malloth kein Deutscher sei könne er »in ein Land abgeschoben werden, das ihn aufnimmt.« Tschechiens Justizministerin Vlasta Parkanová habe angekündigt, sie würden Malloths Auslieferung beantragen. Der Präsident des tschechischen Senats, Petr Pithart – sein Vater hatte gleichfalls in Theresienstadt gelitten –, setzte sich zeitgleich gleichfalls dafür ein, dass Malloth angeklagt werde – und sei es in seinem eigenen Land. Die Todesstrafe sei ja zwischenzeitlich in der Tschechei abgeschafft, meinte Pithart und sagte abschließend:

>»Dieser Mensch muß vor Gericht, damit seine Schuld in aller Form festgestellt wird.« (ebd.)

Ein Jahr später, im April 1999, wurde auch dieses Verfahren eingestellt. Am 18.6.1999 erhielt Finkelgruen über seinen Anwalt vom Staatsanwalt Hamm den letzten Bescheid: Es gebe weiterhin keinerlei Erkenntnisse, die für »einen hinreichenden Tatverdacht gegen Malloth« ausreichten.

>»Dies gilt auch für den beklagenswerten Tod Ihres Großvaters Martin Finkelgrün.« (Winkel 2001)

Am 21.6.1999 berichtete *Der Spiegel* unter der Überschrift »Ergebnislos ermittelt« von der erneuten Einstellung auch dieses Verfahrens gegen den inzwischen 87jährigen Malloth durch Schacht. Trotz eigenen Bemühens, so betonte Schacht, habe ein »im Sinne eines hinreichenden Tatverdachts beweissicherer Nachweis« von Mordtaten nicht erbracht werden können. Die »generelle Feststellung« von Malloths Brutalität und seiner Morde sei nicht ausreichend. Zeitgleich teilte die Prager Staatsanwaltschaft mit, dass sie nun ein Ermittlungsverfahren gegen Malloth überprüfe.

Ein weiteres Jahr später berichtete *Der Spiegel* in der Ausgabe 26 vom 25.6.2000, diesmal unter der Überschrift »Aus Langeweile getötet« von einem erneuten Verfahren gegen Malloth: Im November 1999 hatte sich bei der Prager Staatsanwaltschaft ein inzwischen 73-jähriger Mann, Richard L., gemeldet: Er könne bezeugen, dass Malloth im September 1943

*»(...) bei der Feldarbeit einen jüdischen Gefangenen erschossen
habe — weil der offenbar hungrige Mann einen Kohlkopf unter
seiner Jacke versteckt hatte.«* (Der Spiegel, Ausgabe 26/2000)

Der Zeuge war seinerzeit erst 16 Jahre und in der »Kleinen Festung«
Theresienstadt der jüngste Häftling. Er habe sich den Judenstern von
der Kleidung gerissen, sei aber dennoch wiedererkannt und fürchterlich
misshandelt worden.

*»Im Winter 1944/45, hat er aus der jüdischen Zelle im I. Hof
der Kleinen Festung mit angesehen, wie zwei Gefangene sich bei
bitterer Kälte nackt ausziehen mussten und mit kalten Wasser aus
einem Schlauch bespritzt wurden, bis sie tot umfielen.«* (ebd.)

Nun jedoch fühlten sich die Dortmunder Staatsanwaltschaft nicht mehr
zuständig: Sie gab den Vorgang an die für Pullach örtlich zuständige Staatsanwaltschaft München 1 ab. Was in Dortmund gut 35 Jahre
lang gedauert hatte, ging in München überraschend schnell: Bereits am
25.5.2000 bewirkte die Münchner Staatsanwaltschaft beim Amtsgericht
einen Haftbefehl gegen Malloth. Georg Bönisch vom *Spiegel* beendet
seinen Beitrag mit der lakonischen Bemerkung:

*»Ob Malloth je der Prozess gemacht wird, ist ungewiss. Der Mann
ist 88, fast blind und kann kaum noch laufen.«* (ebd.)

2001: Das Münchner Urteil

Das Gerichtsverfahren fand nun, basierend auf dem Gutachten der beiden renommierten Bonner Juristen — diese hatten ihr Gutachten für
Finkelgruen kostenlos erstellt — einen ganz ungewohnt und überraschend zügigen Abschluss: Am 27.11.2000 berichtete *Der Spiegel* von
der unmittelbar bevorstehenden Verfahrenseröffnung. Am 30.5.2001,
nach nur drei Wochen Prozessdauer, wurde der inzwischen 89-jährige
Malloth wegen Mordes in zwei Fällen zu einer lebenslangen Haftstrafe
rechtskräftig verurteilt (*Der Spiegel*: »Lebenslang für KZ-Aufseher Malloth«, 30.5.2001) — 56 Jahre nach Ende der Nazizeit. Nur diese zwei
Morde konnten Malloth noch zweifelsfrei nachgewiesen werden. Der
Mord an Martin Finkelgrün fand hierbei keine Berücksichtigung mehr.
Die meisten Zeugen und Opfer lebten nicht mehr, die Versäumnisse
der bundesdeutschen Justiz hatten Malloth 56 Jahre lang geschützt. *Der
Spiegel* zitiert Malloth mit der Bemerkung:

»Nicht alles war in Ordnung, was gesagt worden ist.«

Dem 1944 geborenen Jürgen Winkel, der schon in den 1960er Jahren für die *Aktion Sühnezeichen* in Theresienstadt gearbeitet und das Theresienstadt-Lexikon verfasst hatte, war der Name Malloth seit 1968 geläufig. Überlebende hatten immer wieder zwei NS-Täter genannt, die durch besondere Brutalität aufgefallen waren. Einer davon: Anton Malloth. Die Prozessgeschichte gegen Malloth erscheint ihm, der sehr viele NS-Prozesse erlebt hatte, als eine besonders »groteske und in ihren Verästelungen kaum nachvollziehbare Geschichte.« Der Prozess sollte aufgrund des hohen Alters des Angeklagten rasch abgeschlossen werden. Nur ein Teil der Anklagepunkte und Zeugen wurde berücksichtigt.

Die Zeitzeugin Vera Neubrand

Eine weitere Zeitzeugin, die 1938 in Köln geborene Psychotherapeutin Vera Neubrand (später: Vera Treplin) sollte am 22.6.2001 vor Gericht gegen Malloth aussagen. Vera Neubrands Großmutter hatte im September 1944 im jüdischen Altersheim in Köln auf ihre Deportation gewartet. Sie erreichte die »Kleine Festung« Theresienstadt am 1.10.1944, wo sie Malloths Terror ausgesetzt war. Nach der Befreiung erstattete sie Anzeige, dadurch waren Malloths Taten gerichtlich dokumentiert. Sie starb 1955. Auch ihre Enkelin Vera Neubrand überlebte Theresienstadt und hatte für die Zeugenaussage ihre traumatischen Erinnerungen zusammen gefasst:

> *»Als die Medien 1988/89 über einen gewissen Anton Malloth berichteten, der von Italien nach München abgeschoben worden sei, wurde mir erst durch die Nennung des Beinamens »schöner Toni« und den Ort Theresienstadt bewußt, dass dies der Mann war, dessen grauenhafte Taten mich seit meiner Kindheit begleiten und den zu finden ich mir nie hatte vorstellen können.«*
> (Neubrand 2001)

Da das Urteil bereits gefällt war, wurde Vera Treplin nicht mehr angehört. Später hat sie ihre Zeugenaussage dennoch schriftlich niedergelegt (Neubrand 2001). Am 17.1.1998, dies sei nur angedeutet, nahm Vera Treplin mit Peter Finkelgruen brieflich Kontakt auf und dankte für die Zusendung von *Erlkönigs Reich* (PAF). Treplin war Psychotherapeutin, hatte hierbei jedoch, wegen ihrer Biografie als Überlebende, vielfältige – wie ich es unter Verweis auf Sammy Speier sowie auf Edith Jacobson (Kessler & Kaufhold 2015) formulieren würde – typische Reaktionen von massiver Ablehnung und Einfühlungsverweigerung durch ihre Berufskollegen erfahren. Dennoch versuchte sie immer wieder, in den »Dialog« mit ihrer Zunft zu treten. Nach mehreren Versuchen erkannte sie, dass ihre Prägungen als Jüdin und KZ-Überlebende mit deutscher Psychoanalytik nicht kompatibel sind: Sie musste diese verschweigen, um keine Ablehnung zu erleben (Neubrand 1991, Treplin 1992, 1997). Ihr 1997 publiziertes Manuskript *Versuchte Enteignung* ist ein Beleg für die Unmöglichkeit dieses Dialoges auch unter Psychotherapeuten (vgl. Way 2007). Im Brief vom 17.1.1998 an Finkelgruen bemerkt die 60-Jährige:

> *»Über das Buch und die Widmung habe ich mich sehr gefreut und es gleich noch einmal gelesen. (…) Allerdings braucht man eine hohe Konzentration, um die parallel angeordneten Lebensläufe in der jeweiligen Tragweite zu erfassen. Stilistisch ist Ihr Text wunderbar. (…) Vermutlich gibt es außer uns niemanden mehr, der noch ein hohes persönliches Interesse haben könnte, Anton Malloth auf der Anklagebank zu sehen; wobei ich persönlich mich mehr noch über Herrn Schacht aufregen kann. Die Feigheit und Verschlagenheit eines Massenmörders, der sich seiner Strafe entzieht, ist mir noch eher begreiflich, als der Versuch des Juristen, diesen Mann zu decken. Überhaupt verbindet mich mit dieser nachgewachsenen Generation ein hohes Maß an Wut und Enttäuschung. In meinem Aufsatz (s.o., d. Verf.) (…) beleuchte ich recht typische Verhaltensweisen einer Berufsgruppe, in diesem Fall die der Psychotherapeuten; wobei ich glaube, dass diese Erfahrungen in jeder anderen Gruppe ähnlich ausgefallen wären. Abgesehen davon, dass wir als Enkel uns wünschen, dass endlich Recht gesprochen wird über einen Mann, der massiv in unser persönliches Leben eingegriffen hat, ohne dass wir ihm je begegnet wären (Gott sei Dank!), verbinden uns noch einige andere, sehr traurige Erfahrungen, wie z.B. der frühe Verlust der Eltern.«*(PAF)

Weitere Reaktionen auf den Urteilsspruch im Jahr 2001, wie der Prozessbericht von Andrea Livnat (2001), werfen ein ergänzendes Licht auf den Prozess und auf Malloth:

> *»Schon der Weg in den »Gerichtssaal« ist unangenehm. Der Prozess gegen den 89-jährigen Anton Malloth findet in der Justizvollzugsanstalt statt, da man dem Angeklagten die Fahrten ins Gerichtsgebäude nicht zumuten möchte. (…) Warten im Eingangsbereich, eine schwer zu beschreibende Unruhe, auch unter den routinierten Journalisten, Sprachengewirr, Deutsch, Tschechisch, Hebräisch. (…)*

In *Haus Deutschland* beschreibt Finkelgruen seine emotionale Reaktion
auf Schachts jahrelangen Verweigerungsstrategien an einer Stelle eindrücklich:

> *»Im Augenblick, in dem die Wut hochdrängen will, spüre ich die
> Angst. Sie war zuerst, blockiert jetzt die Wut, gewinnt Herrschaft
> über meinen Körper. Im Innern meines Körpers ein Zittern. Der
> Magen verkrampft sich. Ich werde gleich kotzen. Aber es geschieht
> nicht, ich kotze nach innen. Ein Druck in der Brust, wie vor einer
> Explosion, vor dem großen Knall. Aber auch das geschieht nicht.
> Ich werde implodieren. Ein Ring um meinen Kopf. Ein Gürtel, der
> mich hält und zusammendrückt. Ich erkenne die Dinge nicht, die
> die ich sehe. Starrheit breitet sich aus in mir, die Gegenbewegung
> zum Zittern. Ein Verwundern, dass ich nicht umfalle. Ich falle
> nicht um. Ich schrumpfe nach innen, löse mich auf, bringe mich
> zum Verschwinden. Bis zum Schluss stehe ich aufrecht und gerade,
> während im Innern alles zerbröselt.*
>
> *Ich wehre mich gegen dagegen, meine Wut auf die Falschen zu
> richten. Bitte undeutlich um Verzeihung. Danach ein Gefühl der
> Entfremdung. Schuldgefühle. Brennmaterial für meine Wut auf
> die, die meine Angst verursachen. Wie Stämme sich verästeln,
> verzweigt sich die Angst in kleinste, dünnste Zweige. Ein vielfältig
> verästelter Strauch wächst heran. Ja, Wut und Angst sind ein Paar.
> Das Paar bin ich.«* (*Haus Deutschland*, S. 96)

Die Angst ist ihm geblieben. Mal ist sie da, mal wieder weg. Literarisch hat er sie in seiner kurzen Erzählung *Der Bus war halb leer* im Anthologie-Band *Nachgetragenes* (2009) des *PEN-Zentrums deutschsprachiger Autoren im Ausland* (Exil-PEN) aufgearbeitet. Der deutsche Mörder, der »niemals der NSDAP angehört« und während seiner »ganzen Dienstzeit keinen einzigen Menschen ermordet oder misshandelt« haben will, wie auch der deutsche Oberstaatsanwalt und »emotionslose Ochsenfrosch«, lebten frei von Schuld und Scham ihr Leben. Sie waren die Gewinner. Der historische Bruch, den Auschwitz »und alles, was der Name symbolisiert und materialisiert« (Ralph Giordano) gerissen hat, bleibt und wird noch für weit über 200 Jahre bestehen bleiben.

Ein kurzer Epilog

Mitte der 1990er Jahre, bei einer seiner zahlreichen Lesungen aus *Haus Deutschland*, wurde Finkelgruen von einem ihm unbekannten Mann angesprochen. Ihm schien es wichtig, mit Finkelgruen in Kontakt zu kommen. Irgendwann stellte er sich vor: Er sei der Sohn von Schacht. Er habe durchaus Schwierigkeiten mit dem Verfahren gegenüber Malloth, hob er hervor. Zugleich betonte er jedoch seine Loyalität zum Vater.

Literatur:

Ambros, P. (2013): Das wortreiche deutsche Schweigen. Hamburg: Argument Verlag.

Baum, G. (1981/2020): »Wie wird heute mit jenen umgegangen, die ihren Widerstand gegen die Nazis konsequent zu Ende brachten?« Ein Vorwort von Gerhart Baum. In: Kaufhold/Livnat/Englhart (Hg., 2020), S. 21-23.

Baum, G. (2019/2020): »Unsere Aufgabe ist es, die Demokratie zu verteidigen.« Ein Vorwort von Gerhart Baum. In: Kaufhold/Livnat/Englhart (Hg., 2020), S. 13-17

De Gruyter, S. (2011): Der Nürnberger Ärzteprozess 1946/47. Erschließungsband zur Mikrofiche-Edition.

Der Spiegel (1998): Der schöne Toni, 1.6.1998.

Der Spiegel (1999): NS-Verbrechen: Ergebnislos ermittelt, Der Spiegel 21.06.1999.

Der Spiegel (2000): SS-Verbrechen: Aus Langeweile getötet, Der Spiegel 26.6.2000.

Der Spiegel (2000): NS-Prozess: Viertes Verfahren, Der Spiegel, 27.11.2000.

Dillmann, H.-U.: Juristen in Seilschaft. An NRW-Sozialgerichten gab es mehr Nazi-richter als bislang vermutet, Jüdische Allgemeine, 5.1.2017.

Engel, P. P. (2014): »Antisemitismus ist ein Glaubenssystem«. Monika Schwarz-Friesel über 14.000 judenfeindliche Briefe, gefährliche Stereotype und Jakob Augstein, Jüdische Allgemeine, 17.2.2014.

Finkelgruen, P. (1992): Haus Deutschland. oder Die Geschichte eines ungesühnten Mordes. Hamburg: Rowohlt.

Finkelgruen, P. (1997): Erlkönigs Reich. Die Geschichte einer Täuschung. Hamburg: Rowohlt.

Finkelgruen, P. (2002): Kleine Festung Theresienstadt. Oder wie man Geisel der Verhältnisse bleibt. Protokoll einer Scheidung. In: Behrens, K. (Hg.) (2002): Ich bin geblieben – warum? Juden in Deutschland – heute. Gießen: Psychosozial Verlag.

Finkelgruen, P. (2009): Der Bus war halb leer. In: Alioth, G./H.-C. Oeser (Hg.): Nachgetragenes. 75 Jahre PEN-Zentrum deutschsprachiger Autoren im Ausland, Heidelberg: Synchron Publishers.

Giordano, R. (2012): Für Peter Finkelgruen. Zum 70. Geburtstag, haGalil, 5.3.2012.

Heitzer/Jander/Kahane & Poutrus (Hg., 2018): Nach Auschwitz: Schwieriges Erbe DDR. Plädoyer für einen Paradigmenwechsel in der DDR-Zeitgeschichtsforschung, Wochenschau Verlag; Buchbesprechung durch R. Kaufhold.

Herrnkind, K. (2017): Anwalt Daimagüler: »Die sogenannten Herrenmenschen sind hinterhältig und feige.«, Der Stern, 8.4.2017.

Karny, T. (2001): Nach 56 Jahren steht der SS-Mann Anton Malloth vor Gericht. Rechenschaft statt Rache, Wiener Zeitung, 25.5.2001.

Karny, T. & H. Halbrainer (1996): Geleugnete Verantwortung – Der »Henker von Theresienstadt« vor Gericht. Grünbach: Edition Geschichte der Heimat.

Kaufhold, R. (2012): Der Psychoanalytiker Sammy Speier (2.5.1944–19.6.2003). Ein Leben mit dem Verlust oder: «Kehrt erst einmal vor der eigenen Tür!» In: Roland Kaufhold & Bernd Nitzschke (Hg.) (2012): Schwerpunktband der Zeitschrift Psychoanalyse – Texte zur Sozialforschung: Jüdische Identitäten nach dem Holocaust in Deutschland Heft 1/2012, S. 96-112. (Siehe auch haGalil, Mai 2016.)

Kaufhold, R. (2013a): Unermüdlich streitbar. Filmemacher, Romancier, Essayist und Mahner: Ralph Giordano wird 90, Jüdische Allgemeine, 20.3.2013; sowie in Finkelgruen, P. (Hg.) (2013): Jubeljung begeisterungsfähig. Zum 90. Geburtstag von Ralph Giordano (BoD).

Kaufhold, R. (2013b): Du bist davongekommen, du bist davongekommen!« Filmemacher, Romancier, Essayist und Mahner: Ralph Giordano wird 90, haGalil, 21.3.2013.

Kaufhold, R. (2013c): Das wortreiche deutsche Schweigen. Eine Abrechnung von Peter Besprechung von Peter Ambros, haGalil, 1.8.2013.

Kaufhold, R. (2013d): Im KZ-Drillich vor Gericht. Ein Sammelband beschreibt, wie Serge und Beate Klarsfeld Shoah-Täter aufspürten und der Gerechtigkeit zuführten, Jüdische Allgemeine, 4.7.2013.

Kaufhold, R. (2013e): »Ich erinnere mich an diesen Deutschen ganz genau« – Erinnerungen an den Lischka-Prozess, haGalil, 29.5.2013.

Kaufhold, R. (2018a): Judenfeindliche Gewaltserie in Dortmund, in: Störungsmelder, 26.6.2018.

Kaufhold, R. (2018b): Vom Feuerwehr-Chef zum Holocaust-Leugner? Störungsmelder, 5.6.2018.

Kaufhold, R. (2018c): Der Tod einer Nazi-Ikone. Gudrun Burwitz, Protagonistin des Nazi-Unterstützervereins Stille Hilfe, ist tot, haGalil, 3.7.2018.

Kaufhold, R. (2018d): Adresse der Linksliberalen. In Köln erinnerte eine Festveranstaltung an die Gründung des Liberalen Zentrums vor 40 Jahren, Neues Deutschland, 27.8.2018

Kaufhold, R. (2018e): Radikaldemokraten und Liberale unter einem Dach. Vor 40 Jahren wurde in Köln das Liberale Zentrum (LZ) gegründet, haGalil 9/2018.

Kaufhold, R. & M. Arndt (2018): »Der Staat Israel ist unser Unglück«. Dortmunds »Die Rechte« praktiziert öffentlich Antisemitismus und Hetze gegen Israel, in: haGalil, 15.5.2018.

Kaufhold, R. (2020): »Die Kölner Kontroverse«? Bücher über Edelweißpiraten (1980–2019). Eine Chronologie, in: Kaufhold/Livnat/Englhart (Hg. 2020): Peter Finkelgruen: »Soweit er Jude war…«, a.a.O., S. 217–342.

Kaufhold, R. (2020a): Beinahe wäre er Peruaner geworden. Der Weltbürger Peter Finkelgruen und ein Hain zu seinen Ehren, JNF-KKL-Magazin Herbst 2020, Nr. 45, S. 14f.

Kaufhold, R., A. Livnat & N. Englhart (Hg., 2020): Peter Finkelgruen: »Soweit er Jude war…« Moritat von der Bewältigung des Widerstandes. Die Edelweißpiraten als Vierte Front in Köln. Norderstedt: Books on Demand. (Buchbesprechung von Martin Stankowski in WDR 3.

Keldungs, K.-H. (2019): NS-Prozesse 1945–2015. Eine Bilanz aus juristischer Sicht. Düsseldorf: Edition Virgines.

Kessler, J. & R. Kaufhold (Hg., 2015): Edith Jacobson: Gefängnisaufzeichnungen. Gießen: Psychosozial Verlag.

Kirsch, R. (1990): Kein dringender Tatverdacht. Der Fall Malloth: Wie ein KZ-Aufseher unbehelligt davonkam, Die ZEIT (Nr. 6), 2.2.1990.

Klee, E. (2013): Täter, Opfer und was aus ihnen wurde. Ein Personenlexikon, Frankfurt/M.: Fischer.

Marken, J. (2018): Siegfried Borchardt: Der lange Abstieg einer Naziikone, in: Störungsmelder, 27.9.2018.

Meenzen, S. (2010): Wie ehemalige Nazis in der DDR Karriere machten, Sächsische Zeitung, 21.1.2010.

Müller-Münch, I. (1990): Nur keine Eile, dann erledigt sich der Prozess fast von selbst. Der Fall Anton Malloth: gegen mutmaßliche NS-Verbrecher wird oft sehr gemächlich ermittelt, Frankfurter Rundschau, 3.1.1990, S. 5.

Neues Deutschland (1988): Galinski empört über Schonung des Kriegsverbrechers Malloth, Neues Deutschland, 13.8.1988.

Neubrand, V. (2001): Zur Urteilsverkündung im Fall Malloth: Eine nicht gehörte Zeugenaussage, in: Lexikon Ghetto-Theresienstadt.

Regele, L. W. (2007): Meran und das Dritte Reich. Wien-Bozen: Studien Verlag.

Richter, K. (2010): Entschädigung: Reise in eine andere Welt. Wie ein Sozialrichter durch persönliche Gespräche mit NS-Opfern neue juristische Wege beschreitet.

Schröm, O. & A. Röpke (2002): Stille Hilfe für braune Kameraden. Das geheime Netzwerk der Alt- und Neonazis. Berlin: Ch. Links Verlag.

Schubert, D. (1997): Unterwegs als sicherer Ort. Kinofilm. Internet.

Seehaus, G. (2017a): Wo denn und wie?, Books on Demand; s. diese Buchrezension.

Seehaus, G. (2017b): Vatersprache, Books on Demand; s. diese Buchrezension.

Treplin, V. (1992): Eine Auseinandersetzung mit dem Buch von A. Eckstaedt, Nationalsozialismus in der »zweiten Generation«, Luzifer-Amor (5. Jg.), H. 9: Hitlerdeutungen.

Treplin, V. (1997): Versuchte Enteignung, Manuskript (Privatarchiv Peter Finkelgruen). Gekürzt erschienen im November 1997 unter dem Titel »Fremde in der Psychotherapie« in der Zeitschrift »Die Psychotherapeutin« (Edition Das Narrenschiff)

Übelhack, A. (2001): Prozess gegen Anton Malloth eröffnet: Mitleid mit einem alten Greis?, haGalil, 24.4.2001.

Way, I. (2007): Spannung aushalten. Zum ersten Mal seit der Nazizeit trafen sich internationale Psychoanalytiker zu einem Kongress in Berlin, Jüdische Allgemeine, 2.8.2007

Wagner, B. (2017): Vertuschte Gefahr: Die Stasi & Neonazis, Bundeszentrale für politische Bildung, 2.1.2017.

Winkel, J. (2001): Anton Malloth: Laßt sie doch endlich in Ruhe?, in: Lexikon Ghetto-Theresienstadt.

Kaufhold, R. (2020): »Die Kölner Kontroverse«? Bücher über Edelweißpiraten (1980–2019). Eine Chronologie, in: Kaufhold/Livnat/Englhart (Hg. 2020): Peter Finkelgruen: »Soweit er Jude war...«, S. 217-342, Norderstedt: Books on Demand.

Teil 2: Materialien und Texte

»Take it easy and lots of love«
Briefe 1937–1952

1937–1938: Briefe nach Bamberg und New York

Hans und Esti nach der standesamtlichen Trauung in Prag, 27.2.1939, Foto: privat.

In den Jahren von 1937 bis 1941 schickte Hans Finkelgrün zahlreiche Briefe an seinen Bamberger Jugendfreund Herbert Ashe. Mir liegen allein 30 Briefe von Hans Finkelgrün an Herbert Ashe vor, weiterhin mehrere Antwortschreiben von Herbert Ashe an Hans sowie an Esti Finkelgrün. Sie kreisen um die Fluchtmöglichkeiten von Hans und Esti Finkelgrün aus dem bedrohten Prag.

Der Briefwechsel dokumentiert die vergeblichen Bemühungen Herbert Ashes kurz vor dem Beginn des 2. Weltkriegs, den Finkelgrüns eine Einwanderung in die USA zu ermöglichen. Erhalten hat Peter Finkelgruen die Originale dieser Briefkorrespondenz zwischen Ashe und seinen Eltern, nacheinander bei mehreren Treffen mit Herbert Ashe ab den 1980er Jahren. Ashe besuchte ihn in Köln, und Ashe war der Erste, der ihm ausführlich von seinen Eltern erzählte.

Herbert Ashe, am 1. Juni 1912 in Bamberg geboren, wurde beinahe 101 Jahre alt. Er wuchs in einer jüdischen Familie auf, seine Eltern waren Selma und Jacob Eschwege[36], 1938 ging er ins Exil nach New York. Seine Eltern und der Rest seiner Familie wurden Opfer der deutschen Shoah. Lange wusste er nichts über deren Schicksal. Es gelang Herbert Ashe rasch, sich in New York beruflich zu etablieren: Er arbeitete u.a. beim York Custom Shop und bei Woolworth Stamford. In einem Nachruf wurden sein Optimismus und seine Menschlichkeit hervorgehoben.

Hans Finkelgrün verschickt seinen ersten Brief vom 15.9.37 aus Bamberg an Herbert Ashe; Ashe lebte zu diesem Zeitpunkt noch in Bamberg. Den zweiten Brief vom 3.10.1937 verschickt er aus Berlin. Am 14.8.38 schreibt er aus Piešťany (Slowakei), am 22.9.38 aus Prag, wohin er mit Esti geflohen war. Auch sein Vater Martin und dessen Lebensgefährtin Anna waren nach Prag geflüchtet. Im folgenden Jahr schreibt er aus Prag zumindest 17 weitere Briefe, der letzte erhalten gebliebene Brief datiert vom 12.9.1939.

Die Beziehung zwischen Hans Finkelgrün und dem fünf Jahre jüngeren Herbert Ashe – in Bamberg hieß er noch Eschwege, doch er amerikanisierte seinen Namen nach seiner Einreise in die USA im Sommer 1938 zu Ashe – hatte anfangs ambivalente Anteile: Sie waren beide in Bamberg in Esti verliebt gewesen. Zeitweise siezten sie sich auch noch, seinerzeit nicht ungewöhnlich, gingen dann aber langsam zum Du über. Bei vereinzelten Briefen, die eher einen geschäftlichen bzw. offiziösen Charakter trugen, ging Hans wieder zum Sie über.

Am 12.9.1937 schickt der 29-jährige Hans Finkelgrün an den fünf Jahre jüngeren Herbert Ashe einen persönlich gehaltenen, vier Seiten langen Brief: Er spricht ihn mit Vornamen an, siezt ihn jedoch. Er beschreibt die für beide schwierige Situation: Er habe Esti seit drei Monaten nicht mehr gesehen, in dieser Zeit jedoch »ein Nachlassen in der Herzlichkeit, mindestens aber ein lebhaftes Schwanken des Gefühls bemerkt«. Er habe mit Esti zwei intensive Gespräche geführt, um die

---

[36] Ein Dokumentationszentrum hat einige Dokumente, u.a. Briefe von und über Selma und Jacob Eschwege publiziert, in denen ihre Gefangenschaft in Theresienstadt dokumentiert wird. Darunter befindet sich auch eine an Klara Cohn (Turnerstraße 25, Zürich) gerichtete Postkarte von Selma Eschwege vom 29.10.1943: »*Teile Dir mit dass ich gesund bin u. hoffe von Dir das Gleiche. Leider ist aber mein lb. Mann am 30. September gestorben und muss ich an das Alleinsein erst allmählich gewöhnen.*« Sie fragt auch nach, ob sie vielleicht etwas von ihrem Sohn Herbert erfahren habe. Cohn schickte die Postkarte nach dem Krieg an Herbert Ashe weiter. Auch ihr bedauerndes Begleitschreiben ist dort veröffentlicht, wie auch ein Brief von Ashe (Stamford) vom 29.4.1988

Situation zu klären. Er schreibe ihn deshalb direkt an, um »Ihnen ein
Bild von der inneren Situation der Beteiligten zu geben« und fügt besorgt hinzu:

> *»Von Esti lässt sich dagegen mit großer Bestimmtheit sagen, dass
> sie von alleine mit der Sache nicht fertig wird. Sie steht erheblich
> hilflos zwischen uns beiden.«* Hans Finkelgrün bittet ihn, für sich
> selbst zu entscheiden, *»was Sie wollen, aber entscheiden Sie. Sie
> haben vollkommen freie Bahn.«*

Um so beeindruckender erscheint mir der Fortgang ihrer Beziehung:
Ashe hält auch nach seiner Ankunft in New York – sieben Monate
später, im April 1938 – engen brieflichen Kontakt zu beiden, wie auch
zu Hans Schwester Dora in Palästina, unterstützt sie fortgesetzt durch
Geld und Lebensmittelpakete. Und Jahrzehnte später, nach dem Tode
von Hans und Esti, nimmt Ashe Kontakt zu Peter Finkelgruen auf,
besuchte ihn mehrfach in Köln und bringt ihm nacheinander alle Briefe.

Einen Monat später, am 3.10.37, versichert Hans gegenüber Herbert
noch einmal seine überaus wohlwollende Grundhaltung:

> *»Meine Haltung ist gar nicht groß, ich bemühe mich nur, mensch-
> lich zu sein. (…) Ich hätte doch, nicht wahr, nicht so offen und
> ausführlich an Sie geschrieben (…) wenn ich Sie nicht als meinen
> Freund betrachtet hätte.«*
> Er schließt seinen Brief mit der Bemerkung: *»Ich werde mich
> sehr freuen, von ihnen ausführlicher zu hören.«*

Am 14.8.38 schreibt Hans nun aus Pieštany in der heutigen Slowakei,
knapp 500 km von Karlsbad entfernt. Herbert ist vier Wochen zuvor in
New York City angekommen. Er nennt ihm die Anschrift von Hugo
Eisenstädter, einem »bekannten hiesigen Exporteur, der in New York
City einen zuverlässigen Menschen braucht.« Es ist eine pragmatische
Möglichkeit, sich auch im Prager Exil eine eigene ökonomische Existenz aufzubauen. In einem separaten, privat gehaltenen Begleitbrief an
Herbert Ashe beschreibt er die eingeschränkten Arbeitsmöglichkeiten
des von Wien in die ČSSR geflüchteten Geschäftsmannes Eisenstädter –
»eines der bekanntesten und solidesten Wiener Exporthäuser«. Wegen
seiner Position als Emigrant sei dieser »in der peinlichen Lage (…) in
seiner Bewegungsfreiheit gehindert« und von Konkurrenten hierdurch
gezielt geschädigt zu werden. Dennoch hofft er auf eine Kooperation
zwischen Eisenstädter und Ashe in New York. Seine eigene Situation
ist noch ungeklärt, sein Optimismus hingegen ist ungebrochen:

»Vater und Esti sind in Karlsbad. Unsere Pläne sind noch nicht genau, vorläufig korrespondiere ich mit Esti darüber. (...) Die größeren Entscheidungen werden erst im September fallen.«

Vier Tage später schickt Hans ein ausführliches Schreiben, in dem er Möglichkeiten einer ökonomischen Zusammenarbeit auszuloten versucht. Er hat Herbert hierzu eine Mustersendung von sechs Paar eigener Pantoffeln geschickt. 18 Tage später, am 5.9.1938, antwortet ihm Ashe aus New York in einem offiziellen sowie zusätzlich in einem privaten Brief. In letzterem entschuldigt er sich für seine späte Reaktion:

»Wenn Ihr wüsstet, wie oft ich infolge der politischen Zuspitzung in letzter Zeit an Euch gedacht habe, dann würdet Ihr mir vergeben. (...) Solltet Ihr Euch jedoch eines Tages entschließen – hoffentlich nicht entschließen m ü s s e n – Europa den Rücken zu kehren, so wisst Ihr, dass ich Euch immer so weit es in meinen Kräften steht zur Seite stehen werde, insbesondere was eine Bürgschaft betrifft, um hierher zu gelangen.«

Er beschreibt seine ersten neun Wochen in New York, seinen Versuch, einen ersten Job zu bekommen:

»... bekam dann eine Vertretung für Herrenhemden nach Maß. (...) Langsam und sicher hoffe ich mir eine etwas aussichtsreichere Sache aufbauen zu können. Vorläufig verdiene ich knapp so viel, wie ich brauche. (...) Vor allem, es macht mir Spaß.«

Zeitgleich schickt Ashe einen Brief an Eisenstädter in Piešťany, in dem er die noch problematischen Rahmenbedingungen für eine zukünftige Kooperation skizziert.

Am 22.9.1938 schreibt Esti, jetzt schon aus Prag, einen handschriftlichen, vier kleinere Seiten langen Brief an Herbert. Ihre Schwägerin Dora war auf der Durchreise in Prag vorbei gekommen.

Dora Schaal (geborene Finkelgrün) war die fünf Jahre jüngere Schwester von Hans. Aufgewachsen waren Hans und Dora gemeinsam in Bamberg. Viele ihrer Freunde waren Juden; sie verkehrten privat größtenteils nur in ihrem kleinen jüdischen Bamberger Freundeskreis, wie einige erhalten gebliebene Fotos belegen. Dora hatte als junge Jüdin die vielfältigen rassistischen Beleidigungen, Herabsetzungen und Bedrohungen in Bamberg erlebt – und begeisterte sich bereits als Jugendliche für die zionistische Bewegung.

Dora war bereits 1936, mit 23 Jahren, in Deutschland »auf Hachshara« gegangen. Die Löhnberger Hütte, ein ehemaliges Hochofenwerk im Lahntal, war einer der zahlreichen Orte, in denen junge Zionisten lernten, mit landwirtschaftlichen Geräten umzugehen und Hebräisch zu sprechen. Vor allem jedoch entstand dort ein »zionistischer Geist«, eine Begeisterung für ein Leben als freie und selbstbestimmte Juden in Palästina.

Zu Weihnachten 1990 erhielt Peter Finkelgruen von Dora und Gerhard aus Israel einen Abzug eines »Karlsbader« Fotos, auf das er sich bisher keinen Reim hatte machen können. In *Haus Deutschland* schreibt Finkelgruen auf Seite 67:

> *»Im Gegensatz zu dem Abzug, den ich besaß, war die Rückseite beschrieben und als Postkarte am 25. August 1936 aus Karlsbad abgeschickt worden. Der Empfänger war Fräulein Dora Finkelgrün in Löhnberger Hütte bei Löhnberg-Weilburg in Hessen: »Liebes Dorle! Für eine Nachricht wären dankbar und erfreut die umstehend »Abgraphotifierten«. Quer zum Text steht in Druckschrift:* Abs.: Finkelgrün Karlsbad CSR, Haus Deutschland.«

Nun war Dora auf dem Wege »ins Gelobte Land«, nach Palästina, schreibt Esti und fügt hinzu:

> *»Wir haben uns alle mit Deinem Brief sehr gefreut um so mehr als dieser hier in einer Zeit der privaten Aufregungen nun doch gleich eine Beruhigung und Ermunterung war.«*

Denn durch die politische Entwicklung, die Intrigen, fühlt sie sich konkret bedroht:

> *»Alle unsere bisherigen Pläne sind von einem zum anderen Tag vernichtet.«*

Ihren Karlsbader Laden hatten sie – aufgrund des durch Hitler angestachelten Terrors in den sudetendeutschen Gebieten nach dem 12. September 1938 – sehr rasch schließen müssen, vermochten ihre Waren jedoch mitzunehmen. Ob sie ihre private Einrichtung noch retten können wissen sie noch nicht. Sie entschuldigt sich bei ihm über ihr »Gejammere«, aber ihre »Nervosität« habe sich in der letzten Zeit so sehr gesteigert, dass sie sich nun zumindest brieflich »unbedingt Luft machen muss.« Besonders dankt sie ihm für die Bereitschaft, für sie eine Bürgschaft auszustellen, »wir denken ernsthaft daran. Es ist auch der einzige Anreiz für uns.« Ihre Chancen, ein Affidavit für die USA zu erlangen, steigern sich hierdurch beträchtlich.

1939: In Prag gestrandet

Esti Laden in Karlsbad ca. 1937, Foto: privat.

Drei Wochen später, am 10.10.1938, schickt Hans erneut einen längeren Brief an Herbert. Selbst dieser optimistische Mensch vermag seine konkreten Bedrohungsgefühle kaum noch zu verdrängen:

> *»Wir sind hier alle 4, d.h. der Vater, Esti und ihre Mutter und ich in P. Wir verkaufen mit dem schon sprichwörtlichen Optimismus bereits wieder unsere Handschuhe an den drei besten Plätzen der Stadt. Wir leiden daher, obwohl uns durch die Okkupation von Karlsbad – falls Sie es noch nicht wissen sollten, Karlsbad ist seit dem 3.10. besetzt, deutsches Gebiet und Esti wird, wenn sie nicht rechtzeitig optiert, deutsche Staatsangehörige – der ebenfalls sprichwörtliche Boden unter den Füßen weggezogen, ein Teil unseres Geschäftes und unser ganzes sogenanntes Privatvermögen genommen wurde.«*

Dennoch kämen sie ökonomisch noch zurecht, hätten »keine tägliche Not und haben die gewohnte Flasche Sekt am Abend.« Letztlich sei »die Sache ziemlich unhaltbar.«

> *Die CSR ist durch die Verkleinerung, die viel größer ist als man es sich draußen vorstellt, Asthma krank geworden und wird loszuwerden versuchen, wen sie kann. Vater und ich sind täglich bedroht.«*

Auch Esti könne jederzeit ein Arbeitsverbot treffen:

> *»Sie kennen aber ja das Hitlerregime, seine Eroberungen und deren Folgen. Sie wissen, dass ich Situationen immer sehr kühl beurteile und wenn ich Ihnen schreibe: Es brennt, dann dürften Sie im Klaren sein.«*

Hans bittet Herbert nun konkret, sich für die Möglichkeit ihrer Einreise in die USA einzusetzen. Er beschreibt noch einmal seine Ausbildungen, weiß jedoch zugleich, dass das »wohl nicht so sehr wichtig« sei:

> *»Wenn man drüben ist, wird man sich schon durchbringen. Das Wichtigere ist wohl doch das Hinüberkommen.«*

Er bittet Herbert darum, ihm präzise mitzuteilen, »was wir tun müssen« und fügt am Ende handschriftlich hinzu: »Bitte antworten Sie per Flugpost mit allen Details.« Hans Finkelgrüns tiefe Besorgnis nimmt immer weiter zu.

10 Tage später, am 20.10.1938, antwortet Ashe auf »Eure lb. Briefe«. Er hat extra einen »Vormittag blau« gemacht, um detailliert zu antworten: Er versichert ihnen »nochmals«, dass er »alles daransetzen werde, Bürgschaften für Euch aufzutreiben«. Er ist auch optimistisch, dass es mit einem Affidavit klappt, bittet sie aber dennoch, auch die ärgste Variante als Option im Hinterkopf zu behalten, als Schutz vor einer Enttäuschung. Herbert Ashe bittet in einer sehr detaillierten Darstellung um präzise Angaben über deren Geburtsdaten und Lebensorte und Angaben zu deren Eltern, aber auch um eigene Recherchen, um Möglichkeiten einer Ausreisegenehmigung in dieser schwierigen welt- und innenpolitischen Situation zu eruieren; dann fügt er noch hinzu:

> *»Ihr seht, dass die Fragen des Herüberkommens, alle anderen (…) weit in den Schatten stellt.«*

Wiederum zehn Tage später, am 30.10.38, vermag Hans ihm in einem zweiseitigen Schreiben alle biografischen Daten der Familie schriftlich mitzuteilen. Nicht frei von Selbstironie merkt er an:

> *»Da die Affidavits sicher nicht auf der Straße herum liegen, schlage ich eingehendenfalls folgende Reihenfolge vor: 1. Für Esti, 2. Für mich 3. Für Vater. Auch die Möglichkeit einer Heirat erwähnt er, um die Ausreisechancen zu erhöhen. (…) Von der Unsicherheit abgesehen, geht es uns gut.«*

Hans dankt Herbert noch einmal für seine Briefe und Unterstützungen. Für sie sei es eine ganz außerordentliche Ermutigung, einen so »guten Freund in Amerika« zu haben.

Eine Woche später, am 8.11.1938, schickt Hans – mit neuer Prager Anschrift – einen weiteren Brief: Hiermit beginne nun für ihn »die Reihe der Ergänzungsbriefe zu unserem ersten Hilfeschrei.« Ashe solle sich keineswegs genötigt sehen, auf diese Briefe zu reagieren. Dennoch:

> *»Die Lage hier ist weiter äußerst unsicher und sehr nervenauf-reibend. In gewissem Sinne ist der Zustand fast schlimmer als in D. und jedenfalls viel ungewisser. Wir arbeiten natürlich hier unentwegt weiter, uns soviel Mittel wie möglich zu verschaffen und uns so gut es geht vorzubereiten. Aber auf untrainierte Leutchen wie die kleine Esti wirkt dieses Auf und Ab und die Rechtlosigkeit sehr deprimierend.«*

Hans bittet darum zu klären, wie viel Schweinslederhandschuhe in den USA wert sein könnten, als mögliche ökonomische Perspektive. Auch Eisenstätter sei zwischenzeitlich in Prag angekommen:

> *». . . in der Slowakei, wo er war, geht es nämlich toll zu, Razzien und nächtliche Verhaftungen in den Kurhäusern.«*

Am 15.11.1938 schickt Herbert, offensichtlich unter größter Eile, ein weiteres Schreiben an Hans und Esti, in dem er sie kurz über weitere Ereignisse unterrichtet:

> *»Wie Ihr seht waren meine Bemühungen von Erfolg und könnt Ihr Euch denken, wie sehr ich mich freue, dass ich Euch einliegend die Bürgschaft schicken kann. Ich wünsche Euch nun recht viel Glück auf dem Konsulat und hoffe, dass alles so schnell als möglich geht. Die Bürgschaft wird hoffentlich genügend sein und vollständig. Sollte wider Erwarten irgendwelche Zweifel auftauchen, so lasst es mich auf dem schnellsten Weg wissen. Papa F. mit einzuschließen wäre wohl zu riskant gewesen, doch wird es Euch nicht schwer fallen, für ihn zu sorgen, wenn Ihr erst einmal hier seid.«*

Herbert nennt weitere Details, die bei einer möglichen Einreise in die USA zu beachten wären, betont aber, dass er absolut keine Zeit habe. Er nennt weitere Verwandte, die sich für sie einsetzen würden, erwähnt aber auch Enttäuschungen:

»Mit X. X.[37] habe ich mich nicht mehr auseinandersgesetzt, da nicht nötig. Ich glaube auch nicht, dass es Zweck gehabt hätte. Obwohl er vor Geld stinkt, tut er nicht einmal was für seine eigenen Verwandten.«

Am 29.11.1938 bietet Hans Herbert – »da Esti und ich unsere Briefe immer gemeinsam schreiben« – das »Du« an. Auch in dieser bedrängenden Situation hat er Zeit für seinen Humor; zur Einführung des »Dus« merkt er an:

»... auch wenn wir die dazu gehörige alkoholische Szene aus Gründen der praktischen Geographie vorläufig noch aufschieben müssen.«

Sie hätten am Montag dem 28.11.38 das Affidavit eingereicht, »einen netten und rührenden Begleitbrief wegen Beschleunigung dazu geschrieben und harren nun der Dinge, die da kommen sollen. (…) Papa F. und Mutter B.«, so fügt er hinzu, ließen »durchaus nicht den Kopf hängen.« Und zwischendurch immer wieder verstreute Hinweise auf gemeinsame Freunde und Verwandte in Bamberg, von denen es »gute Nachricht« gebe:

»Wir haben aus Bamberg über Tante Sofie auch gute Nachricht, d. h. Bescheid, dass sie gesund und in Ordnung ist und freuen uns, dass Du von Deinen Eltern das Gleiche gehört hast. Weiter kann man ja heute leider nicht denken.«

Das innere Verdrängen des Wahrscheinlichen, der Ermordung weiterer Verwandter und Freund durch die Deutschen, ist die seelische Voraussetzung, um für sich selbst den Kampf für das eigene Überleben fortsetzen zu können. Die Wirklichkeit jedoch war noch brutaler und zerstörerischer, als sich dies Hans und Esti Finkelgrün und Herbert Ashe zu diesem Zeitpunkt vorzustellen vermochten.

Am 15.12.1938 schickt Herbert Ashe ein ausführliches Antwortschreiben. Er hofft, dass seinen eigenen Eltern noch die Flucht aus Bamberg gelingt, was sich auf barbarische Weise als eine trügerische Hoffnung erweisen sollte. Die Situation für neu ankommende jüdische Flüchtlinge in New York habe sich durch den Zustrom immer neuer Menschen – »heute kamen 655 German Jews allein mit der New Amsterdam an« – verschlechtert. Die Toleranz ihnen gegenüber sei massiv zurück

---

[37] der Name ist im Manuskript genannt

gegangen. Er habe das Gefühl, dass »die gutwilligen Amerikaner oder amerikanischen Juden mit ihrem Latein zu Ende sind.« Esti und Martin sollten in den USA lieber in Randgebiete, etwa nach Oklahoma, Denver oder Omaha gehen, »wo vielleicht 3 Flüchtlinge sitzen, so bist Du eine Ehrenrunde und wirst u.U. vom Gesangsverein Keuchhusten am Bahnhof empfangen.«

Abschließend gibt er ihnen angesichts der sich rapide zuspitzenden Prozesse der Entrechtlichung die Empfehlung, bei der Ausreise so viel Geld und Wertsachen wie gesetzlich erlaubt mitzunehmen. Am 12.1.1939 schickt ein New Yorker Geschäftsmann, M. Lang Goldschmidt, einen ausführlichen deutschsprachigen Brief an Hans, in dem er ihm detailliert mögliche ökonomische Kooperationsformen darlegt.

Am 1.2.1939 schreibt Hans erneut an Herbert Ashe. Ihre Lebenssituation in Prag hat sich erneut dramatisch zugespitzt:

> *»... Ich habe für heute etwas Wichtigeres zu besprechen; wenigstens ist es für uns bedeutsamer. Die Verhältnisse hier haben sich so sehr verändert, dass nur noch das allergeringste Maß an Sicherheit für uns gegeben ist. Die Lage für hier lebende deutsche Juden ist erheblicher gefährlicher als für die in Deutschland Lebenden. Man muss – ganz gleichgültig, was die vereinigte Weltpresse bringt, – bezüglich der CSR mit dem Schlimmsten rechnen; wenigstens aber damit, dass der deutsche Einfluss hier ein Vollständiger sein wird. Was das bedeutet, kannst Du Dir vorstellen – eine erneute und dann, schon aus Sprachschwierigkeiten und anderen lokalen Gründe verschärfte Neuauflage von Wien und Sudentengebiet.*
>
> *A propos Sudetengebiet: Von dem, was sich dort abgespielt hat, hat in den Zeitungen so weit ich weiß, nichts gestanden. Aber es hat hinter dem, was sich in Wien ereignete, in keiner Weise zurückgestanden. Die Folgen sind vielleicht nur deshalb nicht so schrecklich, weil ein großer Teil sich hierher in Sicherheit bringen konnte. Mit den ARMEN Leuten; die geblieben sind, ist man aber wenn möglich noch roher verfahren. Man hat es, z.B. in Karlsbad, sogar fertig gebracht, das Altersheim innerhalb 3 Stunden zu evakuieren. Ich habe keine Lust, mich in eine detailliertere Liste einzulassen, ich kann Dir versichern, dass es umso schlimmer zuging, wie man weniger gehört hat.«*

Ganz entgegen seiner optimistischen Grundhaltung beschreibt Hans Finkelgrün die Situation nun sehr deutlich:

*»Ich schreibe Dir davon nur, um Dir klar zu machen, dass es hier
mindestens ebenso kommen muss und vielleicht noch schlimmer,
weil man in der CSR ja ringsherum vollkommen eingeschlossen ist
und nirgends wohin fliehen kann.*

*Aber nun zur Sache: Für Esti und mich ist es nur eine Nervenpro-
be, für die Eltern aber ist es uns eine große Sorge, was geschehen
soll. Wir müssen für sie irgend eine Lösung finden.«*

Eine Lösung könne nur »eine Einwanderungsmöglichkeit nach USA«
sein. Hans fragt voller Schuldgefühlen nach, ob Herbert vielleicht auch
für seine Eltern ein Affidavit besorgen könne. Inzwischen hätten sie festgestellt, dass um 1870 ein weiterer Verwandter, ein Maß Finkelgruen,
Bruder seines Großvaters, in die USA ausgewandert sei. Dessen Sohn
habe seinen Vater einmal im Bamberg besucht. Am Ende des Briefes
hebt Hans noch einmal hervor:

*»Auf irgend eine Weise müssen wir die Sache lösen. Was uns selbst
anlangt, so nehmen wir (...) an, dass wir gegen Juli – August an
die Reihe kommen. Eine Bestätigung vom Konsulat konnten wir
jedoch noch nicht erhalten.«*

Der Druck insbesondere auf aus Deutschland geflohene jüdische
Flüchtlinge in Prag nimmt immer weiter zu. Knapp drei Wochen später, am 23.2.1939, antwortet Herbert Ashe ihnen – »meine Lieben« –
präzise bzgl. der Möglichkeiten, ein Affidavit für die USA zu erhalten:
Die Aussichten seien äußerst gering. Für die Eltern gebe es keinerlei
Chance: Es habe keinen »Sinn sich Illusionen oder Euch Hoffnungen
zu machen«. Auch im geschäftlichen Bereich hat er wenig Hoffnung,
insbesondere was den Import tschechischer Waren betrifft:

*»Sei Dir darüber klar, dass die CSR im Falle antisemitischer
Gesetzgebungen ebenso erledigt ist für USA, wie es heute bereits
Deutschland und das Sudetengebiet ist. (...) Ist es nicht möglich,
dass Du mit England Beziehungen aufnimmst?«*

In Finkelgruens Archiv findet sich ein weiterer, handschriftlicher Brief,
leider undatiert, diesmal von Esti an Herbert Ashe gerichtet; wie erwähnt war sie in Bamberg in Herbert verliebt gewesen, stand innerlich
zwischen Herbert und Hans. Der Brief dürfte wenige Tagen oder Wochen nach dem 15.3.1939 verfasst worden sein. In ihm spiegelt sich Estis
zunehmende Verzweiflung über ihre Lebenssituation, das Scheitern ihrer Fluchtpläne wieder. Einführend erwähnt sie ihr »Briefschuld« ihm
gegenüber, versichert Herbert jedoch, dass sie häufig an ihn denke.

Sie benennt das Datum des 15.3. als eine einschneidende, sie existentiell erschütternde Zäsur: Am 15./16.3.1939 hatten deutsche Truppen das restliche Staatsgebiet der ČSR besetzt. In der NS-Propaganda wurde dies als eine »Zerschlagung der Rest-Tschechei« bezeichnet. Unmittelbar nach dem Einmarsch wurde das Protektorat Böhmen und Mähren errichtet und es wurde dort eine deutsche Gerichtsbarkeit geschaffen. Spätestens ab diesem Zeitpunkt waren die Finkelgruens existentiell bedroht. Ihre Chancen, den Deutschen zu entkommen, hatten sich nahezu aufgelöst.

Seit diesem 15.3.1939, schreibt Esti an Ashe, habe sie »den Eindruck als ob ich dauernd in einem halbwachen Zustand lebe. Ich kann sagen, dass ich vollkommen fertig bin.« Aber bereits zuvor, »bereits seit Monaten« sei sie »unfähig klar zu denken« gewesen, so existentiell verunsichert sei sie nun. Sie spürt, dass sie und ihr jüdischer Mann von der Welt in Stich gelassen worden sind. Ihr Schicksal ist ohne Bedeutung für ihre nicht-jüdische Umwelt. Esti fährt fort:

> *»Mir scheint die Auswanderung nach U.S.A. heute noch ferner und unerreichbarer zu sein als je. Wenn man wie Hans schreibt das Wort ›Konsulat‹ hört fühlt man ein ekelerregendes Gefühl. England, Amerika, die ganzen Demokratien man beginnt sie zu verachten, schade aber es ist wirklich so. Über Dorchen haben wir gehört dass du glückliche Briefe schreibst ich kann nicht mal sagen ob ich dir das Glück neide.«*

Ihre Verzweiflung, ihre seelische Erschöpfung kommen auch in den folgenden Zeilen zum Ausdruck:

> *»Eins ist sicher ich kann mich kaum konzentrieren und dir ein paar Zeilen zu schreiben. Ich weiß nicht ob du dir Vorstellung machen kannst in welcher Verfassung wir hier leben. Entschuldige wenn ich dir nicht besser schreiben kann aber ich kann nicht mal einen Gedanken zu Ende denken geschweige denn noch schreiben.«*

Am 6.4.1939, drei Wochen nach der Besetzung Prags, schickt Hans einen zwei enge Schreibmaschinenseiten langen Brief an Herbert: »Die Ereignisse gehen heute weitaus rascher als meine Maschine« ist sein erster Satz. »Was ich eben noch als hochaktuell zu berichten habe, ist beim Niederschreiben schon überholt.« Am 27.2.1939 haben Esti und Hans standesamtlich geheiratet, dies ist zugleich die wichtigste Schutzmaßnahme, um die Flucht- bzw. die Überlebenschance zu erhöhen:

Hans beschreibt die Umstände der Besetzung Prags am 15.3., so wie sie sie erlebt haben:

Hans kommt erneut auf die Frage zu sprechen, ob sie sich – so sie
denn überhaupt in die USA gelangen – eher in News York niederlassen
oder »weiter ins Innere« gehen sollten, um »in unserer geliebten Hand-
schuhbranche« einen Neuanfang zu wagen. Er ist sich der immensen
Schwierigkeiten und Konkurrenzverhältnisse bewusst, hat diese auch
in Prag erlebt; andererseits seien sie in Prag mit ihrem kleinen Hand-
schuhgeschäft

> »erfolgreicher gewesen als irgend jemand sich (…) hätte träumen
> lassen. (…) Nun kann das natürlich in USA wirklich viel anders
> sein.«

Er wisse nur, dass sie auf jeden Fall in einer Großstadt leben müssten;
auch Washington, Boston oder Chicago seien möglich. Hans schließt
mit der Ankündigung:

> »Ich schreibe Dir in dieser Woche noch einmal ausführlich.«

Hans benötigt doch 12 Tage, um den nächsten Brief zu verschicken;
handschriftlich hat er eine neue Prager Anschrift – Skuherského 3/22 –
hinzu gefügt. Als Grund für seine Verzögerung beim Schreiben nennt
er in seinem Brief vom 18.4.1939 die ungewisse Lage:

> »(…) weil so Ereignisse immer dieselben sind bzw. weil sich eben
> nichts ereignet. Der Himmel bleibt grau in grau und die Möglich-
> keiten, das Wetter zu beeinflussen, werden täglich geringer.«

Er beschreibt seinen seit Monaten andauernden niederdrückenden Versuche, überhaupt in die Passabteilung des Konsulats vorgelassen zu werden; die Willkür, die Korruption, »diese unbeweisbaren Widerwärtig-
keiten.« Abschließend deutet er erneut seine Verzweiflung an, unter der
Esti sehr viel stärker leidet als er selbst, mit seiner robusten Natur:

> »Hier sind die Verhältnisse vollkommen undurchsichtig. Bisher ist,
> wie gesagt, alles ruhig und äußerlich für uns unverändert. Aber
> auf einem Vulkan spazieren zu gehen muss ein ähnliches Gefühl
> sein.«

Esti fügt noch einen handschriftlichen Gruß hinzu, in dem ihre wach-
sende Verzweiflung – »ich weiß nicht, ob ich wieder einigermaßen
normal bin« – gleichfalls durchzubrechen droht.

Im Archiv befindet sich ein weiterer, undatierter, maschinengeschriebener Brief, wohl einige Wochen nach dem letztgenannten Brief verfasst. Diesmal schreibt Esti an Herbert. Sie äußert ihre Besorgnis, dass er ihnen so lange nicht geschrieben habe. Letztens habe sie sogar von ihm geträumt, so sehr fühle sie sich ihm nahe bzw. habe Angst vor einem Abbruch der Beziehung:

> *»Manchmal habe ich wirklich das Bedürfnis – alles was wir hier erleben – niederzuschreiben- ich glaube, es müsste einen ganz guten Roman geben.«*

Ihre schwierige Lebenssituation im besetzten Prag möge er daran erkennen, dass sogar Hans inzwischen denke, dass er einen Rat von Außen gebrauchen könne:

> *»Wir brauchen Rat und freundliche optimistische Briefe von den paar guten Freunden, die wir haben, und da stehst Du doch an erster Stelle.«*

Sie überlege inzwischen sogar, »ein Musterbuch mit Handschuhmodellen« anzulegen, als Vorbereitung auf die USA. Esti, die früher zwischen Hans und Herbert stand, erinnert ihn daran, dass er versäumt habe, »mir zur Heirat zu gratulieren.« Man spürt ihre tiefe Sorge, nun auch noch den Kontakt zu Herbert in den USA zu verlieren. Sie erkundigt sich nach seinen Freundinnen, nach seiner Wohnung, seinen Ferien; abschließend bittet sie ihn:

> *»So viel hättest Du doch zu schreiben. Nimm also Federhalter, Schreibmaschine oder Dictaphon zur Hand und berichte Deiner europäischen Freundin.«*

Erneute vier Wochen später, am 12.5.1939, schreibt Hans einen dringlich gehaltenen Brief an Herbert. Sie hätten seit knapp drei Monaten nichts mehr von ihm gehört und hätten Angst, dass er die Beziehung abbrechen werde, obwohl dies doch gar nicht seine Art sei. Sie seien sich »auch keiner Schuld bewusst.« Er vermag Erfreuliches zu schreiben: Vor allem dass sie mit ihrer Heirat eine größere Wohnung bekommen hätten, zum gleichen Mietpreis. Hans berichtet etwas aus ihrem Lebensalltag in Prag und bittet dann doch, sie über wesentliche Veränderungen in der alten und neuen Welt zu informieren:

> *»Man lebt hier wie auf einer abgeschlossenen Insel und kann jeden Wink von draußen gut gebrauchen.«*

Sie hätten auch mit Dorle in Palästina über Emigrationsmöglichkeiten dorthin einen Austausch, und Dorle habe ihnen auch Hilfe zugesagt. Aber sie wollten bis etwa September noch warten, ob sich vielleicht doch eine Fluchtmöglichkeit in die USA ergebe. Eine zeitweilige Trennung komme für sie jedoch nicht in Frage. Dann wieder ein Gerücht über scheinbar gelingende Fluchtpläne heraus aus Bamberg, die sich bis nach Prag herumgesprochen haben:

> *»Ich höre, dass Deine Eltern im September nach Cuba gehen und wünsche Dir recht viel Glück. Ich wollte, ich wäre auch schon so weit.«*

Die Hoffnung erwies sich als trügerisch: Auch Herbert Ashes Eltern wurden Opfer der Shoah.

Am 29.5.1939 antwortet ihnen Herbert – »Liebe Freunde…« – in einem kürzeren Brief, entschuldigt sich für sein längeres Schweigen:

> *»…doch gibt es einfach einmal Zeiten, in denen man sich einfach nicht zum Schreiben bringt. Sei es wegen zu viel Arbeit, sei es aus Phlegma oder sonstigen Gründen.«*

Dass er ihnen nicht zur Hochzeit gratuliert habe »sei ein offener Skandal«. Dann kommt er auf eine von ihnen erwähnte, vage Möglichkeit, aus Prag herauszukommen, zu sprechen:

> *»Ihr müsst unter allen Umständen versuchen, das Visum sofort zu bekommen. Ich halte es für unbedingt geboten, die Hilfe dieses Freundes in Anspruch zu nehmen, selbst wenn es mit Risiko und viel Geld verbunden ist. Bitte nehmt darauf keine Rücksicht (…) Kein Opfer ist zu groß und kein Versuch zu unüberlegt oder übereilt, der Euch einen einzigen Tag früher herausbringen könnte.«*

Er führt einige gescheiterte Fluchtversuche an und fügt dann hinzu:

> *»Ich will damit sagen, dass die Konsulate immer strenger werden.«*

Seine eigene Lebenssituation sei zufriedenstellend. Er arbeite nun wieder als Verkäufer in einem shirtstore, »stehe also wieder hinter einem Ladentisch«, auch privat gehe es ihm »verhältnismäßig anständig.«

In Peter Finkelgruens Unterlagen findet sich ein an Ashe gerichtetes Schreiben der *New York Section of Jewish Women* aus New York vom

31.5.1939, in dem sie, auf Hans Finkelgrün bezogen, bedauern, dass es ihnen nicht gelungen sei, die Cousine von Hans Finkelgrün, Margaret Noah, ausfindig zu machen. Sie bitten um weitere Angaben zu ihrer Person, oder um ihre Anschrift, um die Emigrationswunsch von Hans Finkelgrün zu unterstützen.

Gut drei Wochen später, am 22.6.1939, zeigt sich Hans erleichtert darüber, dass sein Kontakt zu Herbert Ashe doch nicht abgebrochen ist. Er dankt ihm auch für dessen dringliche Empfehlung, auf eine Beschleunigung des Visums zu drängen. Im besetzten Prag ist es nicht leicht, die immer stärker zunehmende Bedrohung zu beurteilen:

> *»Dass Du, der Du doch unbedingt dort einen freieren und unbe-*
> *fangenen Blick hast, ebenso rätst, ist mir sehr wichtig.«*

Ihre bisherigen Versuche der Emigration hätten sich »inzwischen als ungangbar erwiesen.« Über ihr Privatleben vermag er Herbert kaum Neues zu berichten:

> *»Wir pendeln zwischen Geschäft, Essen, einige Male Kino, regel-*
> *mäßigem Radio und Schlafengehen (…) und haben z.Z. eigentlich*
> *gar keinen Umgang mit anderen Leuten.«*

Esti, entschieden empfindsamer als Hans, habe »sich zu beruhigen begonnen.« Eisenstädter sei inzwischen mit Visum über London in New York angekommen.

Einen Monat später, am 29.7.1939, schreibt Esti aus Prag einen dreiseitigen, sehr persönlich gehaltenen handschriftlichen Brief an Herbert Ashe. Sie versucht, die inneren Gründe für ihre zunehmende Isolation zu verdeutlichen, die sich auch in ihren eher spärlichen Briefen an ihn widerspiegelten:

> *»… ich bin entweder nicht in Stimmung, ich kann mich nicht*
> *konzentrieren, ich verliere den Kontakt zu Menschen, verliere so*
> *die letzten guten Freunde. Sei mir bitte deshalb nicht böse, aber es*
> *ist furchtbar schwer nette freundliche Briefe zu schreiben, ich kann*
> *Dir ja schließlich nicht Jammerbriefe schreiben und darauf von dir*
> *nette Antworten erwarten.«*

Dennoch würden sie und Hans sich über »etwas mehr Persönliches« von ihm freuen. Sie seien für sie »wie eine heilkräftige Medizin.« Dann versucht sie, selbst Erfreuliches zu schreiben: Sie säßen gerade »in einem Terrassen Café oberhalb Prags«, es sei herrliches Wetter, er werde neben ihnen getanzt:

»In einem Anfall von Optimismus bin ich vorige Woche aufs
Konsulat wo ich zu hören bekommen habe dass wir immer noch
mit 5–6 Monaten zu rechnen hätten. Ich glaube ich halte es keine
2 Monate mehr aus. Ich denke nur noch eins: weg, fort und raus.
Weisst du es ist noch ein himmelweiter Unterschied wenn man
wie du in Deutschland gelebt und trotz allem da (…) aus einem
regelmäßigen Haushalt in die neue Welt ging. Aber wir hier, es ist
nicht zu schildern was das Nerven kostet. Hoffentlich finden wir
noch eine andere Möglichkeit hier heraus zu kommen.«

Sie verabschiedet sich mit einem sehr persönlich gehaltenen Gruß.

Am darauffolgenden Tag, dem 30.7.1939, schickt Hans einen dreiseitigen, maschinengeschriebenen Brief hinterher, den er so eröffnet:

»Estileins endlich geborener Brief bedarf meinerseits noch einiger
kleiner Ergänzungen.«

Eigentlich müsse er ihm zur Erklärung ihre Lebenssituation als Flüchtlinge in Prag genau schildern, »aber ich will keine deprimierenden
Briefe schreiben.« Die »allgemeine Unsicherheit unserer Lage und die
fast völlige Machtlosigkeit« beanspruche ihre Nerven »in einem fast
unerträglichen Maasse«. Es sei für sie inzwischen unerträglich, »nur auf
die Hilfe anderer angewiesen zu sein und gar keine Möglichkeit zu
haben, selbst etwas zu tun.« Aber er versuche, selbst mit diesem Zustand
fertig zu werden. Dann schreibt Hans über die ihm noch verbliebenen
geschäftlichen Möglichkeiten bzgl. seines Hut- und Handschuhgeschäftes, bezogen auf Herrn Eisenstädter, und schlägt auch eine direkte wirtschaftliche Zusammenarbeit mit ihm selbst – Herbert – vor.

Wiederum einen Monat später, am 11.8.1939, schicken Esti und Hans
einen weiteren handschriftlichen, vier Seiten langen, persönlich gehaltenen Brief an Herbert; d.h. beide schreiben auf einem Doppelblatt
nacheinander einen Brief. Mit wohl etwas Schuldgefühl merkt die
inzwischen 26-Jährige an, dass ihre Briefe »keine Bereicherung der Literatur bilden«; aber es seien doch »Briefe einer verflossenen Freundin«.
Esti versichert Herbert – da sie wohl keinen Sinn darin sieht, Selbstmitleid zu kommunizieren – dass sie »alles in allem genommen doch so
glücklich« sei »als es die äußeren Verhältnisse erlauben«. »Sprungbereit
natürlich immer«, fügt sie hinzu. Inzwischen hätten sie versucht, ein
Visum für England zu bekommen, damit sie nicht weiter vom »Prager
Amerika Konsul« abhängig seien: »Hoffentlich klappt das, dann werden

wir dich sofort benachrichtigen.« Sie wolle ihm eigentlich schon länger schreiben, »wie sehr glücklich ich mit Hans« sei. Allein dadurch habe sich für sie bereits viel geändert; vor allem sie selbst hätten sich dadurch verändert. Deshalb habe sie Hans freiwillig »alles über dich und mich erzählt…« Und Hans fügt in seinem Brief hinzu, dass er sich nach einer geglückten Emigration einen neuen Namen geben werde: John Finck.

Gleichfalls am 11.8.1939 – die Briefe haben sich also überschnitten – schreibt Herbert einen langen Brief an die beiden; der Brief ist heute nur noch schwer zu entziffern. Er versichert ihnen dass Estis Besorgnis bzgl. eines Abbruchs ihrer Beziehung vollständig unbegründet sei. Das Leben in New York sei sehr viel schnelllebiger als sein früheres Leben, das vermöge man wohl nur zu verstehen, wenn man selbst in New York lebe.

> »Versucht alles, um wenn möglich in der Zwischenzeit in ein anderes Land zu kommen.«

Er bittet sie mehrfach, nicht den Mut zu verlieren, es gebe »Tausende und Tausende«, die glücklich wären, »wenigstens die Aussicht zu haben hier herüber zu kommen.« Trotz aller bestehenden Schwierigkeiten sei er sich sicher, dass sie irgendwann in die USA kämen: »Es wird ja alles bald überstanden sein«, auch diese »letzte Geduldsprobe«. Er bittet sie, ihn über das Schicksal von »Dorle« – Hans Schwester – zu informieren. Ein Bekannter, der von Palästina weiter in die USA gegangen sei, habe ihm ein paar Eindrücke von Dorles Leben in Palästina berichtet.

Es vergehen drei Monate. Am 12.11.1939 schreibt Hans, immer noch aus Prag, einen drei Seiten langen Brief an Herbert, in dem er auch an dessen Schreiben vom 11.8. anknüpft. In der Zwischenzeit habe sich ihre Lebenssituation weiter verschlimmert. Er erwähnt den 3.9.1939 als scharfe Zäsur, hebt aber die Erleichterung darüber hervor, dass ihr Kontakt zu Herbert nicht abgebrochen ist. Trotz ihrer sich weiter steigernden Gefährdung bleibt er auch nach Kriegsausbruch optimistisch:

> »Den Kopf behalten wir beide immer oben. Wir lassen uns ab und zu mal deprimieren, das ist vielleicht besser als alles in sich hineinfressen.«

Weil er gefragt wurde schreibt Hans nun auch ausführlicher über die Berichte seiner nach Palästina emigrierten Schwester Dora:

»Ich für meinen Teil finde sie zufriedenstellend. Vater, wenn er an das denkt, was aus seiner Tochter hätte werden können und sollen, weniger.«

Die Zukunft werde zeigen, welche Einschätzung realistischer sei. Dann gibt er Herbert – der mit Dora früher gleichfalls befreundet war – eine »stichwortartige Rekapitulation«:

»War in Deganiah auf Lehrhachscharah. Lebt jetzt mit ihrem Manne auf einer jungen Kwuzah, beabsichtigt, Bekannte dort heranzuziehen damit sie so etwas wie einen eigenen Kreis haben / indem sie als Königin herrschen kann / und dann dort endgültig zu bleiben. Hat sich ganz und gar gut eingewöhnt. Lebenszuschnitt einer Arbeitskwuzah, die Männer gehen auf Arbeit. Die Frauenzimmer besorgen den Stall und das Vieh und den Garten und kochen. Für die Familien Einzelhäuser. Esso usw. Gemeinschaftsräume. Jeder wird satt, aber das Bargeld ist wie eine schöne Kokotte: Selten begehrt und wenn's schon mal welches gibt, reißt sich jeder danach.

Dorchen hat die Leitung des Gartens, Oberleitung in jeder Beziehung. Sie baut, arbeitet, erntet, liefert an die Küche und verkauft nach außerhalb. Gerhard ist der begehrteste Arbeiter bei den Unternehmern im Umkreis. Beide sind zufrieden, bis auf die Sorgen, die wir alle haben und die sie allein zu haben meinen.«

Dann fügt er noch ihre Anschrift – »Dora Schaal, Kwuzah Schiboleth, Rechowoth, P.O.B. 66, Palestine« hinzu.

Hans hat immer noch die Hoffnung, irgendwie aus dem besetzten Prag heraus zu kommen. Dass er bereits von der Gestapo observiert worden ist weiß Hans nicht.

»Seitdem die Gestapo ein jüdisches Auswanderungsamt eingerichtet hat, geht nämlich alles Formelle gut und schnell. Aber man muss vorher ein Visum haben.«

Vorläufig erteile die Gestapo immer noch Ausreisegenehmigungen, natürlich nur in »neutrale Länder«. Dann erwähnt er die in Zürich lebende Tilly Cohn, von der er vermutet, dass sie Ashes Cousine sei. Von Tilly Cohn sind gleichfalls Briefe erhalten geblieben, auch Finkelgruen hat

Ausschnitte daraus in seinen Büchern zitiert.[38] Hans bittet Herbert, sie mit »klugem und männlichem Rat« dazu zu bewegen, »sich für uns zu bemühen« und fügt hinzu:

>*Du kannst mir glauben, es geht ohne Hilfe nicht.*«

Er deutet im Folgenden doch deutlicher seinen Pessimismus an, Prag nicht mehr lebendig verlassen zu können:

>*Wenn Frl. Cohn nichts tun kann, sind wir ziemlich aufgeschmis-sen, denn wir haben keinerlei sonstige Bekannte draußen. Dorchen und mein Freund sind feindliches Ausland.. (...) Jedenfalls ist Eile am Platze, denn sehr lange wird die Auswanderung ja wohl nicht weiter gehen.*«

Sie hätten einen geordneten Tagesablauf, »vorsichtshalber und auf alle Fälle lernen wir ein wenig Englisch«. Er schweife immer noch gelegentlich durch die Stadt, trotz der Eigengefährdung, Cafés suche »man aber besser nicht auf.« Dann erwähnt er weitere Länder, in die sie vielleicht noch fliehen könnten:

>*Argentinien, Chile und Guatemala haben heute hier neue Konsuln bestellt.*«

Esti fügt dem Brief längere handschriftliche Zeilen hinzu, deutlicher als Hans deutet sie ihre Verzweiflung an: Sie hätten jetzt in Prag, außer der Arbeit und ihrer Wohnung, keinerlei Abwechslung mehr, selbst Kinobesuche seien für sie nicht möglich. Sie lese seine Briefe immer wieder und immer wieder neu.

>*Hoffentlich kommen wir über die nächste Zeit hier halbwegs durch.*«

---

[38] Peter Finkelgruen hat ab den 1970er Jahren bei seinen Recherchen über das Leben seiner Eltern Esti (Ernestine) und Hans Finkelgrün und immer wieder Briefe seiner Eltern überlassen bekommen. Neben den Briefen von Herbert J. Ashe erhielt er von seinem in Israel lebenden Onkel Gerhard, einige von der in Zürich lebenden Tilly Cohn. Sie war vermutlich eine Verwandte von Herbert Ashe. Der größte Teil dieser Briefe ist noch relativ gut lesbar, Absender und Adressat lassen sich in den meisten Fällen zuordnen bzw. rekonstruieren, sofern diese auf den Briefen nicht schon angegeben sind; bei einigen Briefen fehlt eine Datumsangabe.

Von Prag nach Shanghai

In der Korrespondenz zwischen den Finkelgrüns und Herbert Ashe gibt es zwischen August 1939 und Mai 1940 eine rund sechsmonatige Lücke, in der keine Briefe aus New York kamen. In einem Schreiben am 25.11.1939 an die in Zürich lebende Tilly Cohn erwähnt Hans Finkelgruen:

> *»Von Herbert habe ich zuletzt im August gehört.«*

Trotz seiner schwierigen Lebenssituation in Prag versichert Hans, es gehe ihnen »unberufen gut, jedenfalls im Alltag«. Dass Prag für sie als Juden kein sicherer Ort ist, sondern nur Zwischenstation auf der Suche nach einem sicheren Exil, ist ihm und seiner fünf Jahre jüngeren Freundin Esti bewusst:

> *»Die Unsicherheit, wann wir zu unserer Auswanderung kommen,*
> *bildet natürlich immer den berühmten Wermutstropfen.«*

Hans bittet Tilly Cohn um mehr Briefmarken für seine Markensammlung. Er erzählt vom »sehr schönen« Prager Eisstadion, wo er bereits »die berühmtesten Eiskunstläufer und famose Eishockeykämpfe« gesehen habe.

Knapp drei Monate später, am 11.2.1940, schickt Hans Frau Cohn einen weiteren Brief. Hierin bemerkt er mit schuldhaftem Unterton, dass er noch gar nicht auf ihr Schreiben vom 9.1.1940 reagiert habe, weil er »mit Arbeit und Laufereien vollgesteckt« gewesen sei. Inzwischen habe er eine »Einreisegenehmigung nach Russland«, vermutlich könne er schon in einer Woche reisen. Die Massivität der Schwierigkeiten, die er hierbei bewältigen muss, deutet er nur an:

> *»Der Weg zum Visum ist ein ganzer Roman von dem sich Unbe-*
> *teiligte kaum eine Vorstellung machen könne.«*

Er wolle alleine nach Russland voraus reisen, um Möglichkeiten der Emigration zu finden; seine Esti würde dann nachreisen. Das Aufrechterhalten der Kontakte zu weiteren Freunden sei schwierig: »Post haben wir von nirgendwoher gehabt.« Er grüßt förmlich mit »Ihr Hans Finkelgrün«.

März 1940. Es ist Hans mittlerweile gelungen, sich alleine nach Moskau durchzuschlagen, um von dort aus irgendwie nach Shanghai zu gelangen. Am 6.3.1940 schickt Hans von Moskau aus einen zweiseitigen Brief an Herbert Ashe und am selben Tag einen weiteren Brief an Tilly Cohn. Hans eröffnet seinen Brief an Herbert mit einem Scherz, wird dann jedoch ernst:

> *»Es war in Prag nicht mehr auszuhalten. Das Amerikanische Konsulat hatte in Aussicht gestellt, dass wir Ende Dezember 1940 vielleicht dran kommen würden. Wir konferierten und Esti und ich beschlossen, dass ich zunächst allein weggehen und suchen sollte wo man ein friedliches Plätzchen finden könne, zunächst einmal um das doch so sehr ersehnte Immigrationsvisa abzuwarten und dann wenn das aus irgend einem Grund schief gehen sollte um dort Wurzel zu schlagen. Es war natürlich fast unmöglich etwas zu finden. Durch Zufall konnte ich ein 30-Tage-Touristenvisum für Russland erhalten und so fuhr ich denn los.*
>
> *Der Plan ist, zu sehen, ob man, auch ohne Permit, bis Schanghai gelangen kann. Wenn nicht, ob irgendwoanders hin. Oder schließlich ob die Erlaubnis zu erhalten ist, hier zu bleiben, bis das Amerika-Visum kommt. Da das Amerikanische Konsulat hier keine Berechtigung hat, Visa zu erteilen, müsste ich die Papiere nach Riga transferieren lassen.«*

Dann beschreibt Hans das Scheitern des Versuches, mit Bestechungsgeld »früher herauszukommen«. Aber auch dies sei nicht mehr möglich, er hätte wenigstens 5000 Mark dafür benötigt:

> *»Ich hoffe, dass ich durchkomme bis nach Schanghai, das alle loben. Soviel Geld wie wir brauchen, werde ich schon verdienen und dann wird es ja auch mit dem Visum einmal werden.«*

Hans spricht das Gerücht an, dass die Affidavits nach einem Jahr ihre Gültigkeit verlieren würden, und bittet darum, Tante Hulda dazu zu bewegen, das Visum noch einmal zu erneuern:

> *»Ich habe mit Esti noch nicht darüber gesprochen (…) aber insgeheim macht mir dies Sorge. (…) Esti ist mit Frau Bartl zunächst in Prag geblieben. Das Geschäft geht, von Vater geleitet, gut. Materielle Sorgen bestehen also nicht. Da der Vater über 60 ist und die Damen Arierinnen, ist auch sonst kein Grund zur Sorge.«*

Dann spricht Hans erneut Herberts »Stillschweigen« – also das Ausbleiben von Briefen – an, was ihm und auch Esti große Sorge bereite:

> *»Trotzdem wartet man in Zeiten wie die jetzigen auf einen gelegentlichen Gruß. (…) Vergiss nicht dass wir hier in großer*

*Nervenanspannung leben. Durch die ganzen Verhältnisse hat man
wenig Umgang, kommt nicht unter Menschen.«*

Dann erwähnt er noch einmal Tilly Cohn; diese habe ihm geschrieben,
dass sie Herbert ein Roschhaschonoh-Telegramm geschickt habe – also
gute Grüße für das neue jüdische Jahr. Abschließend merkt er zu seiner
schwierigen Situation an:

*»Ich weiß noch nicht, ob ich hier bleibe oder wohin ich gehe und
wie meine Adresse sein wird.«*

Handschriftlich fügt er seine gegenwärtige Anschrift hinzu: »z.Z. durch
Intourist Moskau, Hotel Metropol.«

Im Brief an Tilly Cohn berichtet Hans, die Ausreise nach Russland habe
geklappt; von dort aus würde er nach einer Möglichkeit suchen, in die
USA oder aber nach Shanghai zu emigrieren. Esti sollte nachfolgen:

*»…ich bin nun schon die zweite Woche hier in Russland. (…)
Viel zu berichten gibt es allerdings noch nicht. Das Erfreuliche
ist, dass hier das J im Pass[39] keine Schwierigkeiten bereitet. Aber
die Kriegszeichen schaffen dafür andere.«*

Er habe »alle erforderlichen Anträge gestellt, um nach Schanghai wei-
terfahren zu können.« Er habe auch »ein Gesuch laufen«, dass er in Russland bleiben könne, bis er irgendwann doch noch ein Visum für die USA
erhalten werde. Sein Freund Herbert Ashe setzte sich zeitgleich für ein
solches Visum/Affidavit ein und stellte hierfür bei den amerikanischen
Behörden auch entsprechende eigene Zusicherungen aus. Shanghai als
Fluchtort bleibt für Hans und Esti jedoch pragmatische Priorität:

*»Am liebsten wäre es mir natürlich, wenn ich nach Schanghai
gelangen könnte. Ich habe zwar kein Permit für dort aber ich hoffe
schon durchzusetzen wenn ich ankomme, dass man mich nicht
zurückschickt.«*

Er habe auch einige Adressen von Freunden in Shanghai, die sich bereits
bis dort durchgeschlagen hatten. Die Kommunikation bliebe schwierig:

*»Die Post mit Deutschland ist überhaupt sehr schwierig. Ich bin
am 18.2.(1940) von Prag fortgefahren und habe bis heute von
meiner Familie noch keine Nachricht.«*

---

[39] Die Nazis stempelten bei allen Juden ein J in den Pass, um sie rassistisch zu erfassen und
zu diskriminieren.

Er habe zwar bereits »3 Karten, 2 Briefe und 1 Telegramm geschickt«, diese seien aber offenkundig noch nicht angekommen.

Hans Finkelgrüns Schilderungen in den Briefen scheinen durchgehend von dem Bemühen geprägt zu sein, sich nicht unterkriegen zu lassen. Sein Optimismus dominiert:

> »Ich wohne hier in Moskau im Hotel Metropol, Nr. 381. (…) Der Verkehr mit den Ämtern und Konsulaten ist leicht und angenehmer als in Deutschland. Nur müssen sie infolge des Krieges meist erst zu Hause anfragen, was eben Zeit kostet.«

Das amerikanische Immigrations-Visum könne er hingegen in Moskau nicht erhalten; seine Anträge und Papiere müsse er immer »nach Riga schicken«. Erstmals schreibt Hans ausführlicher, warum er »so rasch und so aufs Geratewohl fortgegangen« sei:

> »Nun einmal weil es wirklich dort nicht mehr auszuhalten ist. Von allem was die Juden bedroht gelangt nichts in die Öffentlichkeit aber was im Dunkeln, täglich geschieht kann man nicht schreiben weil es niemand glaubt der es nicht miterlebt.«

Weil »das amerikanische Konsulat so langsam« arbeite müsse er sich nun doch »umsehen, ob es nicht doch einen Fleck zu erreichen gibt wo ich mit meiner Frau endlich in Ruhe leben kann.« Einen Ort, wo sie »als Arierinnen sicher« seien: »So habe ich es nicht nötig«, schreibt er mit ungebrochener Ironie, »meine Frau auf dieses Abenteuer hier mitzunehmen.« Er bitte sie, fügt Hans handschriftlich hinzu, seiner Frau – »sie lebt dort natürlich isoliert« – einen Brief zu schreiben, weil die Postverbindungen für ihn selbst sehr schlecht seien.

Neun Tage später, am 15.3.1940 – also zwei Jahre vor der Geburt seines Sohnes Peter in Shanghai – schreibt Hans aus Moskau erneut an das »gnädige Fräulein«. Er habe bereits als kleines Kind gelernt, andere Menschen nicht mit seinen privaten Angelegenheiten und Wünschen zu belästigen:

> »Aber ich entschuldige mich, vor mir selber, immer wieder mit den Umständen.«

Er sei nun bereits vier Wochen von Prag weg »und habe noch keine Zeile von meiner Familie zu Gesicht bekommen.« Diese Lebenssituation der Trennung und der massiven Unsicherheit sei »viel unangenehmer als man glauben kann« und rechtfertige vielleicht »solche Unhöflichkeiten wie die hier vorliegenden.« Bis zum 19.3.1940 habe man ihm eine Beantwortung seiner »diversen Anträge« zugesagt:

> *»Im Falle der Genehmigung fahre ich am 19. oder am 22.3. mit dem Transsibirian Express nach Wladiwostok und von dort mit dem Schiff nach Tsuruga in Japan. Ob ich dann von dort aus mit dem Schiff direkt nach Schanghai gelange oder ob ich über Tokio oder Kobe oder Nagasaki fahre, weiß ich noch nicht. Hier kann man es mir nicht sagen; das muss ich erst an Ort und Stelle feststellen.«*

Er beschreibt detailliert die voraussichtliche Zeitdauer seiner Emigrationsroute, »15 oder 25 Tage«. Dann führt er einige der enormen Schwierigkeiten seines Überlebensprojektes Shanghai auf:

> *»1. Es gibt hier kein Konsulat von Mandschukuo, sodass ich kein Transitvisum bekommen kann. Ich müsste den Pass dazu per Post nach Berlin oder nach Tschita bringen. Das dauert auf alle Fälle sehr lange und ist mir unter den gegenwärtigen schlechten Postverhältnissen zu riskant.*

> *»2. Ich brauche ein neues russisches Ausreisevisum. In meinem Pass steht, dass ich über Bigisovo, d.i. die lettische Grenze, zurückfahren muss. Ich habe also ein Gesuch einreichen müssen, dass man dieses Ausreisevisum abändert und mir erlaubt, das Land über Vladivostok zu verlassen. Das ist aber wie sich gezeigt hat ein sehr langwieriger Amtsweg (...) In diesem Falle wie gesagt Richtung Schanghai; man hat mir auf dem hiesigen japanischen Konsulat noch einmal bestätigt, dass man für japanisch Schanghai kein besonderes Visum braucht. Ich werde also schon richtig hinkommen. Und dann hat ja der Schmerz ein Ende. Dann kann man wieder vernünftig arbeiten ohne täglich mit einer anderen Behörde zu tun zu haben.«*

Er werde von Moskau aus sowie bei seiner Ankunft in Shanghai telegraphieren, um »meine Leute« über sein Schicksal zu informieren. Wenn das Gesuch abgelehnt werde habe er einen alternativen Plan:

> *»Das Wie und Wohin schreibe ich Ihnen dann noch, wenn es so weit ist.«*

Er hoffe, dass er sich bei seiner Briefpartnerin »in irgend einer Weise revanchieren« könne.

Neun Tage später, am 26.3.1940, folgt ein kürzerer Brief, mit der
»Durchschrift eines Briefes an meine Familie«, die er weiterzuleiten
bitte. »Ich bin in großer Eile, der Zug geht in einer Stunde«, schreibt
Hans und fügt hinzu:

> »Nächstens erhalten Sie auch eine schöne ordentliche Reisebe-
> schreibung und wenn ich erst Millionär bin oder auch nur ein
> Teilchen davon eine Einladung in unser künftiges neues Haus.«

Der Optimismus des 32-Jährigen scheint ungebrochen.

Hans Briefe haben auch Esti Finkelgrün erreicht. Neun Tage später,
am 4.4.1940, schickt Esti aus Prag einen zweiseitigen, handschriftlich
verfassten, gleichermaßen förmlich wie liebenswürdig gehaltenen Dan-
kesbrief an das »sehr geehrte Fräulein Cohn!«:

> »Es ist ein beruhigendes Gefühl zu wissen, dass jemand in der
> Welt draußen aufrichtig um und mit uns besorgt ist und uneigen-
> nützig zu helfen bereit ist. Hoffentlich können wir es wiedermal
> gutmachen.«

Sie beschreibt ihre Gefühle darüber, dass sie alle Briefe ihres Mannes
doch noch auf Umwegen erreicht haben:

> »Jedenfalls werden Sie sich sicher mit uns freuen, zu hören, was
> er alles geschafft hat. Sind Sie nicht auch erstaunt von einem solch
> komischen Emigrantenschicksal zu hören? (…) Hoffentlich ge-
> lingt ihm alles so. Jedenfalls ist mein Mann auch in seinen letzten
> Briefen sehr optimistisch (aber im Vertrauen gesagt er war und ist
> es immer) er denkt obwohl er noch gar nicht mal angekommen ist
> bereits daran und fordert mich schon telegrafisch auf alle nötigen
> Schritte für die Ausreise hier zu unternehmen. Ich mache mir
> manchmal große Sorgen aber ich werde froh sein, wenn wir wieder
> zusammen sein werden.«

Esti weist Frau Cohn darauf hin, dass diese bei ihrem letzten Besuch
ihre Handschuhe bei ihr vergessen habe und dass sie diese gut verwahrt
habe. Über sich selbst schreibt Esti:

> »Mir geht es gut, ich arbeite den ganzen Tag, abends schreibe ich
> die diversen Briefe und so verbringe ich meine Strohwitwentage.«

Esti fragt auch nach, ob sie in letzter Zeit etwas von Herbert Ashe gehört
habe.

»Wir haben etwa 1 Jahr keine Post von Herbert.«

Sie erwähnt noch eine Anschrift, über die man ihren Mann in Shanghai erreichen könne (Dr. Ernst Rosenthal, Zahnarzt, 788 Bubbling Well Road).

Am 24.4.1940, knapp einen Monat nach seinem letzten Schreiben, schreibt Hans aus Tokyo einen weiteren, zwei Seiten langen Brief an Tilly Cohn. Sein Versuch, einen Fluchtweg nach Shanghai zu finden, war wohl erfolgreich. Zumindest hatte er schon einmal Tokyo als Zwischenstation nach Shanghai erreicht:

> *»Inzwischen bin ich gut durch Sibirien und das sehr, sehr weite heilige Russland gekommen, habe in Vladivostok meine erste Hafenstadt gesehen, von dort nach Japan meine erste Schiffsreise gemacht und bin seit 2 Wochen bereits in der Märchenstadt Tokyo. Ich schreibe absolut bewusst Märchenstadt, weil es mir hier, nach all den europäischen Wirren und den Unannehmlichkeiten der Reise wie im Paradies vorkommt. Es ist einfach wunderschön. Eine riesige, saubere Stadt, die liebenswürdigste einheimische Bevölkerung, nette freundliche Europäer. Die schönste Jahreszeit, die man sich denken kann.«*

Und auch die Parks seien von einer solchen Schönheit, dass diese »wohl nur ein Dichter würdig beschreiben« könne. Nur seine geschäftlichen Interessen veranlassten ihn, »weiter nach Shanghai zu gehen«. Inzwischen habe er Esti brieflich

> *»(…) gleichzeitig aufgefordert alle Papiere vorzubereiten um mir nachzukommen. (…) Für die Ankunft in S.[40] ist für sie ja alles in Ordnung, wenn ich einmal dort bin. Es bestehen sowieso nur Schwierigkeiten für jüdische Auswanderer aus Deutschland per Schiff. In unserem Falle fällt das alles aber fort.«*

Hans selbst galt ja als Jude, seine Frau Esti war keine Jüdin. Er beschreibt die anhaltenden Schwierigkeiten beim Postverkehr:

> *»Ganz zufrieden werde ich ja erst sein, wenn ich meine Frau wieder bei mir habe.«*

Am 1.5.1940 schreibt wiederum Esti, von Prag aus, an »Fräulein Tilly«. Eigentlich sei es »doch merkwürdig«, wie sehr sie sich auf Tilly Cohns Post freue, obwohl sie sich persönlich noch nie kennengelernt hätten:

---

[40] Shanghai, RK

Sie wünscht Tilly irgendwann persönlich kennenlernen und ihr »Gegenleistungen leisten« zu dürfen. Ihre Not und Ängste andeutend bemerkt sie, sie wünsche »vorläufig nur, dass Sie niemals in die Lage kommen mögen, diese anzunehmen.« Esti deutet die Schwierigkeiten mit ihrem kleinen Geschäft in Prag an und erwähnt die wichtige Unterstützertätigkeit ihres Schwiegervaters, des Geschäftsmannes Martin Finkelgrün:

> »Mein Schwiegervater ist dafür ein solches Genie dass ich ruhig
> bei meinen Leisten bleiben kann.«

Sie selbst arbeite täglich von 8.10 bis 18.30 Uhr im Geschäft und sei hierdurch kräftemäßig vollständig absorbiert. Sie erstelle u.a. »stark gelöcherte Häkelmuster« und »Handschuhe mit Initialen«; Esti fügt im Brief eine kleine Zeichnung dieser Handschuhe bei. »Von meinem Mann habe ich seine Anschrift noch nicht bestätigt erhalten«, schreibt sie abschließend.

Am 22.5.1940 ist die Verbindung zwischen Hans Finkelgruen und Herbert Ashe wieder hergestellt. Herbert dankt Hans für den Brief aus Tokio:

> »Du kannst Dir vorstellen, wie verwundert ich war, von Dir aus
> der Russenzentrale einen Brief zu bekommen und Du kannst Dir
> auch denken wie erfreut, denn man wusste ja schließlich wenigstens
> Dich gerettet aus den Naziklauen. Ich kann mir gut vorstellen,
> was Du alles mitgemacht hast. (...) Du solltest mir darüber
> ausführlich schreiben –, oder willst Du ein Buch verfassen? Ich
> glaube ernstlich, dass dies nicht einmal eine schlechte Idee wäre.«

Er bestätigt seinem Jugendfreund die Richtigkeit dieser nun wohl gelingenden Fluchtversuche:

> »Über die Richtigkeit Deiner Reise ist sich ja so weit jeder im
> Klaren. Dass alles so geklappt wie Du vorhattest ist fantastisch
> und muss ich Dir dazu herzlich gratulieren.«

Herbert verspricht ihm, dass er sich um die Beschaffung eines weiteren Affidavits für ihn für die USA kümmern werde:

> »Wahrscheinlich sind Eure Papiere bereits auf dem Weg von Prag
> nach Shanghai. Solltest Du bald in Amerika sein, so wird es
> ein Leichtes für Dich sein, Esti als Ehefrau anzufordern, was in
> einigen Wochen erledigt wäre.«

Die Transportmöglichkeiten in die USA seien wohl das größte Problem angesichts der Wahrscheinlichkeit, dass »Italien in den Krieg eintritt, was unter Umständen bereits bei Ankunft dieses Briefes geschehen sein könnte.« Hans »Unternehmensgeist in geschäftlichen Dingen« sei imposant, leider habe er selbst keinerlei »Beziehungen zu Leuten, die mit China handeln.« Über seine eigene Lebenssituation in New York berichtet Herbert nur kurz:

> *»Von mir lb. Hans ist nicht viel zu berichten. Wahnsinnig viel Arbeit – ich bin unterdessen Geschäftsführer (»Manager« (!)) einer unserer Filialen geworden. (…) Von zuhause habe ich leider schlechte Nachrichten. Mein Vater hat vor 2 Wochen einen leichten Schlaganfall gehabt (…) und dies ca. 3 Monate vor der geplanten Auswanderung.«*

Ashes jüdische Eltern sollten die Flucht aus Deutschland nicht mehr schaffen. Ashe kommt auf die politische Situation zu sprechen:

> *»Ich sehe politisch so schwarz wie man nur sehen kann. Wollen wir hoffen, dass die »western hemisphere« Amerika von den europäischen demokratischen Kathastrophen-Politikern eine Lehre zieht. Die Deutschen Nazis sind hier ebensogut – vielleicht noch besser organisiert als sie es in Holland, Belgien, Norwegen etc. waren. Leider mahlen die demokratischen Mühlen viel zu langsam.«*

Am 17.6.1940 schickt Hans Finkelgrün von Shanghai aus ein fünf Seiten langes Antwortschreiben. Er verwendet nun einen »offiziellen«, fett gedruckten Briefkopf: »Hans L. Fink« mit der Unterzeile »Shanghai, 455 rue Lafayette Apt. 202«. Er dankt Herbert Ashe für die bisherige Unterstützung und freut sich über dessen, offenkundig auch ökonomisch erfolgreichen Neuanfang in den USA. In dichter, literarisch anspruchsvoller, von abgrundtiefer Ironie durchdrungener Weise erzählt er ihm von seinem abenteuerlichen Weg nach Shanghai.

Da Peter Finkelgruen diesen äußerst gehaltvollen Brief bereits in *Erlkönigs Reich* (S. 183–185) publiziert hat möchte ich hieraus nur einen kleinen Ausschnitt wiedergeben:

> *»Meine Reise hierher war alles in allem genommen ein Witz und jedenfalls eine sehr komische Emigration. Deine Idee, ein Buch darüber zu schreiben, war (…) bereits bei Ankunft Deines Briefes in Angriff genommen worden. (…) Wir hatten den ganzen Sommer 1939 mit dem Wunsch dilettiert, nach England zu gehen*

(...) Trotz eifriger Unterstützung eines Freundes aber keinen Erfolg mehr gehabt. Mit Kriegsausbruch war dann mein Entschluss, eventuell auch einfach ins Blaue loszugehen, gefasst. Ich lief alle Konsulate ab, ohne an Russland auch nur zu denken. Durch Zufall kam ich am Sowjetkonsulat vorbei – und sofort leuchtete mir ein, dass ja der erst zwei Wochen alte Freundschaftsvertrag auch für mich freundlich sein müsste. (...) Jedenfalls konnte ich Mitte Februar 1940 mit einem 30tägigen russischen Besuchsvisum über Berlin – Königsberg – Litauen reisen. Und nun begann in Moskau ein wunderbarer Instanzenstreit. Ich wollte doch nun die weiteren Visa haben, und ein jeder sagte: Gewiss, gern, aber bitte erst der andere. Glücklicherweise waren sich alle einig, dass man für Shanghai kein besonderes Visum oder Permit brauchte.«

Nach vielfältigen Enttäuschungen und zahlreichen weiteren Besuchen bei Botschaften hat Hans doch noch ein russisches Ausreisevisum erhalten:

»Volle Pension hatte ich in Deutschland bereits vorausbezahlt. So genoss ich denn das russische Leben in vollen Zügen und fuhr schließlich, nachdem ich 33 Tage lang die vergeblichen Bemühungen der deutschen Schwerindustrie, dem neuen Freund Maschinen anzudrehen, beobachtet hatte, mit dem zu Unrecht berühmten Transsibirienexpress ab. Die Reise ist übrigens angenehmer, als man fürchtet. Ich erholte mich wie in einem Sanatorium.«

Nach drei Wochen Zwangsaufenthalt in Tokio, die Schiffe waren ausverkauft, ging Hans Finkelgrün »in Shanghai unbehelligt an Land.« Über seinen Neustart im fremden Shanghai schreibt Hans im selben Brief voller Ironie:

»Zum Leben ist Shanghai eine sehr angenehme Stadt, zum Geldverdienen weniger.«

»Von Dorchen« habe er über Amsterdamer Freunde »gute Nachrichten gehabt.« Hans bemerkt:

»Auch von ›Familie‹ habe ich noch nichts gehört. Ich weiß übrigens nicht einmal ob die beiden es sehr bedauern nicht für Amerika registriert zu sein. Sie sind glaube ich doch sehr gute Zionisten geworden.«

Hans fügt einige bemerkenswerte politische Einschätzungen hinzu:

*»Wie die Welt politisch nach dem Kriege aussehen wird können
wir ja nicht einmal mutmaßen. Ich für meine Person verstehe
eigentlich das französisch-englische Desaster heute noch nicht. Ich
kann mir nicht helfen, es ist für mich nur mit Verrat in den
höchsten Regierungsstellen zu erklären. (…) Europa wird auf alle
Fälle ein Trümmerhaufen werden und alles, was wir als Kultur
des Westens geliebt haben, ist tot. Wie schön wäre es gewesen,
wenigstens ein Land davon verschont zu wissen. Die Nazis sind
überall gut organisiert. Aber sie sind ebenso sicher überall schwach,
sobald man ihnen mit derselben Rücksichtslosigkeit gegenüber tritt,
die sie selber anzuwenden belieben. Leider tut man das praktisch
nirgends. Und wenn auch die Nazis letzten Endes den Kampf
verlieren werden, so werden sie am wenigsten darunter gelitten
haben.«*

Hans erwähnt gemeinsame Bekannte, die zwischenzeitlich auch in
Shanghai angekommen seien. Seine »Amerika-Papiere« habe er neu
anfordern müssen, sie »dürften etwa Mitte August hier ankommen.« Die
Hoffnung, mit Hilfe seines Freundes Ashe doch noch in die USA zu
gelangen, hat er noch nicht aufgegeben.

1940–45: Überleben in Shanghai

Am 29.7.1943, sechzehn Monate nach Peter Finkelgruens Geburt,
verstirbt Hans Finkelgrün im Alter von 35 Jahren in Shanghai. In einem
Brief von 10.5.1945 beschreibt Esti auf knapp drei Seiten ihrem Freund
Herbert Ashe ihre Lebenssituation und berichtet über die letzten Lebensmonate ihres Ehemannes Hans.

*»Grade nach der Zeit die ich hinter mir habe, berührt es mich
doppelt, zu wissen, das(s) es doch noch wahre Freunde gibt. Jedes
Wortes Dankes ist zu wenig für die Freude, die Du mir gemacht
hast. (…) Leider konnte Hans hier nicht festen Fuß fassen und
irgendwelche ausreichende Verdienstmöglichkeiten finden. Er war
eben ein Intellektueller, aber kein Arbeiter oder gar Schieber, für
die hier das richtige Pflaster war. So gab es manchmal sehr harte
und schwere Tage für uns. Dazu kam dann auch, dass er sich nicht
sehr wohl fühlte und zu kränkeln begann und sich entschloss, da
wir nicht in der Lage waren, die vom Arzt verordnete Milchdiät für
2–3 Monate durchzuführen, sich einer Operation zu unterziehen.
Die Magenoperation nahm einen guten Verlauf und es waren*

Am nächsten Morgen wurde Esti vom Hospital verständigt, dass es
Komplikationen gegeben habe. Als sie im Krankenhaus ankommt informiert man sie, dass Hans in der Nacht zuvor »an einer Lungenembolie
ruhig eingeschlafen« sei.

Nach Hans Tod richtet Esti nun all ihre Hoffnungen und Bemühungen
darauf, ihrem Sohn Peter und sich selbst das Überleben zu sichern. In
Shanghai lebt sie, inzwischen selbst schwer krank, einige Zeit mit einer
aus Berlin stammenden Frau namens Eti zusammen. Etis wirklicher
Name ist nicht bekannt. »Eti« war ein Kosename Peter Finkelgruens
für seine »Ersatzmutter«, die einsprang, wenn Esti Finkelgruen zu krank
war, um sich um ihn zu kümmern. Eine Handvoll Briefe, die Eti an
Estis Freunde und Familie schrieb, beleuchten die schwierige Lebenssituation Esti Finkelgrüns während des Krieges und auch unmittelbar
danach, aber auch die noch bestehenden Beziehungen zu ihrer noch
lebenden, in der Welt verstreut lebenden Familie. Am 20.1.1946 schreibt
Eti zweiseitigen, handschriftlichen Brief an Dora:

den Amerikanern eine Stellung in der Kantine doch wurde sie vor
14 Tagen schwer krank und bekam eine Lungenentzündung.«*

Eti fährt im Brief an Dora fort:

> »Wie sie ja wissen werden ist es bei Estis Herz nicht so einfach und
> bestand der Arzt darauf, sie in ein Hospital zu bringen. 3 Tage
> lang war es sehr kritisch und habe ich manche Stunde gebangt, doch
> geht es ihr jetzt wieder gut und alle Gefahr ist überstanden. Nun
> muss ich mich erkundigen ob ihre Stelle frei geblieben ist.« (...)

> »Nun zu Peter. Ein blonder, blauäugiger Lausejunge der meiner
> Meinung nach nur die Augenpartien von seinem Vater hat. Mit
> seinen bald 4 Jahren am 7. März ist es soweit[41], ist er schon
> ein richtiger Junge dem es am besten auf der Straße gefällt. Jetzt
> geht er sehr gerne in das Hospital mit weil es da immer etwas
> zu naschen gibt. (...) Englisch spricht er bald besser als Deutsch
> und schimpfen kann er auch chinesisch. An seine Eti, wie er mich
> getauft hat, hängt er sehr obwohl ich ihm öfter die Hosen stramm
> ziehen muss. Der Mammi bleibt nämlich dabei immer die Luft
> weg. Mit noch nicht zwei Jahren ist er schon mit mir Rad gefahren,
> hinten auf dem Gepäckständer ohne angeschnallt zu sein. Ich habe
> ihm gezeigt wie er sich bei mir festhalten muss und so sind wir beide
> stolz durch Shanghai gefahren.«

Es folgen einige weitere Beschreibungen ihres Alltagslebens. Dann erkundigt sich Eti nach Doras Befinden; denn deren

> »letzter Rote-Kreuz-Brief war von 1944 und hat Esti sich Ge-
> danken gemacht, weil der kleine Michael nicht unterschrieben
> hat.«

Eti erkundigt sich nach Doras Lebenssituation in Palästina. Weiterhin
fragt sie nach, ob Dora irgendetwas über das Schicksal ihres Schwiegervaters Martin und dessen Lebensgefährtin Anna Bartl erfahren habe:

> »Esti macht sich um ihren Schwiegervater große Sorgen. Esti ist
> seit Jahren ohne jede Nachricht von zu Hause. Haben Sie irgend
> etwas gehört?«

Ein weiterer, undatierter Brief von Eti ist erhalten geblieben, er dürfte,
was der Inhalt nahe legt, kurz vor oder nach diesem Brief vom 20.1.1946

---

[41] hier irrt sie sich um zwei Tage, RK

geschrieben sein. Eti schreibt an Herbert Ashe und berichtet ihm –
»da ich für Esti immer die Post bei Bekannten schreibe« – sehr präzise
über deren gesundheitlichen Zustand. Sie betont mehrfach, dass sie
ohne Estis Wissen schreibe und bittet Herbert Ashe um Diskretion.
Estis Shanghaier Arzt habe ihr nicht die ganze Dramatik ihres schweren
Erkrankung mitgeteilt:

> *»Leider kann Esti sich nach der Lungenentzündung gar nicht recht
> erholen, seit Januar kränkelt sie rum und abgesehen von einigen
> Tagen, liegt sie fast die ganze Zeit.«*

Der Arzt habe ihr mitgeteilt, dass Estis einer Lungenflügel »von Bron-
chien belegt« sei und dass »sie sich Wasser gezogen« habe.

> *»Sie hat fast täglich Fieber und ist meine einzige Hoffnung, dass es
> keine T.B. ist, denn mit ihrer Herzkrankheit ist die Sache doppelt
> gefährlich und bin ich manchen Tag recht bange, dass Peter seine
> Mammi behält. Zum Glück ist sich Esti nicht bewusst, wie krank
> sie ist.«*

Eti selbst habe eine Stelle aufgeben müssen, »denn Esti fing wieder
zu fiebern an und ich musste zu Haus bleiben da sie nicht imstande
war für Peter zu kochen.« Dann fügt sie über Hans Finkelgrüns letzte
Lebensmonate, nach der Geburt ihres Kindes Peter, hinzu, dieser sei am
Ende »nicht in der Lage« gewesen,

> *»etwas zu verdienen, sondern (er) hat auch das letzte Stück ver-
> kauft. Doch ich hoffe, das wird Ihnen Esti mal schreiben.«*

Bereits am 1.12.1945 war Ashevon Paul Baerwald, dem Leiter der jü-
dischen Hilfsorganisation *American Jewish Joint Distribution Committee*
(JDC)[42] darüber informiert worden, dass ihr »gemeinsamer Freund« Mr.
Finkelgruen

> *»died in Shanghai already in 1942. I just got a letter from Mrs.
> Finkelgruen that effect and she is telling me, that she is in dire
> need of everything.«*

Er, Baerwald, habe das *Joint Distribution Committee* in New York über
ihre verzweifelte Lebenssituation informiert.

---

[42]Die 1914 gegründete, vor allem in Europa tätige US-Hilfsorganisation für Juden *American Jewish Joint Distribution Committee* (JDC), kurz *Joint*, hatte ihren Hauptsitz in New
York. Gründer und bis 1937 einer der beiden Leiter war der in Frankfurt (Main)
geborene Paul Baerwald (1871–1961).

In einem Fax Herbert Ashes an *The Chinese Government Radio Adminis-
tration*, ist sein Versuch dokumentiert, Estis Anschrift zu erfahren, um
ihr Medikamente zur Behandlung ihrer Herzerkrankung zu schicken.

Am 21.3.1946 schickt Ashe einen persönlich gehaltenen, handschriftlichen Brief an Esti. Er erkundigt sich nach ihrem Sohn Peter und nach
Möglichkeiten, die beiden zu unterstützen. Er verspricht, ihr 25 Dollar
sowie Kleidung für sie und ihren Sohn zu schicken und berichtet über
sein Leben in New York: »Wir sind alle etwas ängstlich von wegen
der politischen Situation.« Er erwähnt »den kleinen Steiner« aus ihrer
Bamberger Zeit, der inzwischen auch in Shanghai gelandet sei und endet
mit

»So – take it easy and lots of love.«

Am 3.4.1946 schickt Esti an Herbert einen maschinengeschriebenen
Brief auf dünnem »Shanghai Papier«; er ist heute nur noch schwer zu
entziffern. Sie beschreibt eindringlich ihre verzweifelte Lebenssituation
mit ihrem kleinen Sohn, dankt ihm sehr für die Hilfen, benennt ihre
Beschämung darüber, dass sie um Hilfe bitten muss:

*»... auch Peterle dankt dem Onkel Herbert in Amerika, er ist sehr
stolz darauf nunmehr auch einen Onkel in Amerika zu haben
denn ich musste meinem Sohn ganz genau Bescheid geben, woher
dieses Paket stammte, wenn es nicht von der Tante Unra kommt.«*

Wenige Zeilen später schreibt Esti:

*»So sagen wir Euch heißen Dank für Eure Güte, aber unnötig
sollt Ihr auch kein Geld ausgeben.«*

Sie führt genau auf, wofür sie wieviel Geld ausgibt; aber durch ihre
schwere Erkrankung vermöge sie, im Gegensatz zu den meisten anderen
Flüchtlingen in Shanghai, nicht mehr nebenbei zu arbeiten:

*»... aber ich bin leider gesundheitlich so down, dass ich auch die
kleinsten Arbeiten bei mir nicht erledigen kann.«*

Dann berichtet sie über ihre Mutter Anna, von deren und Martins
gemeinsame Verschleppung ins KZ. Sie hatte von der Verschleppung
gewusst, jedoch seit drei Jahren nichts mehr von ihnen gehört:

»Vor 8 Wochen erhielt ich ein Lebenszeichen von meiner Mutter. Diese ist im Dezember[43] nach 3-jährigen Konzentrationslager nach Prag zurück gekehrt, von Martin kein Wort. Ich weiß nun, dass er auch nicht mehr lebt und bin sehr traurig. Diese letzte Nachricht, welche für mich so überraschend kam hat mir einen argen Schock versetzt. Meine Mutter wusste auch von Hansels Tod nichts. Die Gestapo hat ihr alles weggenommen, sie hatte nicht mal meine Adresse. Sonst weiß ich nichts Näheres. Was ist nun von den Finkelgruens übrig geblieben? Dorchen und Peterchen mein Sonnenschein. Du siehst Herbert, auch wir Nichtjuden haben gelitten und all die Schwere mitgemacht und am eigenen Leibe erlebt. Wenn ich auch emigrieren konnte und den Grausamkeiten nicht direkt ausgesetzt war, so habe ich doch schwere und verflucht schlechte Zeit mitgemacht. Hans konnte sich hier nicht durchsetzen, ich das Kind tragend oft und oft hungrig ins Bett, dann das Kind ohne Milch aufwachsen sehen. Krankheiten für mich und dann Hans' plötzlicher Tod, das bleibt ja nicht alles in den Kleidern hängen.«

Dann erkundigt Esti sich nach Herberts Lebenssituation:

»Ich möchte mir so gern ein Bild machen von dem Leben der deutschen Emigranten dort.«

Aber auch zu Dora und Gerhard in Palästina hält Esti den Kontakt aufrecht: Am 27.2.1946 erhält Esti von den beiden einen Brief, am 30.4.1946 verfasst sie ein ausführliches Antwortschreiben, in dem sie ihrer Schwägerin und ihrem Schwager ihre sehr isolierte Lebenssituation in Shanghai beschreibt:

»Ich freue mich ebenso wie Ihr, dass wir wieder in Kontakt sind. Die letzten Jahre ohne Verbindung mit Eltern und Verwandten waren doch aufreibend. Ich freue mich sehr, dass Ihr sowohl wie Herbert, so lieb zu mir seid. Ich kam mir hier in Shanghai wie verloren und vergessen vor. Vor allen Dingen, liebes Dorchen, meine besten Wünsche für Dich und das kleine Mädelchen. Du Glückliche hast ein geordnetes Leben, Deinen Mann und zwei Kinderchen und keine besonderen Sorgen um Deine Zukunft. Was wird aus mir und Peterle? Höre die letzten Nachrichten! Ein Karlsbader Arzt, welcher hier lebt, übergab mir vor ca. acht Wochen einen Brief, datiert vom 15.12.1945 von meiner Mutter

---

[43] 1945, d. Verf.

aus Prag, worin diese um meine Adresse bittet und mitteilt, dass sie nach 3jähriger K.Z. nach Prag zurückgekehrt ist. (…) Seitdem habe ich verschiedene Briefe nach Prag geschrieben aber noch nichts Näheres gehört. Von Vater kein Wort und ich glaube auch jetzt, dass er nicht mehr lebt. Hoffentlich wird die zu erwartende Nachricht nicht zu grausig und hart sein. Die Nachricht war ein schwerer Schlag für mich. Ich weiß nicht, wie es meiner Mutter geht, wer sich um sie kümmert, wie es um ihre Staatsangehörigkeit steht. (…) Ich erwarte ungeduldig Post von meiner Mutter und mache meine zukünftigen Pläne ganz davon abhängig. (…)

Meine Mutter, eine kluge und auch lebenstüchtige Frau, ist in der Vergangenheit daher von Vati so verwöhnt worden, dass ich mir ihr Leben gar nicht allein vorstellen kann; und wenn sie mir im KZ lebend erhalten geblieben ist, so möchte ich doch gerne mit ihr und Peterle, dem kleinen Andenken was uns geblieben, zusammen sein.«

Dann berichtet Esti über den nun vierjährigen Peter, und sie erwähnt auch ihre Freundin, mit der sie nach dem Tode ihres Ehemannes Hans zusammen wohnt:

»Peterle ist ein goldiger kleiner Irrwisch der auch nicht eine Minute ruhig ist und Mammis Herz kann mit dieser Lebhaftigkeit auch garnicht —— werden. So ist es ein Glück, dass ich hier mit einer Frau zusammen wohne, eine aus Deutschland, Berliner emigrierte Nichtjüdin, welche Peterle erzieht und ihn versorgt und mir alle Arbeit abnimmt die ich nicht leisten kann. Da wir nun über zwei Jahre (xxx) wohnen, hängt der Junge sehr an seiner Eti (den Namen hat er ihr von Anfang an gegeben.) (…) Er besucht vormittags einen Kindergarten«.

Ein Photo aus dieser Zeit, auf dem Peter gemeinsam mit 50 chinesischen Kindern zu sehen ist, ist erhalten geblieben. Peter, so setzt sie fort, »hat ein paar chinesische Freunde und ist im übrigen von einer verblüffenden Selbständigkeit.« Esti beschreibt die Entwicklung ihres Sohnes ausführlich; ihre Sorge, der Erziehung nicht gerecht zu werden, wird deutlich. Sie erwähnt den unermüdlichen Einsatz ihres verstorbenen Mannes Hans, dessen diplomatisches Geschick, durch das sie doch noch den Nationalsozialisten entkommen und das rettende Shanghai erreicht hatten:

»… Als ich ankam, hatte er seine besten Kleidungsstücke versetzt, Schreibmaschine usw. und hatte keinen Cent mehr in der Tasche.«

Da sie keinerlei Geld haben sind alle Bemühungen, einen kleinen Handel zu betreiben, letztlich zum Scheitern verurteilt. Während ihrer Schwangerschaft leidet sie großen Hunger, dann kann sie ihrem Säugling keine Milch bieten. Hans wird schwer krank. Während er diese Krankheit früher in Berlin medizinisch behandeln lassen konnte war ihm dies in Shanghai nicht möglich:

»Eine verordnete Milchdiät war finanziell unmöglich.«

Eine Operation war unvermeidlich, eine Woche nach der OP verstirbt Hans Finkelgrün an einer Lungenembolie. Esti vermag für einen kleinen Kundenkreis Handschuhe anzufertigen, danach arbeitet sie 13 Stunden pro Tag bei einer Schweizer Familie. Wegen ihrer Erkrankungen verliert sie diese und eine andere Stellung in einer amerikanischen Kantine jedoch wieder:

»Der Traum der amerikanischen Stellung ist im großen und ganzen ausgeträumt, fast alle Amerikaner sind wieder fort nach USA oder nach Nangkin, Chunking.«

Abschließend bittet Esti ihre Schwägerin um ein aktuelles Foto, weil sie nur ein altes Foto mit einer sehr schlechten Qualität habe.

Von Prag aus bemüht sich die inzwischen 55-jährige KZ-Überlebende Anna Bartl in einem an Herbert Ashe gerichteten Brief vom 25.5.1946 von sich aus um Hilfe für Esti und Peter. Annas Brief dokumentiert die bisherigen Ereignisse und ist zugleich ein Versuch, freundschaftliche und familiäre Verbindungen und ein gemeinsames Wissen über die Ermordeten herzustellen:

»Lieber Herr Eschweger,
Nach langer Zeit habe ich Ihre Adresse erfahren, weshalb ich Ihnen mitteilen will, dass der lb. Vati mit mir im Jahre 1942 verhaftet wurde, von wo er nicht mehr zurückgekehrt ist. Ich bin im Vorjahre aus dem Konzentrationslager gekommen und bin seitdem mit meiner lieben Esti in Verbindung. Von befreundeter Seite habe ich erfahren, dass die lb. Esti in Gefahr gesundheitlich ist, sie verträgt das dortige Klima nicht, weshalb ich Sie bitte, es der Esti zu ermöglichen nach Amerika zu kommen. Für die damit verbundenen Kosten will ich aufkommen, sowie auch für die bisherigen gehabten Auslagen. Momentan kann ich von hier aus nichts veranlassen, weshalb ich mich an Sie wende und betone, dass ich in der Lage bin, die Auslagen zu vergüten, sobald es nur die bezgl.

Umstände erlauben werden. Es gibt dort in Amerika Kommites, welche Juden und jüdische Versippten Hilfe gewähren.«

Anna hat auch erfahren, dass Herbert Ashes Eltern durch die Deutschen ermordet worden sind, was die Auschwitz-Überlebende direkt anspricht:

»Mit Bedauern habe ich von den Verlusten Ihrer Lieben erfahren. Wie ergeht es Ihnen und wie ist es Ihnen ergangen. (...) Für Ihre Fürsorge danke ich Ihnen bestens erbitte mir Ihre umgehenden Mitteilungen.«

Ashe erwähnt das Schreiben in einem späteren Brief an Esti. Anna habe ihm »sehr rührend« geschrieben und den Wunsch geäußert, dass er Esti und Peter nach New York holen solle. Dies liege jedoch aufgrund der restriktiven Einreisebestimmungen der USA außerhalb seiner Möglichkeiten. Ansonsten versuchte Ashe alles, um Esti, so gut es ging, aus der Ferne zu helfen. Vom 21.6.1946 ist ein handschriftlich, offenkundig in großer Eile verfasster Brief Herbert Ashes erhalten geblieben. Er hat Esti mehrere Pakete, mit Lebensmitteln und Kleidung, zukommen lassen, ist sich aber nicht sicher, ob diese angekommen sind. Außerdem kommentiert er die Schwierigkeiten, die Anna offenbar in Prag hat:

»Kann nicht verstehen wieso Deine Mame nicht in C.S.R. bleiben kann. Ihr seid doch keine Sudetendeutsche sondern Tschechen, und wahre Feinde der Drecksnazi. Ja der arme Martin hat den Tod gefunden wie so viele andere. Wie ist das vor sich gegangen?«

Am 20.6.1946, schreibt auch Paul Baerwald Esti in Shanghai an. Er bestätigt den Eingang ihrer Briefe vom 30.4. und 9.6., wünscht ihr gesundheitliche Fortschritte:

»Sie haben wirklich furchtbares durchzumachen, aber der Wille zum Leben scheint bei Ihnen sehr stark zu sein – glücklicherweise – und ich war froh zu hören, daß Ihr Sohn Peter in der Zwischenzeit in einem Kinderheim untergebracht werden konnte. Hoffentlich schlägt die Digitalis-Kur gut bei Ihnen an.«

Er erwähnt auch den Shanghaier Joint-Vertreter Jordan, der »Ihre Angelegenheit in besondere Berücksichtigung gezogen« habe. Auch ihm selbst liege »ihr Fall besonders am Herzen.«

»Aber hier müssen Sie vorerst Geduld haben, da ich darüber mit Herrn Ashe bei meinem demnächstigen Besuch in New York

Rücksprache nehmen möchte. Seien Sie versichert, daß was getan
werden kann, getan werden wird.«

Am 10.7.1946, schreibt Esti erneut, diesmal mit Schreibmaschine, einen
eine Seite langen Brief an »liebes Dorchen, lieber Gerhard«. Sie beklagt
die Unzuverlässigkeit der Post; vereinzelt würden sogar »die Marken
von den Beamten geklaut«. Sie berichtet über ihren kleinen Sohn Peter,
der seinem Vater so ähnlich sehe, und fügt auch ein Foto bei. Sie
erwähnt Hans' dritten Todestag, an dem sie »Hansls Grab« besuchen
werde:

> *»Bei meinem letzten Besuch dort habe ich Peterle mitgenommen,*
> *damals hat der Kleine es gar nicht begreifen können, hat sich unter*
> *Sträucher gebückt und gemeint, nein da ist der Pappi nicht.«*

Das »Bildchen vom kleinen Michael« – Dorles und Gerhards Sohn –
hänge über ihren Betten, sie müsse immer wieder an ihren Mann denken:

> *»Ich habe noch all die Briefe die Vati hierher geschrieben hatte*
> *und wenn ich diese lese kann ich nicht begreifen dass wir uns nicht*
> *wieder sehen werden.«*

Sie entschuldigt sich bei ihrer Schwägerin, dass sie durch ihre Beschreibungen »deine Wunden aufrühre«, aber sie habe ein so großes Bedürfnis
sich mit jemandem über ihre Familie auszusprechen. Größter Trost sei
ihr hierbei ihr kleiner Sohn:

> *»Über mein Peterle bin ich so glücklich, dass ich darüber die*
> *hässliche Emigration und alle Miesigkeiten vergesse und letzten*
> *Endes dankbar bin dass ich hier bin.«*

Der Briefkontakt zu ihrer Mutter Anna in Prag klappe nicht immer,
aber immerhin dürfe diese nun in Prag bleiben. Ihre Mutter habe gute
Kontakte zu ehemaligen KZ-Mithäftlingen:

> *»(…) über den Verband der ehemaligen politischen Häftlinge u.*
> *dem sie angehört und eine K. Z. Gefährtin welche das Leben*
> *meiner Mutter rettete Tochter eines hohen Regierungsbeamten ist*
> *wird sie es wohl schaffen.«*

Estis Hauptsorge, die sie am Leben hält, gilt der Zukunft ihres kleinen
Sohnes:

> *»Für Peters Zukunft wäre wohl eine Weiterwanderung nach Australien oder Neuseeland vorzuziehen, aber ich fühle mich ausserstande unser Leben durch meiner Hände Arbeit sicherzustellen. Leider hat mich Shanghai so sehr stark gesundheitlich mitgenommen dass ich außerstande bin meine häuslichen Arbeiten außer Kochen auszuführen. Wie könnte ich es dann wagen weiter in der Welt herumzuziehen und womöglich fremden Menschen zur Last zu fallen. Meiner Mutter geht es finanziell soweit scheinbar gut sie hat ihre Ansprüche angemeldet, hat eine nette 3 Zimmer Wohnung auch die wirtschaftliche Lage dort wird die beste Europas sein, also muss Peterle eben Cechisch lernen. Vielleicht können wir Euch dann eben von dort besuchen kommen.«*

Sie bedankt sich abschließend sehr und voller Schuldgefühle für das ihr zugesandte Geld:

> *»Wie Ihr auf dem Bilde sehen könnt ist Peter gut genährt und alles was ihm früher fehlte ist reichlich nachgeholt worden. Für Frischobst ist nun wieder einmal gesorgt.«*

Am 2.7.1946 schickt Esti eine zweiseitige, handschriftliche Antwort an Herbert. Einen Tag zuvor ist sie 33 Jahre alt geworden. Sie nennt eine weitere Anschrift, an die er Pakete schicken könne. Esti bestätigt ihren Umzug in »den von den Jap. (Japanern) seinerzeit eingerichteten District für die Emigranten.« Sie fühle sich »sehr wohl«, es gehe ihr »auch wieder wesentlich besser«. Dann fügt sie hinzu, dass ihr Arzt beabsichtige,

> *»bei Eintreffen Deiner Medikamente mit mir noch eine Liege-Kur zu machen und so dürfte ich in absehbarer Zeit also wieder arbeitsfähig sein. Und dann muss ich sehen dass ich wieder eine Arbeit bekomme.«*

Esti beschreibt ihr tägliches Bemühen um das Überleben ihres vierjährigen Sohnes:

> *»Shanghai ist eine üble Stadt und die teuerste dazu. Die Preise sind fantastisch und ohne ein Einkommen ist es überhaupt nicht zu machen.« (…) »Für Peterle den ich jetzt in ein Kinderheim hier geben müsste auf Anraten eines Arztes damit ich mich endgültig richtig erhole (ich hatte noch eine zweite Lungenentzündung allerdings leichter Natur) wurde das Geld direkt an das Kinderheim überwiesen ich habe dem Kind ein paar Söckchen und ein paar Turnschuhe gekauft. 4600 e.N.e. ausgegeben dann bekam*

ich durch eine Vereinigung hier ein kleines Lebensmittelpaket wofür ich 1600 e.N.e. Zoll bezahlen musste. Gestern Samstag Nachmittag hatte ich den Kleinen bei mir, ihn mit einer Zitrone und 2 Bananen und einem Stück Kuchen gefüttert und das kostete 200/300/300 also heute ist der 2. Juli und mein Geld ist futsch. Und so geht es jeden Monat und jeden einzelnen.«

Esti beklagt die Unmöglichkeit, irgendwie an einen »amerikanischen Job« zu kommen:

»Wie sich [dies] das Joint Comittee vorstellt ist mir schleierhaft. Aber Letztendes geht es uns wahrscheinlich noch tausend mal besser als den armen Menschen in Europa. Meine Mutter, die mir der liebe Gott erhalten hat, hat in den drei Jahren K.Z. sicher genug mitgemacht. Du hast keine Nachricht von dem Verbleib Deiner Mutter? Ich bekomme regelmäßig Post aus Prag und scheint es meiner Mutter nunmehr doch geglückt zu sein die tschechische Staatsbürgerschaft bekommen zu haben. Trotzdem scheint meine Mutter unruhig und unbefriedigt zu sein, was aber wohl daran liegen kann, dass sie eben doch Deutsche ist, der cechischen Sprache nicht mächtig und deshalb physisch bedrückt ist. Mutter möchte am liebsten dort weg und ist bereit selbst nach hier zu kommen was natürlich verrückt ist. Aber wir werden ja sehen.«

Esti erwähnt die Emigrantenzeitschrift *Aufbau*, die sie geschickt bekommt, offenkundig hat Herbert Ashe ihr diese bezahlt; er solle »dort« ihre Adresse ändern lassen. Sie schließt ihr Schreiben in dieser Weise:

»Ich plage dich, was? Lass bald und ausführlich von dir hören und bleibe unser guter Freund,
deine Esti.«

In einer Nachbemerkung bittet sie Ashe, einen beigefügten Brief ihrer Freundin Eti nach Berlin zu schicken da diese »keine Nachricht von ihrer Familie hat.«

1946: Wege aus Shanghai

Zweieinhalb Monate später, am 23.9.1946, schreibt Esti erneut an Herbert Ashe, diesmal mit Schreibmaschine. Sie dankt ihm zunächst »innigst« für die übersandten 25 Dollar, »ebenso für die Kindersachen«. Ashes Versuch, ihr in irgendeiner Weise zu ermöglichen, mit seiner Firma in Austausch zu treten, ist allein wegen der eingeschränkten Kommunikationsmöglichkeiten zum Scheitern verurteilt. Es sind winzige Fortschritte im täglichen Überlebenskampf um international gültige Papiere, die Esti aufrecht erhalten. Die ihr die Hoffnung auf eine gemeinsame Zukunft lassen:

> *»Erstens bin ich im Besitz eines auf 6 Monate gültigen Passes czechisch ausgestellt, zum Zwecke meiner Heimreise. Nun schreibt mir aber meine Mutter, welche in erster Linie um ihre Staatsbürgerschaft gebangt hatte, dass sie diese nun endgültig erhalten hat, dass sie im Besitz eines Passes und Gewerbescheines ist. Ihre Ansprüche auf die Verluste durch die Nazis angemeldet hatte. Meine Mutter hat als Deutschsprachige also sich dort alles richten können, wenn auch durch allerhöchste Protektion, fühlt sich aber trotz allem dort nicht wohl weil sie wohl auch in der Hauptsache der Staatssprache nicht mächtig ist. Nun habe ich hier die Möglichkeit nach Hause zu fahren und meine Mutter hat mir natürlich freigestellt nach dort zu kommen, aber aus allen Briefen sehe ich dass es dort gar nicht rosig ist, und so lasse ich also die nächste Gelegenheit welche hier etwa in 5 Tagen gegeben ist vorbei gehen und fahre nicht nach dort mit.«*

Esti vertraut nicht auf eine Zukunft im kommunistischen Prag und hat eine überraschende Entscheidung getroffen:

> *»Jetzt bist Du aber sicher neugierig zu wissen was ich zu tun gedenke. Nun halte Dich fest und falle nicht vom Sessel —— ich habe mich verheiratet ——. Selbstredend ein Emigrant stammend aus Hamburg. Kurt Brahm vormals Brahm & Fischer Bankers. Mein Mann beabsichtigt zu seiner Familie nach Peru Lima zu fahren und so werde ich ihn also als treues Weib begleiten. Mein kleines Peterle braucht jetzt schon dringend einen Pappi denn Mammi allein kann das lebendige Bübchen kaum mehr regieren. Auf diese Art und Weise werde ich hier zwar noch einige Monate verbringen, aber ich weiß doch wohin ich gehe und außerdem habe ich das Gefühl, dass ich an der Seite dieses Mannes geborgen*

bin. Da ich sehr viel Achtung, Liebe und sonstige Gefühle für den Mann aufbringe wird es doch wahrscheinlich eine gute Ehe werden. Wir haben am letzten Sonntag geheiratet allerdings ganz heimlich, da ich durch Bekanntwerden doch unter Umständen das obengenannte Papier verlieren könnte und das möchte ich vorderhand doch nicht.«

Sie hofft, durch die Heirat von Shanghai wegzukommen und bittet ihren Freund um äußerste Diskretion:

»Mein Mann ist nämlich bereits bevor wir uns kennenlernten im Besitze der Einreisepapiere nach Peru gewesen und nun wollen wir versuchen, für mich die Einreise auf Grund des Papieres zu bekommen.« (…) »Solltest Du irgendwelche Verbindungen nach hier haben, erwähne bitte vorderhand nichts. (…) Auch meiner Freundin ist von der Eheschließung nichts bekannt also bitte ich Dich, wenn Du darauf zurückkommen willst, mir unter dem alten Namen an P.O.B. 2194 zu schreiben. Alle andere Post bitte ich weiter an meine alte Adresse.«

Esti fragt Herbert nach seiner Lebenssituation in den USA, seinem geschäftlichen Erfolg, ob sein Baby bereits auf der Welt sei. Dann fügt sie, die in Prag und Shanghai selbst so unerhört viel Schreckliches durchlebt hat, Beschreibungen zu den deutschen Konzentrationslagern hinzu und von dem vielfachen Leid, das ihre Mutter Anna durchlebt hatte. Auch von Auschwitz wusste Esti, in Shanghai im September 1946. Dass ihr Schwiegervater Martin im Kleinen Lager Theresienstadt ermordet worden war, hatte sie soeben erfahren.

»Weißt du übrigens dass meine Mutter auch in Auschwitz war bei allen Transporten die ins Gas gingen, dabei aber immer durch Glück entkommen ist. Meine Mutter schreibt darüber Furchtbares und so trägt sie bis heute am linken Arm die Nummer 37992 and is very Fraud of it. Ist sie nicht eine fabelhafte Frau meine kleine Mutti. Bei meiner Mutter wohnt zur Zeit eine K. Z. Genossin, eine Frau Dr. Bloch geborene Österreicherin, verheiratet gewesen mit einem Czechischen höheren Beamten, dieser Mann ist im K. Z. umgekommen. Diese Frau muss heute nochmals um ihre Staatsbürgerschaft ansuchen, das läuft bereits über ein Jahr ohne Erledigung. In früheren Jahren war ihr Besitz als Jüdischer beschlagnahmt und heute weil es Deutsche wären, eine Frau die so viele Jahre im K. Z. war. Ist es nicht zum Verzweifeln?

Außerdem setzte man die Frau ohne irgendwelche amtliche Ver-
fügung von einer Stunde zur andern aus ihrer jetz. Wohnung in
Prag, und wäre sie dem Druck nicht unter Zurücklassung aller
ihrer Sachen aus der Wohnung gewichen wäre sie zwangsweise
nach Deutschland transportiert worden. Ich finde das alles so
erschütternd und himmelschreiend. Das ist nun der Frieden den
die Demokraten bringen.
Sei vielmals herzlichst gegrüßt von
Peterle und Esti.«

Am 19.10.1946 schreibt Herbert Ashe ihr einen handschriftlichen Brief. Er, der selbst in Esti verliebt war und sie früher heiraten wollte, macht ihr Mut, unterstützt ihren — wohl auch aus der Not erwachsenen — Heiratswunsch mit Kurt Brahm und ihre Emigrationspläne nach Lima; nicht nur ihretwegen, sondern

»Peter braucht auch einen Papa.«

Wenige Zeilen weiter: »Lima ist eine sehr moderne Stadt.« Er selbst sei nun gleichfalls vor acht Wochen Vater geworden, John (»Hans«) hätten sie ihren Sohn genannt. Er erkundigt sich, ob zwei Pakete bei ihr angekommen seien, nun werde er noch ein Paket u.a. mit einem Regenmantel für Peter schicken.

In einem weiteren, undatierten Brief, vermutlich aus dem Jahr 1947, schreibt Ashe ausführlicher über sein eigenes familiäres Leben in New York. Er erwähnt auch einen an ihn gerichteten Brief von Dorle: Diese würde es »sehr bedauern, wenn der kleine Peter in Deutschland auf- wachsen würde.« Aber dies sei ja inzwischen durch die Geschehnisse überholt. Dorle habe ihm geschrieben, »dass sie Euch beide so gerne in Palästina hätte, und finde ich dies ganz und gar keine schlechte Idee.«

1947: Rückkehr nach Prag

Esti Finkelgrün im Prager Sanatorium, ca. 1949, Foto: privat.

Im Dezember 1946 ist die schwer herzkranke Esti mit Peter nach Prag zurückgekehrt. Sie leben dort mit Estis Mutter Anna Bartl in einer gemeinsamen Wohnung.

Am 18.5.1947 schreibt Herbert Ashe an Esti. Er hat inzwischen – vermutlich von Esti selbst (das Schreiben ist offenkundig nicht erhalten geblieben) – gehört, dass Esti mit ihrem Sohn Peter nun, nach sieben Jahren »Zwangsaufenthalt« in Shanghai, doch nach Prag »zurückgekehrt« sind; in ein Prag, das inzwischen kommunistisch war, ein Umstand, der in Esti und Anna ganz gewiss keine von Vertrauen geprägten Gefühle weckte. Estis Wunsch, wieder mit ihrer überlebenden Mutter in Prag zusammen zu kommen, war stärker gewesen als ihre Bereitschaft, mit ihrem neuen Ehemann Kurt Brahm nach Peru zu gehen. Dorthin war Brahm voraus gefahren, in Lima hatte er Familie. Nun wollte der Geschäftsmann die Möglichkeiten einer eigenen Existenzgründung in Lima klären. In ihrem sehr umfangreichen, größtenteils handschriftlichen Briefwechsel mit Kurt Brahm deutet sich jedoch an, dass Esti Finkelgrün nicht ausreichend auf diese junge Beziehung vertraut.

Brahm hat auf seiner Reise nach Lima auch Ashe in New York getroffen, was Ashe im Brief an Esti gleichfalls thematisiert. Er versucht, ihr Mut zu machen:

»Dear Esti,
Vor allen Dingen meinen Glückwunsch zur glücklichen Ankunft
in der Heimat, wenns auch schona bisla lang her ist. Was ist
dies doch ein merkwürdiges Schicksal, unser Leben. Nun bist Du
verheiratet, und jeder von Euch hat seine eigene Weltreise gemacht,
der eine links 'rum, der andere rechts 'rum.

Du hast Dich sicher schon gut eingewöhnt, und ich hoffe, dass
Deine liebe Mutter wieder wohlauf ist. Ich habe von Deinem
Mann gehört, dass auch Du im Krankenhaus warst, wohl mehr
zur Erholung, hoffe ich. Wie geht es Dir gesundheitlich, und wann
wirst Du die große Reise antreten? Vielleicht würde Dich diese
über New York führen, und wäre es schön, Euch bei uns aufneh-
men zu können. Was macht Peterle? Spricht er schon tschechisch?
Der Kerl wird mal ein Linguist. Chinesisch, deutsch, englisch,
tschechisch und spanisch...«

Dann berichtet Ashe von seinem eigenen kleinen Sohn, über den er sich
keinerlei Sorgen machen müsse, und fragt dann:

»Geht Peter in Prag in die Schule? Gewiss wird Deine Mutter
ihn sehr ins Herz geschlossen haben. Ich kann mir gut vorstellen,
dass es für Dich, und für sie einmal sehr schwer sein wird, wieder
sich zu trennen.«

Ashe erkundigt sich nach Estis ökonomischer Lebenssituation, auch, ob
er sie durch eine ökonomische Zusammenarbeit irgendwie unterstützen
könne: »Kann man schon Porzellan von euch kaufen?« Er berichtet von
einem weiteren gemeinsamen Freund, der »jetzt auch von Shanghai hier
angekommen« sei. Dann kommt er auf ihren Ehemann Kurt Brahm zu
sprechen:

»Und nun zu Deinem Herrn Gemahl. Du kannst Dir denken
wie überrascht ich war, seinen Anruf zu bekommen. Ich habe ihn
ja nicht in Amerika erwartet. Du fällst scheinbar immer auf den
gleichen Type herein. Else und ich waren beide sehr beeindruckt
von ihm, und können Dir nur gratulieren. Mr. Brahm gehört zu
dem alten ›europäischen Adel‹ – was Kultur, Weltanschauung
und Erziehung anbelangt. Ein Typ, der leider in dieser Welt sehr
schnell auszusterben scheint. Es gibt nicht mehr viele von ihnen...
In vielen Dingen ist er Hans sehr ähnlich. Er war auch bei uns
im Büro. In der Zwischenzeit war von unserer Firma jemand in
Lima und hat ihn dort ebenfalls gesprochen.«

Ashe erwähnt auch Estis Schwägerin Dora:

> *»Sie schrieb mir vor ungefähr einem Jahr. Ich antwortete, und damit verließen sie ihn.«*

Am 1.8.1947 schickt Esti von Prag aus einen kurzen Brief an Herbert Ashe:

> *»Heute nur einige Zeilen, um festzustellen ob Du meinen Brief aus Karlsbad auch erhalten hast.«(…)»Ich war mit Mutter und Peterle 5 Wochen dort und werde voraussichtlich im Monate Sept. nochmals hinfahren.«*

Dann freut sie sich über das Foto von Herberts Sohn:

> *»Er ist ein wirklich zu süßer Bengel. Die Ähnlichkeit ist enorm. Er ist hundertprozentig Dein Sohn.«*

Und sie erwähnt ihren Ehemann Kurt Brahm, der mittlerweile in Lima angekommen ist:

> *»Mein Mann scheint sehr beschäftigt zu sein, statt des üblichen Briefes erhielt ich zuletzt nur ein Telegramm.«*

Von Kurt Brahm sind rund 100 sehr persönliche, und vor allem umfangreiche Briefe an Esti erhalten, knappe Telegramme waren wohl eher nicht sein üblicher Stil. Esti fährt fort, dass sie »an Dorchen« auch sogleich noch einen Brief schicken würde.

> *»Glaubst Du, dass sie mir meine Verheiratung übel genommen haben kann? Seit meiner letzten diesbezüglichen Nachricht habe ich nichts mehr gehört!«*

Sofern er ihr schreibe solle er unbedingt erwähnen, dass er »Mr. Brahm kennen gelernt« habe. Vielleicht sei sie aber auch »wegen Peterle besorgt«.

Vom 15.9.1947 datiert ein weiterer, zweiseitig beschriebener Brief von Herbert Ashe an Esti, ohne Unterschrift. Er betont in diesem persönlich gehaltenen Schreiben, dass er »sehr wohl alle Deine Briefe bekommen« habe, auch den letzten »datiert September 11th«; offenkundig hat Esti hierin ihre Sorge formuliert, dass ihr Kontakt auch zu Herbert in den USA abgebrochen sei. Ashe berichtet von ihrem Ferienaufenthalt im »country«, 70 km von New York entfernt:

»Alles war schön und Else und John haben sich gut erholt.«

Er berichtet von ihrem Alltag, den kleinen Sorgen durch Kinderkrankheiten, der Hitze:

»Wir schwitzen nun seit drei Wochen ohne Unterlass und alles jammert und klagt.«

Politisch sei die Lage jedoch schwierig, außenpolitisch, aber auch innenpolitisch sei »die Reaktion am Ruder.« Ein gemeinsamer Bekannter, der »kleine Steiner«, sei inzwischen aus Shanghai in New York angekommen. Dann berichtet er von seinem eigenen Sohn:

»Nichts ist vor ihm sicher, und man kann nichts mehr im Haus auf einen Tisch oder in ein Kästchen legen.«

Herbert erkundigt sich nach den »Finkelgruen-Brahms«:

»Wie wars in Karlovy?[44] Ich kann mir gut Deine Gefühle vorstellen. Was ist in Deinem früheren Geschäft? Gibt's denn was zu essen dort? Nebenbei, wenn Du irgendetwas willst bitte schreibe mir und ich schicke Dir ein Paket. Was macht Deine Gesundheit? Was hörst Du von Lima? Was machen die Zukunftspläne?«

Er bittet Esti Dora von ihm zu grüßen, wenn sie wieder »nach Palästina« schreibe. Er endet in dieser Weise:

»Und Peterle? Wieviel Sprachen spricht er jetzt? Er wird einmal ein Linguist. Deutsch, chinesisch, englisch, tschechisch, spanisch und durch die noos. Viele Grüße auch an Mama Bartlova.«

---

[44]Karlsbad, d. Verf.

1949: Der Weg nach Israel

Am 16.3.1948, anderthalb Jahre nach dem letzten mir vorliegenden
Brief, schreibt Esti erneut ausführlich an Dora und Gerhard in Palästina. Estis Wunsch, zu ihrer Schwägerin nach Palästina zu kommen, ist
spürbar. Gegenüber der kommunistischen Regierung in Prag hat Esti
wenig Vertrauen: Es herrsche hier »politische Hochspannung«; über die
»neuesten Ereignisse« werde gewiss weltweit diskutiert. Esti schreibt
über ihre Zukunftspläne:

> »Leider bin ich noch immer hier, aber voraussichtlich werde ich im
> Laufe des Sommers von hier reisen können. Es wird ja recht hart
> sein die nötigen Erlaubnisse zu erhalten aber ich habe auf Grund
> gewisser Bez. [Beziehungen] immerhin Aussicht.«

Esti berichtet auch ausführlich über die Entwicklung ihres Sohnes in
dieser neuen Prager Umgebung:

> »Peterle ist innerhalb eines Jahres hier um einen Kopf gewachsen.
> Er sieht gut und gesund aus, spricht bereits besser csechisch als wir
> beide. Englisch muss ich ihn allerdings täglich unterrichten.«

Die Hoffnung, doch noch in die USA zu gelangen lebt weiter in
ihr, »zu meinem Leidwesen ist ihm csechisch geläufiger geworden als
engl(isch).« Dass der sechsjährige Peter in Prag nun nicht mehr seinen
gewohnten Reis essen kann verwirrt ihn anfangs sehr. Mit sechs Jahren
hätte er eigentlich schon eingeschult werden sollen, was Esti jedoch um
ein Jahr verschiebt. Er besucht stattdessen einen privaten Kindergarten,
in dem auch englisch gesprochen wird. Den kommunistischen staatlichen Schulen misstraut Esti offenkundig zutiefst:

> »Ich hoffe jedoch recht zuversichtlich, dass er kommenden Herbst
> hier nicht zur Schule gehen braucht. Im Übrigen ist auch Peterles
> Kindergarten vor kurzem auch verstaatlicht worden.«

Esti schickt ihrer Schwägerin Fotos von Peter:

> »[Peter] freut sich sehr nach America zu kommen. Er gibt zwar
> selber zu, er möchte am liebsten weiter auf der Welt herumziehen.
> Ich habe schon genug und möchte schon endlich dauernd mich
> sesshaft machen.«

Ihre Herzerkrankung, von der sie in Shanghai angenommen hatte, sie
überstanden zu haben, schränkt Esti sehr ein. Sie vermag »nicht die lei-
seste Arbeit leisten, Treppensteigen ist ein Problem geworden und gehen

kann ich nur ganz langsam.« Esti bittet ihre Schwägerin darum, ihr die Geburtstagsdaten ihrer Kinder mitzuteilen. Sie vermag auch in Prag die Ereignisse in der Welt und insbesondere in Palästina zu verfolgen, vor allem durch die Lektüre der von den USA aus betriebenen deutschen Emigrantenzeitschrift *Der Aufbau*[45]. Esti schreibt, zwei Monate vor der Staatsgründung Israels:

> *»Ich lese von Zeit zu Zeit den Aufbau hier und verfolge die politischen Ereignisse in und um Palästina. Und hoffe ich mit Euch dass es nicht zum Krieg kommt. Der Weltsicherheitsrat wird mit Palästina beweisen müssen ob er ein Recht hat zu existieren. Ich habe nicht die leiseste Ahnung in welchem Teile Palästinas ihr zuhause seid. Kann ein Überfall auf Eure Siedlung, wie es bei vielen anderen der Fall ist möglich sein?«*

Sie fügt noch eine Bitte um Hilfe hinzu:

> *»Und nun eine recht unbescheidene Anfrage. Könnt ihr und ist es nicht mit allzugroßen Kosten verbunden einige Orangen nach hier für Peterle senden? Es ist nur eine Frage und nur deshalb, weil wir hier so gut wie keine bekommen und Peterle möchte immer Orangen oder Bananen.«*

Sie beendet ihren Brief handschriftlich mit »In Liebe eure Esti«.

Am 25.11.1948, schickt Herbert einen zwei Seiten langen, von ihm nicht unterschriebenen Brief an Esti. Er habe »eine Ewigkeit keinerlei Briefe geschrieben« merkt er einleitend an. Er berichtet ihr einiges über ihren in Peru weilenden Ehemann Kurt Brahm, dessen »Haltung« sie verwundert habe. Entscheidend sei doch, dass sie nun in Prag lebe,

> *»was ja trotz allem eine Stadt in Deiner Heimat ist, und die ich trotz allem immer noch einem Shanghai vorziehe.«*

Ihre Bedenken gegenüber dem kommunistischen Prag solle sie angesichts der Gesamtsituation erst einmal zurück stellen. Er selbst vermöge heute nicht mehr

> *»sehr daran zu glauben, dass man in einem gewissen Land oder einer gewissen Stadt auf dieser Erde mehr geborgen ist als in einer anderen. Die Welt ist selbst seit Ende des letzten Krieges (...)*

---

[45] Peter Finkelgruen sollte ein gutes halbes Jahrhundert später für einige Jahre im *Aufbau* schreiben.

*noch viel kleiner geworden als sie vorher schon war. Wenn heute
einmal in Prag Bomben fallen, werden sie morgen auch auf New
York herunterkommen, und übermorgen vielleicht in Lima?«*

Er sei kein Pessimist geworden sondern weiterhin »fest überzeugt«, dass
alle gefährlich aussehenden Probleme »gelöst werden, und zwar unblu-
tig.« Er möchte ihr keineswegs zureden, in Prag zu bleiben. Das müsse
sie selbst für sich entscheiden. Aber wie wolle sie nach Lima gelangen?
Institutionen wie die Prager Niederlassung des *Joint* würden sich nur für
ihre Übersiedlung nach Lima einsetzen, wenn die Initiative von Brahm
ausgehe. Aber er sei gerne bereit, noch einmal an den in New York
lebenden Baerwald heran zu treten.

Dann schreibt Herbert Ashe Esti ausführlicher über sein Familien-
leben, seine beiden Kinder. Trumans Wiederwahl als amerikanischer
Präsident sei »ein politischer Lichtblick, trotzdem er persönlich ein Idiot
ist.« Die Wahl »Deweys« hätte einen »Ruck nach Rechts« dargestellt. Er
werde noch diese Woche ein Paket an sie schicken.

Am 9.3.1949, also an Peter Finkelgruens 7. Geburtstag, schickt die
inzwischen 35-jährige Esti einen weiteren Brief an ihre Schwägerin.
Estis Gedanken kreisen nur noch um das Überleben ihres Sohnes in
einem sicheren Land. In ihren letzten Lebensmonaten verbringt sie nach
Peter Finkelgruens Erinnerungen den größten Teil ihrer Zeit schwer
krank in einem Prager Sanatorium. In *Haus Deutschland* (1992, S. 120)
schreibt er hierzu:

> *»Wie lange hatte ich eine Mutter? Erst sehr spät habe ich ange-
> fangen, mich mit meiner Mutter zu beschäftigen. Nach unserer
> Ankunft in Prag habe ich sie nur noch wenig gesehen. Mutter war
> selten zu Hause. Dann lag sie im Bett. Mit großen Kissen im
> Rücken auf einer großen Couch in Großmutters Wohnzimmer.«*

Esti bemerkt im Brief vom 9.3.1949, dass sie »Wochen und Monate nicht
außer Haus« gekommen sei und nun heute, in Begleitung von Anna
und Peter, die Gattin des hiesigen Jointvertreters« – Frau Henry Levy –
besucht »und noch einmal alle meine Sorgen dort durchgekäut und ein
Telefongespräch mit dem Palästina-Konsulat gehabt« habe:

> *»Fürs Erste ich erwarte mit größter Ungeduld das Visum-
> Versprechen von dort. Es genügt nicht wenn die Kwuzah Vertre-
> tung damit einverstanden ist. Es soll dort ein entsprechendes Amt
> geben, welches solche Fälle von Nichtjuden bewilligt und mir die
> Einreisegenehmigung gibt. Erst auf Grund dessen bekomme ich*

hier das sogenannte Vorvisum, mit diesem in der Hand muss ich erst hier um den Pass einreichen und dann erst kann ich meine Sachen packen.«

Joint könne ihr und ihrem Sohn die Fahrkarten und eventuell Flugkarten bezahlen sowie 100 Kilo »Übersiedlungsgut« bewilligen, dies sei eine sehr große Hilfe:

> *»Joint ist aus Amerika angewiesen mir sowohl wie Mutter zu helfen.«*

Anschließend beschreibt Esti – es war einer ihrer letzten Briefe – die schwierige Lebens- und Entscheidungssituation ihrer Mutter Anna. Diese war keine Jüdin, hatte aber ihr eigenes Leben dabei riskiert, als sie den Juden Martin Finkelgrün im von den Nationalsozialisten besetzten Prag versteckte. Esti hat erfahren, dass Doras Landwirtschaftsgemeinschaft – die Kwuzah – der Aufnahme einer Nicht-Jüdin nicht zustimmen würde bzw. könnte. Die Mitglieder des Kwuzah führten, zwei Monate vor der Staatsgründung, selbst einen Überlebenskampf und wussten um die Wahrscheinlichkeit eines bevorstehenden Krieges der fünf arabischen Armeen gegen den jungen jüdisch-demokratischen Staat:

> *»Es sind zwingende Gründe, welche ich Dir nicht brieflich mitteilen kann welche es nötig machen, dass Mutter mitfährt.«*

Anna – diese Passage ist im Brief mit einem Kugelschreiber handschriftlich unterstrichen worden – erhalte »als die Lebensgefährtin Martins als welche sie sogar amtlich festgestellt wurde« in Prag eine kleine Pension. Deshalb erhebt die schwer Kranke, die ihren nahenden Tod fühlt, eine moralische Forderung:

> *»Wenn also der hiesige Staat[46] der Lebensgefährtin (Bestätigung der jüdischen Gemeinde diesbezüglich vorhanden) eines Ausländers eine Rente als rassisch Verfolgte gibt, brauchte die Kwuzah nicht päpstlicher als der Papst zu sein. Aber trotzdem kann ich es verstehen.«*

Es gehe ihr auch nicht vorrangig »um Mutters Aufnahme dort, welche sie selbst auch nicht anstrebt« sondern um das »Visumsversprechen«. Für ihren kleinen Sohn sieht sie im kommunistischen Prag, alleine mit seiner 51 Jahre älteren Großmutter, keinerlei Lebensperspektive. Estis Zeilen

---

[46] gemeint ist die ČSSR, RK

werden immer verzweifelter, so groß ist ihre Angst um ihren kleinen
Sohn:

> *»Dass Mutter niemandem zur Last fallen wird ist ganz sicher. Sie
> war nie von Fremden abhängig und wird es nie in ihrem Leben
> sein. Ich wollte ich hätte nur ein kleines Teilchen der Energie.«*

Esti bittet ihre Schwägerin und ihren Schwager inständig darum, ir-
gendjemanden in Israel zu finden, der die Einreise Annas und Peters
ermöglichen könne. Sie weiß wie langsam die verschiedenen Behörden
bei Visumsgesuchen arbeiten. Verzweifelt schreibt sie:

> *»So sehr dankbar ich bin für Eure liebe Hilfe und Freundlichkeit
> so bitte ich Euch ganz inständigst Mutter die helfende Hand zu
> reichen, schwimmen wird sie dann schon selbst. Mutter hat doch
> wirklich in den allerschwersten Zeiten zu Martin gehalten. Dass
> es ihr nicht gelungen ist und Vater nicht mehr lebt ist ein Unglück.
> Sie wäre heute ebensogut seine Frau und die Hindernisse auf den
> hiesigen Ämtern wären nicht da.«*

Sie deutet ihre Beschämung darüber an, dass sie, die sogar in Shanghai
einen eigenen Kleiderladen betrieben hat, bei einer Emigration nach
Israel um Hilfe für eigene Kleidung bitten müsse. Esti hat noch immer
die Hoffnung, es irgendwie selbst noch nach Palästina zu schaffen und
sich dann mit ihrer Schwägerin »gründlich ausquatschen« zu können:

> *»Peterle ist Feuer und Flamme und bezeugte aber schon im Laufe
> des Sommers große Neigung zur Landwirtschaft.«*

Und sie erinnert an frühe Szenen aus ihrer Kindheit, etwa als sie bei
einem Besuch in Karlsbad gemeinsam »unter einer Decke lagen und Du
so viel Kluges geschnackt hast.«

Estis Verzweiflung nimmt zu. Am 20.7.1949, schickt sie einen handschriftlichen, nur schwer zu entziffernden Brief an Dorle. Esti teilt darin
mit, dass sie seit dem 29. März in einem Hospital sei. Sie deutet die
Schwere ihrer Krankheit an; Anna und Peter könnten sie einmal pro
Woche besuchen. Dann der mit Kugelschreiber unterstrichene Satz:

> *»Peterle hat die 1. Klasse beendet, ein gutes Zeugnis.«*

Sie erkundigt sich nach Dorles Kindern und schreibt am Schluss ihres
Briefes:

> *»Jetzt habe ich nur einen einzigen Wunsch: ›Gesunden‹.*

1950–1952: »From Herbert to Dorle«

Herbert Ashe und Dora Finkelgrün mit Freundinnen in Bamberg, Foto: privat.

Der erste erhalten gebliebene Brief Herbert Ashes an Dora Schaal, vier auf blauem Papier getippte Seiten ohne Datum, stammt von 1950. Handschriftlich hat Herbert über das Getippte noch »from Herbert to Dorle« hinzugefügt. Er erwähnt einen vorhergehenden Brief Doras, der jedoch nicht erhalten geblieben ist:

> *»Natürlich hab ich mich kolossal gefreut mit einem Brief von Dor-le. Das ›alte‹ Dorle aus meiner Jugend. So ein Brief bringt genug Erinnerungen zurück: Liebe, Probleme, Freundschaft, Ausflüge, Bamberg, Hain, Altenburg, Lisl, Arnold und weiß Gott was.«*

Herbert Ashe schreibt einige Zeilen über alte Freundschaften, die durch die veränderten Lebenszusammenhänge verloren gegangen sind und fügt dann, auf sich selbst bezogen, hinzu:

> *»Meine Frau Ilsebill, die freundlicher Weise das Briefpapier zur Verfügung gestellt hat (...) und sowohl auch ich, Tagträumen des Öfteren von einer Palästinareise. Wir hoffen sehr dass diese einmal in die Wirklichkeit rückt. Zwei, fünf, zehn Jahre – wer weiß. Sie hat ebensoviel alte, gute Jugendfreunde drüben als ich, die wir so alle heimsuchen wollen.«*

Dann schreibt er über seine Brieffreundschaft mit Doras Schwägerin Esti, wie auch über deren etwa achtjährigen Sohn Peter:

>*»Kürzlich erhielt ich von Esti wieder einen Brief mit einem goldigen Bild von Deinem Neffen. Ich versuche vergebens einen Finkelgruenschen Einschlag festzustellen. Der Junge ist, wie wir früher sagten, ein Gewittergoi!! Sicher wäre es eine Lösung die beiden nach Palästina kommen zu lassen und aus dem kleinen Peter einen Palästinenser zu machen. Die Entscheidung ist natürlich für Esti. (…) Nachdem das Leben da drüben so hat ist, wird sie wohl dorthin wandern wo es am schnellsten geht. Nachdem Frau Bartl tschechische Bürgerin wurde dürften wohl auch Esti und der Peter keine Schwierigkeiten haben diese zu erwerben.«*

Dann hat Herbert noch einen Wunsch:

>*»Wie wäre es denn wenn Du mal ein paar Bilder von Deinen Sprösslingen sowie von Dir und Gerd senden würdest? Ich würde mich so bald als möglich revanchieren, denn wenn alles gut abläuft bin auch ich innerhalb von 8–14 Tagen ›Papa‹. (…) Unser Leben in New York zu schildern ist einfach: Wie alle hier arbeiten wir ziemlich schwer und der Tag ist sehr aufreibend. (…) Unsere Freizeit am Samstag und Sonntag sind demgemäß ausgefüllt mit Sport, Autofahrten, Theater, Musik, Klavierspielen und Faulenzen.«*

Es folgen bis heute anregende Darstellungen über die Beziehungen der amerikanischen Juden – also der aus Deutschland stammenden Juden, die wie Ashe nicht nach Israel, sondern in die USA emigriert sind – zu Israel sowie zu jüdischen Themen:

>*»Man diskutiert – aber man kämpft nicht für seine jeweilige Anschauung in einer zionistischen Organisation etc. Das gibt Dir in kurzen Zügen ein Bild des durchschnittlichen Juden in Amerika unserer Altersgruppe. Und wir gehören zu ihnen. Wir unterscheiden uns in den Grundzügen wenig von den pre-Hitler-Juden in Deutschland, und dies ist auch nicht anders zu erwarten. Allerdings ist die Haltung des amerikanischen Judentums zum Zionismus zahlenmäßig viel positiver als die der Deutschen. Die meisten bejahen Zionismus, Palästina, und nur eine Minorität sind ›amerikanische Staatsbürger jüdischen Glaubens‹ a la CV.*[47]

---

[47] *Central-Verein deutscher Staatsbürger jüdischen Glaubens,* also die bürgerlich-konservative Vereinigung der Juden in der Weimarer Zeit, die versuchten, Judentum und »Deutschtum« miteinander zu verbinden, RK

Dies war schon der Fall vor Jahren und ist keine Nachkriegs-Erscheinung. Auf der anderen Seite ist der Prozentsatz der zionistisch Organisierten geringer als in Deutschland. Man gibt lieber mehr Geld, anstatt sich durch eine Mitgliedschaft zu verpflichten und zu binden.

Wesentlich besser und gesünder ist natürlich die Einstellung des Juden hier zu seinem Judentum. Und besonders in New York. Man versteckt sich keineswegs hinter seinem Amerikanertum. Es gibt Massenkundgebungen mit 25.000 Teilnehmern im Madison Squer Garden, und öffentliche Umzüge mit Fahnen und Slogans, und ähnliche öffentliche Demonstrationen. (...) Auch die Presse geht und ging auch früher nie um das Wort ›Jude‹ wie die Katz um den heißen Brei herum à la Frankfurter Zeitung. Im Gegenteil. (...) Missverstehe mich aber nicht. Die fundamentale Judenfrage ist in diesem Land nicht anders als in der übrigen Welt.«

Abschließend schlägt Herbert Dora vor, ihre Korrespondenz »in gemäßigtem Ausmaß« aufrechtzuerhalten.

Am 1. Juni 1950, stirbt Esti Finkelgrün in Prag. Ein Jahr später, im Sommer 1951, reisen Anna und der neunjährige Peter per Zug und Schiffspassage nach Israel.

Erst einige Zeit später, am 29.1.1952, schreibt Dora einen drei Seiten langen Brief an Herbert. Sie erwähnt den etwa zwei Jahre alten Brief von Herbert, in dem dieser er begrüßt, den Faden ihrer Jugendfreundschaft in Bamberg wieder aufzugreifen. Dora beschreibt ihm detailliert ihr »neues« Leben nach ihrer Immigration in das damalige Palästina. Vier Jahre nach der Staatsgründung leben sie im politisch »linken« Kibbuz Kfar Hammakabi im Norden Israels, 30 Kilometer von der Staatsgrenze entfernt. Die Übersiedlung in das Land der zionistischen Hoffnung stellt für sie zuerst einmal einen radikalen Bruch mit ihrem früheren Bamberger Freundeskreis dar:

»Wir leben immer noch in unserem alten Dörfchen und im Prinzip in den gleichen Berufen, die wir gehabt haben. Mein Gatte beschäftigt sich nach wie vor mit Baumpflanzungen und ab und zu mit ›Kunscht‹, malt, zeichnet ein bisschen, ich selbst bin weiter Kinderpflegerin, tagsüber im Kinderhaus, da unsere Kinder ja gemeinsam aufgezogen werden, am Abend beschäftige ich mich mit den eigenen Jungen, die schon groß sind, der Sohn, zehnjährig, ein ganz kleiner Mann, sehr ähnlich der ungebärdigen Tochter von Martin

*Finkelgrün aus Bamberg, mit einem kleinen Spritzer Schaaltum
in sich und sehr ›Zabre‹ stolz, selbstbewusst und selbstständig,
›Eisen‹ wie wir hier zu sagen pflegen. Die sechsjährige Tochter
ganz anders, hundertprozentiges Weiberle, auf Kleider und ihre
Schönheit bedacht, sehr lebenstüchtig und sich allen Situationen
anpassend und zieht die ganze Familie an einem Seidenfädchen
nach ihrem Willen mit Charme und ohne Gewalt.«*

Dann berichtet sie ihrem nun in den USA lebenden Jugendfreund von
den zionistischen Hintergründen und Motiven ihres gemeinsamen Le-
bensprojektes – und wie sich ihre anfänglichen zionistischen Überzeu-
gungen schrittweise verändert haben:

*»Ob Du ungefähr weißt, was eine Kwuzáh ist, weiß ich nicht, das
Typische daran, die gemeinsame Bearbeitung der Bodenquellen,
der gemeinsame Verbrauch aller Chawerim hat sich seit den Tagen
des Anfangs nicht verändert, sonst natürlich allerlei. Wir wissen
auch heute schon, dass auch wir Menschen sind, die gerne etwas
mehr Bequemlichkeit, Schönheit und Annehmlichkeit im Leben
haben wollen und dass man mit Chaluziut allein die Leute nicht
auf die Dauer halten kann. So sind auch wir, wie überall im
Land, seit den Tagen der ›Medinah‹ dazu übergegangen, unseren
Chawerim das Leben etwas leichter zu machen, wir haben bessere Wohnungen, gehen sorgfältiger und nach eigenem Geschmack
gekleidet, haben hin und wieder Theater, Konzert oder was sich
sonst an Kunst bietet und siehe da, man kann Chaluz sein und
trotzdem leben wie ein Mensch, auch das vereinbart sich.«*

Dora beschreibt auch, wie umständlich es war, die Einwanderung ihres Neffen Peter und dessen Großmutter zu bewerkstelligen: Die KZ-
Überlebende Anna Bartl war keine Jüdin, und die Einwanderung von
Nichtjuden gehörte nicht zu den vorrangigen politischen Zielen des
jungen, bedrohten jüdischen Staats. Auch sprachen beide kein Hebräisch, was gleichfalls eine zusätzliche Belastung und Herausforderung
darstellte.

*»In unserem privaten Leben war ein wichtiger Punkt das Kommen
von Peter und seiner Großmutter zu uns. Esti ist voriges Jahr in
Prag an ihrem schweren Herzleiden gestorben und ich hatte keine
Ruhe, bis ich das Kind bei mir hatte, was kein leichtes Unterneh-
men war, da die Großmutter mit mir nicht verwandt ist und die
Kwuzah an sich nur direkte Verwandte aufnimmt, andererseits in*

der C.S.R. große Schwierigkeiten waren, bis wir sie hier hatten. Dank unserer guten Beziehungen zu Konsulaten und Ämtern ist es uns gelungen und die beiden erschienen hier im vorigen März, wie wir glaubten, nun werde alles in Ruhe und Frieden sein, die alte Dame werde sich freuen, dass die Notwendigkeit den Lebensunterhalt für sich und ihren Enkel zu verdienen, von ihr genommen ist und sie und das Kind sicher gestellt sind.«

Dora beschreibt im Folgenden kurz ihren gemeinsamen Alltag aber auch die Fürsorge, die insbesondere die alten Menschen in ihrer Lebensgemeinschaft erleben: Sie brauchen nur noch für wenige Stunden bei »leichten Arbeiten« zu helfen, ansonsten werden sie gepflegt und lassen »im Übrigen den lieben Gott und ihre Kinder einen guten Mann sein«.

Danach beschreibt Dora die immensen Schwierigkeiten, die die bürgerliche Überlebende Anna Bartl, jüdisch weitgehend ohne Vorerfahrung, mit dem kollektiven Leben in einer weiterhin von Außen bedrohten, kibbuzähnlichen jüdischen Gemeinschaft hatte. Einer Lebensgemeinschaft, die ihre Felder und Siedlung mit Stacheldraht vor Angriffen feindlicher Araber und Terroristen schützen musste:

»Aber die alte Dame konnte sich in nichts hereinfinden, macht uns große Schwierigkeiten und ist nun drauf und dran, hier wegzugehen und sich selbständig zu machen, obwohl sie allerlei Krankheiten mitgebracht hat, die sie dann von Zeit zu Zeit verhindern ihre tollen Pläne auszuführen. Der Junge ist ein aufgewecktes Kerlchen, sehr intelligent und assimiliert, der sich längst assimiliert haben würde, wenn seine Oma ihn ließe. Wir haben hier Kinder, die lange nach ihm gekommen sind und von denen keiner mehr weiß, dass sie nicht hier geboren wurden. Aus dem Kinderhaus hat sie ihn nach ein paar Monaten herausgenommen was natürlich die Chawerim sehr ärgert, er geht in Haifa in eine Schule, in der 40 Kinder in einer Klasse sitzen während wir hier eine Schule haben, die ganz auf modernen Prinzipien aufgebaut ist, von Lehrern geleitet, die ihre Ausbildung jetzt in Amerika erneuert haben und die neuesten Methoden verwenden. (...) Aber für Peter ist das nicht gut, er geht in Haifa, kommt jeden Tag hier heraus und hat kein geordnetes Leben. Uns tut natürlich das Herz weh, aber viel machen kann man nicht. Ich bin trotzdem froh, dass der Junge hier ist, und im Notfall eben doch bei uns leben kann.«

Danach fügt Dora einige allgemein gehaltene Beobachtungen über die Entwicklungen in Israel seit der vier Jahre zurückliegenden Staatsgründung hinzu. Besorgt ist die 38-jährige deutschstämmige Zionistin, die

15 Jahre zuvor aus innerer Überzeugung nach Palästina eingewandert ist und am Aufbau des jüdisch-demokratischen Staates aktiv beteiligt war, weiterhin:

> *»Das Land selbst hat sich sehr verändert. Die riesige Neueinwanderung aus uns so nicht gemäßen Elementen zusammengesetzt, bringt Probleme, die sich kaum lösen lassen. Der alte Jischuv ist schon müde, nach den vielen Jahren der Entbehrung, der Kriege und Lasten ist die Spannung natürlich gefallen, als ein so großes Endziel endlich erreicht war und wir nach allen Jahren der Angst und Spannung ohne Gewehr und ohne Unsicherheit uns hier bewegen konnten. Nun wollen alle, es soll ihnen etwas besser gehen, so sehr sie in früheren Jahren zu jedem, aber auch jedem Verzicht bereit waren. (...) Wir haben in unserem Meschek irakische Noar, wenn man die gesehen hat, wie sie gekommen sind und wie sie heute nach nur einem halben Jahr aussehen, dann weiß man natürlich, dass jeder Verzicht sich lohnt. Es ist erstaunlich.«*

Herbert Ashe antwortet ihr zehn Monate später, mit einer selbstironischen Anmerkung bzgl. seiner Zuverlässigkeit beim Schreiben. Am 10.11.1952 erzählt er seiner Jugendfreundin von seinem Leben in den USA, beginnt aber in dieser Weise:

> *»Dein Brief war wirklich unerwartet, denn was Euch gute Israeliten anbelangt, so seid ihr noch schlimmer als wir hier in Amerika, was Aufrechterhalten von alten Beziehungen anbelangt.«*

So habe er einen nach Israel emigrierten Jugendfreund, Karl Wiesenfelder, in den USA getroffen und ihn nach dessen gleichfalls nach Israel gegangenen engen Jugendfreund gefragt: »I don't know« sei dessen lakonische Auskunft gewesen. Dann weist er Dorle mit ironischem Unterton darauf hin, dass

> *»unsere Bindung mit Israel etwas enger (ist) als Du annimmst. Du fragtest mich ob ich wüsste was eine ›Kwuzah‹ sei. Du scheinst vergessen zu haben, dass ich nie ein Mitglied des Deutsch Jüdischen Jugendbundes Bamberg war. Nein, — wenn wir auch verdammt wenig für Israel tun (außer Israel Bon versuchen zu verkaufen wie früher KKL) so ist doch unsere Bindung mit dem Land ziemlich stark. Israel ist oft im Zentrum der Diskussionen, wenn wir mit Freunden oder Bekannten zusammen sind. Menschen, die nicht vereinbaren können Zionisten und Amerikaner zu sein, werden immer seltener. Aber es gibt doch noch genug, und*

*das Wort ›Zionist‹ das doch heute eigentlich aus dem jüdischen
Wörterbuch gestrichen sein sollte – ist immer noch im Umlauf.«*

Dann berichtet Herbert Ashe etwas von seinem amerikanischen Fami-
lienleben, einige kurze Auszüge seien wiedergegeben:

*»Ja – ich bin seit 10 Jahren verheiratet, haben einen Jungen –
John, sechs Jahre, und eine Göre Janet, 4 Jahre, aber so etwas
ähnliches muss ich ja schon im letzten Brief geschrieben haben. Wir
führen natürlich ein sehr bürgerliches Leben hier in New York,
ohne jedoch – hoffen wir – zu alt geworden zu sein. Das ist einer
der großen Unterschiede zwischen Eurem und unserem Land. Die
Lebensform, die gemeinsame Verantwortung, das Land an sich,
erhält Euch jünger.«*

Als Importeur reise er viel in der Welt herum, auch in »zentral Amerika,
Süd Amerika und Canada.«

*»Wir haben ganz fest vor, Israel zu besuchen, und hoffen sehr, dass
wir diesen Plan bald verwirklichen können.«*

Die »Verbürgerlichung« derjenigen Chawerim, mit denen er brieflich
in Kontakt stehe, machten »glücklicherweise langsam Fortschritte«, obwohl manche »Radikale« dies »doch noch als Sünde betrachten.«

*»Unsere Freunde in Kfar Szold hatten sogar Kaffee-Kränzchen
nachmittags um 4. Das finde ich fantastisch.«*

Herbert Ashe fügt hinzu: »… Doch glaube nicht von meinen Witzchen,
dass wir Eure Probleme bagatellisieren.« Vor einigen Tagen habe er
einen Brief von »Frau Bartl« erhalten, der sich völlig mit Doras eigenen
Darstellungen decke. Ihre Enttäuschung hierüber sei nachvollziehbar:

*»Diese Angelegenheit wird doch wohl nur eine Frage der Zeit sein.
Es ist doch unmöglich, dass ein Junge von 11 Jahren nicht als be-
wusster Israeli aufwächst, und dieses Problem sollte sich doch eines
Tages von selbst lösen. Wie kommt es dass Euer Influenz, und der
Einfluss der Kwuzah nicht stärker war als der der Großmutter?
Wieso hat er sich nicht selbst für die Kwuzah entschieden? Ich
werde dieser Tage an sie ein Paket schicken, werde jedoch, wenn
ich schreibe, aus meinem Herzen keine Mörder-Grube machen,
auch wenn es nichts nützt.«*

Er berichtet ihr über das Schicksal einiger Bamberger, denkt aber nicht, »dass die Bamberger Kolonie« Dora noch interessiere, von Arnold Lehmann abgesehen. Abschließend bietet er Dorle an, dass sie ihm auch gerne auf englisch schreiben könne:

> »Meine Frau sagt gerade dass ich mich wegen meines schlechten Deutsch entschuldigen soll, was ich hiermit tue.«

Epilog 1963: Köln

In Peter Finkelgruens Archiv befindet sich noch ein weiterer Brief, aus dem Jahr 1963, diesmal von Herbert Ashe an seine Cousine Tilly Cohn; auch der inzwischen in Köln lebende Peter Finkelgruen wird hierin erwähnt. Tilly Cohn lebte immer noch in Zürich, der inzwischen 51-jährige Herbert hatte sie kurz zuvor dort besucht. Am 27.7.1963 schreibt er ihr auf englisch:

> »It was wonderful to have seen you again after such a long long time. A Life time – or more. After I left Zuerich, I spent about a week in Germany: Stuttgart-Munich-Nuernberg-Frankfurt (…) making a great retour around Bamberg. In Munich, however, I visited again the grave of grandfather Baruch, who died there in a Altersheim. (…)
> The photostats of Hans' letters are just being mailed to his sister, who will undoubtedly forward them to his on son, who lives right now in Köln. The more such documents are being preserved for posterity, the better it is. Enclose I return the originals to you.«

Peter Finkelgruen: Der Ochsenfrosch –
eine ungehaltene Rede (2013)[48]

Der Titel von John Osbornes Stück *Blick zurück im Zorn* ist in den Jahrzehnten seit der Uraufführung 1956 in London Teil auch unseres allgemeinen Sprachgebrauchs geworden. Lieber Ralph, es ist der Inhalt des von Dir 31 Jahre später veröffentlichten Buches, *Die Zweite Schuld oder von der Last ein Deutscher zu sein*, der bei mir den Reflex des zornigen Rückblicks auslöst. Der Zorn darüber, was die Täter, die es sich nach dem Morden haben gut gehen lassen, den Opfern noch Jahrzehnte nach dem Dritten Reich zugemutet haben. Das war für mich das Kernthema – und ist es bis heute geblieben. Was Du darüber geschrieben hast, war der rote Faden, der sich durch die Jahre meiner Existenz in diesem Land hindurchzog.

Ein Kapitel betraf den Mord an meinem Großvater Martin Finkelgrün in der Kleinen Festung Theresienstadt und die Tatsache, dass dieser Mord von der Justiz in Nordrhein Westfalen nicht verfolgt wurde. Es war ein elf Jahre währendes Kapitel, das im Februar 1989 begann, als ich in Prag den Namen des Mörders erfuhr und erst im Mai 2001 endete, als der frühere SS-Mann Anton Malloth in München als Mörder verurteilt wurde.

In diesem Jahrzehnt des Kampfes, lieber Ralph, bist du ein Stück des Weges mit mir gegangen. Daran möchte ich jetzt aus Anlass deines 90. Geburtstages erinnern. Du warst nie ein Mann, der einem Streit aus dem Weg ging, wenn er ihn für begründet und notwendig hielt. So hast Du, nachdem mein erstes Buch *Haus Deutschland oder die Geschichte eines ungesühnten Mordes* 1992 erschienen war, eine Rezension in der *Frankfurter Rundschau* veröffentlicht.

Du hast dabei den Skandal, der so sehr Beleg für die von Dir beschriebene *Zweite Schuld* war, beim Namen genannt und den Oberstaatsanwalt Klaus Schacht von der Zentralstelle für die Bearbeitung nationalsozialistischer Massenverbrechen bei der Staatsanwaltschaft Dortmund als »emotionslosen Ochsenfrosch« tituliert.

---

[48] aus: Peter Finkelgruen (Hrsg.): *Jubeljung begeisterungsfähig: Zum 90. Geburtstag von Ralph Giordano*, BOD Norderstedt 2013, S. 67ff

Es kam nicht, wie wir naiverweise gehofft hatten, dazu, dass die Staatsanwaltschaft den SS-Mann wegen Mordes anklagte, sondern der sich beleidigt fühlende Oberstaatsanwalt verlangte wegen der in meinem Buch getroffenen Feststellungen Schmerzensgeld und Dich, Ralph, zeigte er bei der Staatsanwaltschaft Frankfurt wegen Beleidigung an.

In meinem Regal stehen heute zwei prall gefüllte Aktenordner mit der Aufschrift »Ochsenfrosch«, Zeitungsartikel aus beinahe allen deutsche Printmedien, Berichte von Rundfunk- und Fernsehsendungen, Unterschriftlisten mit den Namen von mehr als 1.000 Menschen, die sich mit Dir solidarisierten, Appelle schreibender Kollegen, Anfragen von NRW-Landtagsabgeordneten und Solidaritätsanzeigen in diversen Zeitungen. Alles Belege für ein anderes Deutschland, das es damals auch gab, das es auch weiterhin gibt und von dem Du immer betont hast, dass es Dich ermutigt hat in deinem Kampf, der nicht erst mit Deinen Berichten vom Auschwitz-Prozess im Jahre 1958 begann.

Ich werde den 15. April 1994 nicht vergessen, den Tag, an dem Du von der Staatsanwaltschaft in Frankfurt/Main um 9:00 Uhr morgens im Raum 13, I. Stock, Gerichtsgebäude E, des Amtsgerichts Frankfurt/Main erscheinen musstest – angeklagt wegen Beleidigung. Der Gerichtssaal war überfüllt. Presse und anderes Publikum drängelten sich in den Saal. Ich durfte nicht hinein, war ich doch als Zeuge in der Strafsache Ralph Giordano mit dem Aktenzeichen 50 Js 8089.8/93–918 Ls geladen. Ich habe den Gerichtssaal nie von innen zu sehen bekommen. Nach einer knappen Viertelstunde gingen die Türen auf, und das Publikum strömte heraus. Lachend und kopfschüttelnd schoben sie sich an mir vorbei. Wenige Minuten später erfuhr ich, was geschehen war. Der Anwalt, der die Nebenklage, also den Oberstaatsanwalt Schacht, vertrat, verlas zu Beginn der Verhandlung eine gewundene Erklärung, in der er bekannt gab, dass er den Strafantrag gegen Herrn Giordano zurückzöge. Natürlich wurde sofort darüber spekuliert, was zur Einsicht des klagenden Oberstaatsanwalts geführt haben mochte. Ich jedenfalls stand da, eine schriftlich vorbereitete Erklärung in der Hand, die ich als Zeuge im Prozess gegen dich abzugeben gedachte. Ich habe sie damals nicht abgeben können. Die wesentlichen Teile dieser Aussage, lieber Ralph, will ich Dir nun nicht mehr vorenthalten:

Es fällt mir schwer, als Zeuge in diesem Prozess auszusagen. Ich bin Zeuge der Verteidigung des Angeklagten Ralph Giordano. Ralph Giordano hat eine Besprechung meines Buches *Haus Deutschland oder Die Geschichte eines ungesühnten Mordes* in der Frankfurter Rundschau vom 9. Februar 1993 veröffentlicht. Wegen dieser Besprechung hat ihn die

Frankfurter Staatsanwaltschaft angeklagt. Hier liegt der erste Grund für die Schwierigkeit, die ich mit meiner Aussage in diesem Prozess habe. Ralph Giordano hat nichts anderes getan als mein Buch zu besprechen. Die Vorstellung, Ralph Giordano bräuchte eine Verteidigung empfinde ich als absurd … Ralph Giordano hat sich, nicht anders als andere Rezensenten und wie ich selbst beim Schreiben meines Buches empört … Seine Empörung reihte sich ein in die Empörungen von Zuhörern bei zahlreichen öffentlichen Lesungen, die ich in den letzten anderthalb Jahren halten durfte. Andere Rezensenten des Buches waren in ihren Urteilen teilweise noch härter. Ralph Giordanos Empörung hat jedoch eine eigene, eine besondere Qualität.

Hier empörte sich einer, der den Häschern der Gestapo und der SS mit Glück entronnen war, darüber, daß ein anderer glücklicherweise Überlebender die Erfahrung macht, daß auf eine juristisch – bürokratische Art und Weise die gerichtliche Verhandlung über die brutale Ermordung seines Großvaters verhindert wird.

Die Staatsanwaltschaft Frankfurt klagt von allen Rezensenten just diesen einen Überlebenden eines strafrechtlichen Vergehens an. Keinen anderen. Keinen von all den anderen, die sich über diesen Skandal ausgelassen haben und deren Meinung dem Leitenden Oberstaatsanwalt Klaus Schacht beinahe täglich hätte in den Ohren klingeln müssen. Keinen von jenen, deren Meinung die Handlungsweise des Leitenden Oberstaatsanwalts Klaus Schacht in einen historischen, einen politischen und einen gesellschaftlichen Zusammenhang gestellt haben. Einen Zusammenhang, der ihm und ähnlichen Juristen, seien sie Richter, Staatsanwälte oder Rechtsanwälte, klar machen müsste, was sie dieser deutschen Gesellschaft antun.

Dass stattdessen Ralph Giordano von Staats wegen angeklagt wird, ist für mich eine Beleidigung. Eine besonders verletzende Beleidigung – ist doch der Hintergrund dafür die Ermordung meines Großvaters Martin Finkelgrün in der Kleinen Festung Theresienstadt durch den auf Kosten der Stadt München in einem Altersheim bei München lebendem ehemaligen SS-Mann, den Staatenlosen Anton Malloth.

Es mussten erst Dutzende andere Rezensenten, Hunderte von Zuhörern und Tausende von Lesern zu in Form und Inhalt gleicher Meinung und entsprechendem Urteil kommen, ehe der Leitende Oberstaatsanwalt Klaus Schacht sich zu einer Strafanzeige aufraffte, ehe dann die Frankfurter Staatsanwaltschaft beschloss, von Amts wegen, also für den Staat Bundesrepublik Deutschland, Anklage gegen Ralph Giordano zu erheben. Für mich ist diese Anklage, nicht nur eine Beleidigung. Sie ist auch eine Bedrohung. Bedroht sie doch Ralph Giordano, mich selbst und alle anderen Überlebenden der nationalsozialistischen Verfolgung mit strafrechtlichen Sanktionen, wenn wir es wagen, unsere Gefühle, unsere Meinung kundzutun. Unsere Gefühle der Trauer um die Ermordeten. Unsere Gefühle der Wut darüber, wie sehr die Mörder über Jahrzehnte geschont wurden, während ganze Behörden mit Stellenplänen und Haushaltsmitteln etabliert wurden, um sie vor Gericht zu bringen – was sie dann viel zu selten auch taten und viel zu oft zu verhindern suchten.

Dass diese Wut, die Empörung ungewünscht ist, ja von strafrechtlicher Verfolgung bedroht werden soll, kann wohl an niemand besser exemplifiziert werden als an Ralph Giordano, dem Autor des Buches *Die Zweite Schuld*. Und von da an, an jedem, der es wagen sollte seinem Unmut, seiner Trauer und seiner Wut Ausdruck zu verleihen …

In den letzten Wochen finde ich mich durch den Leitenden Oberstaatsanwalt Klaus Schacht, Leiter der Zentralstelle im Lande Nordrhein-Westfalen für die Bearbeitung von nationalsozialistischen Massenverbrechen bei der Staatsanwaltschaft Dortmund, bedroht und unter Druck gesetzt.

Nachdem der Termin für diese Gerichtsverhandlung gegen Ralph Giordano feststand und ebenso, daß ich als Zeuge hier aussagen sollte, erhielt ich von den Anwälten des Leitenden Oberstaatsanwalts Klaus Schacht, den Anwälten Krekeler, Manthey und Partner in Dortmund, die Forderung, 5.000,– DM Schmerzensgeld für den leitenden Oberstaatsanwalt Klaus Schacht zu zahlen. Ich hätte, so die Rechtsanwälte, das Persönlichkeitsrecht des Herrn Oberstaatsanwalt verletzt. Ich möchte hier zu Protokoll geben, dass meine Großmutter Anna Bartl, die Frau, die meinen ermordeten Großvater Martin Finkelgrün in Prag versteckt hatte und dafür eine 3-jährige Reise durch Theresienstadt, Ravensbrück, Majdanek und Auschwitz antreten durfte, genau den Betrag von 5.000,– DM als Haftentschädigung erhalten hatte. Aus diesem Geld hat sie die Reise von Israel nach Deutschland für uns beide bezahlt. Und nun habe ich gelernt, wie viel das verletzte Persönlichkeitsrecht des Leiters einer Zentralstelle zur Verfolgung von NS Verbrechen wert ist. Vorausgesetzt, sein Persönlichkeitsrecht ist verletzt … Dass der Oberstaatsanwalt, der nun wegen Beleidigung eine Bestrafung von Ralph Giordano fordert, in einem Brief an meine Rechtsanwälte höhnisch die Frage stellte: »… bitte ich auch um Aufklärung, wie nach Ihrer Ansicht weiter verfahren werden (soll) …« bewies mir die Sensibilität, das Feingefühl und die Empfindsamkeit des Leiters der Zentralstelle für die Verfolgung nationalsozialistischer Massenverbrechen bei der Staatsanwaltschaft Dortmund. Dieser Oberstaatsanwalt fühlt sich ganz schnell in seinem Persönlichkeitsrecht verletzt, und um derartige Verletzungen abzuwehren, setzt er das ihm verliehene Amt so ein, daß man nicht mehr weiß, ob es Herr Klaus Schacht oder der leitende Oberstaatsanwalt, Leiter der Zentralstelle für die Verfolgung nationalsozialistischer Massenverbrechen bei der Staatsanwaltschaft Dortmund ist, der da spricht.

So hat er, nach Erscheinen der Anzeige von dreißig AutorInnen in der Frankfurter Rundschau vom 9. Januar 1993 den in Dortmund lebenden Schriftsteller Max von der Grün, der die Anzeige mit unterschrieben hat, angerufen und ihn zu einem Gespräch in die Staatsanwaltschaft gebeten. Als Max von der Grün diese »Einladung« ablehnte, weil er, wie er sich Herrn Klaus Schacht gegenüber ausdrückte »private Gespräche nicht in Diensträumen« zu führen pflege, klagte Klaus Schacht in einem Interview mit der *Westdeutschen Allgemeinen Zeitung*, Herr Max von der Grün habe eine »Verabredung ohne Absage platzen lassen«. Das war die Reaktion des Mannes, der in einem Brief behauptet, in meinem Buch sei die Beweislage »bewusst entstellt und unvollständig dargestellt«, und der nun die Bestrafung von Ralph Giordano fordert …

Soweit, lieber Ralph Giordano, Auszüge der nicht vorgetragenen Aussage von mir im Prozess der Frankfurter Staatsanwaltschaft vom 15. April 1994 gegen Dich.

Wenige Tage zuvor wurde eine gemeinsame Erklärung des Tschechischen Zentrums des Internationalen PEN, des PEN Zentrums deutschsprachiger Autoren im Ausland, dessen Ehrenmitglied Du bist und des PEN Zentrums Bundesrepublik Deutschland veröffentlicht. In dieser Erklärung wurde der Prozess gegen Dich in den zeitlichen Kontext gestellt, in dem er stattfand:

> *»Wenn jetzt Verfolgte des Nationalsozialismus vor Gerichte gestellt werden, während die Verfolger mit staatlicher Schonung und Förderung rechnen können, so reiht sich dies ein in die bedrohliche Entwicklung, die mit den Namen Bitburg, Hoyerswerda, Rostock, Solingen und Lübeck verbunden ist. Es ist eine Zeit, in welcher der Vorsitzende des Zentralrates der Juden in Deutschland straflos beleidigt werden kann und die Verhöhnung von in Konzentrationslagern Ermordeter durch Urteil des Bundesgerichtshofes sanktioniert wird.«*

Die *Zweite Schuld*, lieber Ralph Giordano, wirkte damals noch immer nach. Es erhoben sich aber warnende und mahnende Stimmen. Stimmen, die protestierten. In einem wie zwanghaft wiederkehrendem Schema ist dem auch heute so. Dein Engagement und deine Kampfbereitschaft soll in Zukunft eine Ermutigung für uns sein.

Gertrud Seehaus:
Neun mutig gelebte Jahrzehnte[49]

Lieber Ralph Giordano,

ich musste alte Tagebücher von mir hervorkramen, um nachzulesen, wann genau ich Dich in dem einzigen Single-Häuschen des Mishkenot Sha'ananim-Komplexes in Jerusalem abgelöst habe. Es war der 1. Oktober 1990, und Du hattest die Monate zuvor dort gelebt, um Material und Eindrücke für Dein Buch über Israel zu sammeln. Am 8. Oktober saß ich auf der breiten Fensterbank des Häuschens, sah Rauchwolken über dem Tempelberg aufsteigen, hörte Schüsse und Schreie und dann eine schier unendliche Phalanx von Ambulanzen. Es war eine der vielen Auseinandersetzungen, die im Lauf der Jahrzehnte immer wieder zwischen Palästinensern und Israelis stattfinden sollten. Dieses ist als Tempelberg-Massaker in die Geschichte eingegangen und sollte 21 Menschen das Leben kosten. Die Stadt und die Zeitungen waren voller Berichte, und mein und meines Mannes arabischer Freund Maher kam ein paar Tage später zu mir und weinte, weil zwei Freunde von ihm tot waren.

Lieber Ralph, ich weiss, wie sehr Du Israel liebst und wie sehr Dich solche Ereignisse vermutlich auch erschüttert haben. Auch ich liebe Israel, in dem ich sechs besonders glückliche Jahre meines Lebens verbracht habe, und wie Du wünsche ich inständig, dass dieses Land bestehen bleibt. Die Jahre, die mein Mann Peter und ich in den Achtzigern des letzten Jahrhunderts dort verbracht haben, endeten mit der ersten Intifada, und die Hoffnung, die aufgrund einer temporären politischen Aufhellung, die es ja immer wieder gab, Anfang und Mitte der achtziger Jahre geherrscht hatte, war vorbei.

In dem besagten Häuschen war ich bis kurz vor dem Ausbruch des ersten Irakkrieges, als rund um mich herum – auch für die arabische Bevölkerung Jerusalems – bereits Gasmasken verteilt wurden. Ich kannte Gasmasken aus meiner Kindheit. Später, als ich Dein Buch Erinnerungen eines Davongekommenen las, dachte ich an diese Jerusalemer Vorkriegstage, und es wurde mir klar, dass Du im Deutschland der

---

[49] aus: Peter Finkelgruen (Hrsg.): *Jubeljung begeisterungsfähig: Zum 90. Geburtstag von Ralph Giordano*, BOD Norderstedt 2013, S. 47ff

Kriegs- und Nazijahre in Hamburg nichts zu Deinem Schutz hattest, bestimmt keine Gasmaske. Wer wollte damals einen Juden vor Gas schützen?

Lieber Ralph, wir sind uns über die Jahre durchaus oft begegnet, bei Professor Klug, bei uns, beim PEN, bei Lesungen, aber ich glaube, wir hatten nie ein politisches Gespräch, obwohl es immer auch um Politisches ging. Ich erinnere mich an ein Zusammentreffen, das mir symptomatisch erschien, weil es mir viel über die eigene Gesellschaft, die deutsche, sagt. Es war auf einer PEN-Tagung. Du, der immer daran interessiert war, dass die deutsche Gesellschaft sich über sich selbst klar sein sollte, ohne Illusionen, die Du nicht verzeihst, lasest ein anonymes Schreiben von kaum zu überbietender Scheußlichkeit vor. Der Anonymus bedrohte Dein Leben und schilderte, wie und womit er Dir zu Leibe rücken wollte. Es war sehr still in dem großen Raum. Dann ging man zu anderen Redebeiträgen über, ohne auf das einzugehen, was Du vorgelesen hattest. Es war, als hätte jemand, verzeih den Ausdruck, auf den Tisch gekotzt, und man müsse das ganz schnell vergessen machen.

Ja, Du brauchtest Mut für viele Dinge, die Du gesagt hast. Du wolltest die Gesellschaft, deren Teil Du bist, immer kennen, in ihren moralischen und politischen Grenzen, in ihren Wahrnehmungen und Verleugnungen. Damit hast Du viel für jeden von uns getan. Dasjenige Deiner Bücher, das mich am meisten erschüttert hat, waren die *Erinnerungen eines Davongekommenen*. Ich weiss noch, wie ich die Zähne zusammenbeißen musste bei der Schilderung des Rattenloches, in dem Ihr unmittelbar vor Kriegsende auf Befreiung oder Tod warten musstet.

Danke, lieber Ralph, für die Tatsache, dass Du unverdrossen daran mitgearbeitet hast, dieses kranke Deutschland, unsere moralisch so beschädigte Heimat, wieder in bessere Bahnen zu lenken. Das ist wahrlich keine Selbstverständlichkeit. Danke, lieber Ralph, auch für Deinen Einsatz, wann immer man Dich brauchte für eine Sache, die Unterstützung nötig hatte. Danke für Deine neun so mutig gelebten Jahrzehnte, an denen Du uns hast teilnehmen lassen.

Nicht zuletzt, lieber Ralph, herzlichen Glückwunsch zu Deinem so gelungenen Leben und dem heutigen Geburtstag!

Deine Gertrud Seehaus